마음

알기 다루기 나누기

마음

알기/다루기/나누기

초판 1쇄 인쇄 | 1997년 11월 17일
초판 11쇄 발행 | 2010년 3월 31일
재판 3쇄 발행 | 2019년 12월 25일

글 | 용타 스님

발행인 | 김남석
발행처 | ㈜대원사
주　　소 | 06342 서울시 강남구 양재대로 55길 37, 302
전　　화 | (02)757-6711, 6717~9
팩시밀리 | (02)775-8043
등록번호 | 2011-000081호
홈페이지 | http://www.daewonsa.co.kr

값 14,000원

ⓒ 용타 스님, 1997

Daewonsa Publishing Co., Ltd
Printed in Korea 1997

이 책에 실린 글과 사진은 저자와 주식회사 대원사의 동의 없이는
아무도 이용할 수 없습니다.

ISBN | 978-89-369-0776-1

마음

알기 다루기 나누기

용타 스님 명상록

대원사

머리말

완연한 가을이다. 하늘도 더없이 맑고 바람도 깨끗하다. 청아한 계절이다. 가을엔 고향에 있어도 향수에 젖는다는 계절이기도 하다.

고향! 우리의 고향은 니르바나이다. 우리의 영원한 쉼터, 니르바나! 이 가을에 만(萬) 중생의 그리움, 그 니르바나 성취를 위한 발원을 새삼 간절히 바쳐 본다.

큰 깨달음, 큰 인격을 이루지 못한 자의 중언부언이요, 문학적 소양도 낮은 글이 이렇게 한 권의 책으로 엮어져 나오니 다소 부끄럽기도 하지만, 한편 기쁘다. 소수의 인연 있는 분들에게 내가 생각하는 활불교(活佛敎)적 삶의 자세, 그 깨어 있음의 소식을 귀뜸해 줄 수 있으리라 믿기 때문이다.

사실 이 글들이 씌어지기로는 일순(一瞬)의 일일 수 있겠지만, 그러기까지는 짧지 않은 세월 동안 터득한 나름의 통(通:깨달음)과 세상을 향한 은근한 원(願:기도)이 배어 있다.

'활불교'란 살아 있는 불교, 생활 불교, 바로 이 순간의 삶이 부처님 가르침대로 살아지게 하는 불교이다. 다시 말해서 그것은 생활 속에서 깨어 있는 불교인 것이다.

내가 활불교, 생활 불교에 한결 희망을 가지고 전력할 수 있었음은 '감정'에 눈을 뜨면서이다. 사람은 누구나 행복을 구한다. 행복의 핵심은 감정(느낌·정서)이다. 감정은 십이연기(十二緣起)의 수(受:느낌)에 해당한다. 모든 수도의 결산은 "그 '느낌'이 어떠하냐"이며 가장 순도 높은 느낌이 곧 니르바나이다. 가장 평온하고, 가장 열려 있고, 가장 온유한 정(情)의 흐름, 그것이 니르바나요 우리의 고향이다.
　니르바나의 경지를 그리워함에야 가을 하늘처럼 해맑은 향수이려니와 지금 '~만큼의 해탈', '~만큼의 행복'을 누리면서 지향할 수 있는, 수용과 지향의 조화가 세상 모든 분들의 속살림으로 자리잡혀야 한다. 그것이 활불교, 생활 불교의 중요한 주제이다.
　우리들의 행복은 마음 상태에 따라 크게 좌우되므로 마음 닦는 일의 중요성은 아무리 강조해도 지나침이 없을 줄 안다. 우선 그 마음이 홀로 있을 때나 더불어 있을 때 어떤 상태로 존재하는지를 알아야 한다. 그리고 그 마음을 잘 다스려 평화와 기쁨을 누릴 수 있고, 나아가 더불어 사는 사람끼리 보다 수준 높은 좋은 관계가 되기 위해 효과적으로 마음을 교류할 수 있다면, 그것이야말로 진정 행복하고 평화로운 최상의 인생살이가 아니겠는가. 그래서 여기서는 이러한 '마음 알기', '마음 다루기', '마음 나누기'의 방법들을 쉽고 상세하게 언급해 놓았다. 참다운 살림살이란 그러한 마음의 흐름에 늘 깨어 있는 삶일 것이라고 거듭 강조해 본다.

　중요한 것은, 이 책의 많은 내용들이 17년 동안 '동사섭 법회(同事攝法會)'라는 이름의 수련회를 통해 실험해 보았고, 그 실현 가능성을 확인했다는 점이다. 더욱 고마운 일은 수련생 구성원들이 늘 불교인뿐만 아니라 모든 종교인은 물론 비종교인까지 포함되어 있어서 혼의 성숙을 꾀하고자 하는 모든 분들이 함께 누리는 기쁨을 맛보았다는 것이다. 각계각층의 다양한 사람들이 모여 마음을 알고, 다루고, 나누는 화합의 한마당은 지상에서 꽃핀 참으로 아름다운 모습이었다.

　비록 여기에서 논해진 명상 주제와 실천 방법들이 부처님의 근본 가르침인 사성제(四聖諦), 십이연기, 육바라밀(六波羅蜜)에 입각했다 할지라도 이렇게 각계각층 사람들이 어울릴 수 있었던 것은 그만큼 마음 나눔의 장이 열려 있었기 때문이요, 그러한 면에서 수도 방편으

개방성을 충분히 엿볼 수 있었다.

　이렇게 책이 나오기까지 감사드릴 분이 많다. 그 동안, 정신 문화를 사랑하며 혼을 성숙시키고자 수련회에 와 주신 모든 분들, 월간《정토》와《대중불교》에 실린 부끄러운 글에 더러더러 박수를 보내며 읽어 주고 생활 수도 체험을 메아리 해 준 독자분들, 원고의 윤문과 교정에 면밀히 심혈을 기울여 주신 대화 스님, 아름답게 편집하여 묶어 주신 출판사, 특히 내 수도 생활 전 역사에 면면히 바탕으로 숨쉬고 계시는 나의 스승 淸字華字 큰스님께 무한한 감사를 올린다.

　　　　　　　　　　　　　　　　　　　정축년 가을

차 례

머리말 · 4

행복과 행복의 조건
정견(正見)이라는 첫 단추 · 13
긍정 바탕 없이 초월 지평 안 열린다 · 21
즉(即)한 순간에 깨어 있으라 · 30
'사슬'이라 아는 순간, 끊어라 · 36
'나'란 무엇인가 · 43
마음 나누기 1 – 말의 중요성 · 50
마음 나누기 2 – 잘못된 말의 유형들 · 56
마음 나누기 3 – 마음 표현하기 · 62
마음 나누기 4 – 마음 받아주기 · 69
마음 나누기 5 – 마음 나누기의 여러 조건들 · 76

생활불교, 어떻게 할 것인가

'만큼'의 해탈과 네 가지 물음 · 83

진리와 방편 · 91

마주침(觸)과 초월 · 102

바른말(正語) 바라밀 1 – 바른 언어 생활, 왜 중요한가 · 111

바른말 바라밀 2 – ⊕ 표현과 받아주기 · 121

바른말 바라밀 3 – 받아주기의 여러 가지 예 · 131

대승(大乘)의 꽃, 보시(布施) 바라밀 · 140

마음관리 1 – 마음공부는 왜 필요한가 · 149

마음관리 2 – 마음관리, 어떻게 할 것인가 · 159

마음관리 3 – 공(空)의 교학적 의미와 그 실제 · 168

안으로의 산책

안으로의 산책 · 179

인지 · 느낌 · 표현의 비밀 · 183

성찰(省察) · 188

화합(和合)의 삼요(三要) · 193

원시고공(遠視故空) · 197

불해(不害)의 덕 · 202

깨어 있음 1 – 깨어 있기란 · 206

깨어 있음 2 – 각성점두(覺性点頭) · 210

상품(上品) 불교인의 활로(活路) · 215

느낌과 표현 · 219

속살림 · 223

있고 없음의 차이 · 228

무상(無常) · 233

명상 잡기(冥想雜記)

명상 잡기 1 · 241
명상 잡기 2 · 246
명상 잡기 3 · 251
명상 잡기 4 · 256
명상 잡기 5 · 261
명상 잡기 6 · 266
명상 잡기 7 · 271
명상 잡기 8 · 276
명상 잡기 9 · 280

대담 / 생활 불교, 어떻게 할 것인가 · 284

행복과 행복의 조건

정견(正見)이라는 첫 단추

행복의 조건은 무엇인가

행복의 조건을 떠오르는 대로 몇 가지 정리해 보라고 한다면 무엇을 꼽겠는가?

혹시 마음을 다스리지 않고 행복해지리라고 생각하여, 부와 명예와 출세와 건강 등등의 조건들만 나열되었다면 당신의 행복 수준은 1, 2학년 정도밖에 될 수 없다. 3, 4학년 수준 이상의 행복을 누리려면 무엇보다 마음관리가 행복의 조건에 우선적으로 들어가야 한다.

행복의 조건 제1호는 단연 마음관리다. 마음관리를 하지 않고 수준 높은 행복을 기대하는 것은 마치 낚싯대를 들고 산으로 가는 것과 같다. 태양은 항상 밝게 빛나고 있건만 먹구름이 그 온전한 빛을 가리기도 하니, 가리운 것만 거두면 이내 찬란한 광명을 되찾을 수 있다. 이 구름장을 제거하는 노력이 곧 마음을 관리하는 작업이다.

결론부터 말하자면 구름을 제거하는 선교 방편(善巧方便)은, 구름 여하

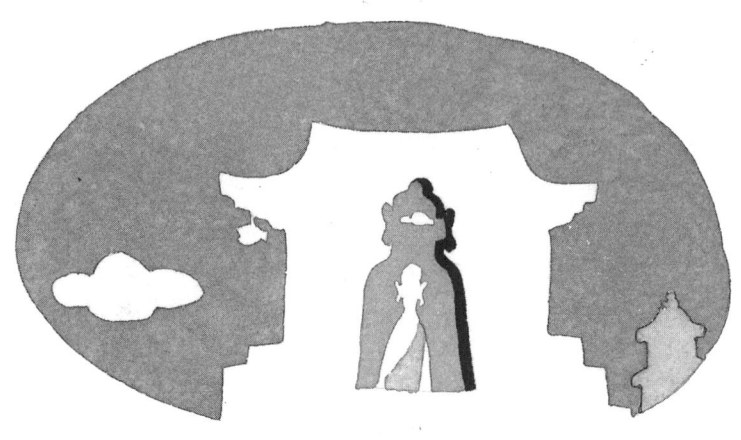

와는 상관없이 태양은 항상 밝게 빛나고 있다는 사실을 확신해 버리는 것이다. 곧 내 마음이 부처의 마음과 다르지 않음을 확신하는 것, 이것을 밑바탕으로 해서 마음관리가 구체적으로 행하여지지 않는다면 행복과는 점차 멀어질 수밖에 없다.

또 행복의 조건으로 중요한 것은 관계 좋음이다.

어떤 심리학자는 인간이 내적으로 불행해지는 확실한 이유를, 사회화 과정이 잘못된 데 두었다. 사회화 과정은 곧 인간 관계이다. 어렸을 때부터의 부모와의 관계, 동생과 누나와의 관계, 이웃 친지와의 관계, 선생님과의 관계 등, 뭇 관계가 잘못되어서 속이 억압되고 속을 끓이게 되는 것이 전부라는 것이다. 이 하나만의 이유로 돌리기는 무리이겠지만, 나와 내 주변 사람과의 관계가 좋아야 하는 것이 행복의 요긴한 조건이 된다는 것은 누구나 수긍할 것이다.

앞으로 몇 회에 걸쳐서 이 두 가지 조건, 즉 마음관리와 인간 관계를 주제로 해서 이야기를 전개하고자 한다. 먼저 마음관리 문제에 대해서 이야기하고자 한다.

행복의 결정적 요인은 사고 방식이다

행복은 항상 어떤 요인에 의해서 일어난다. 행복은 정서 상태이다. 정서는 홀로 일어나는 법 없이 항상 무엇인가의 대상에 의해 일어난다. 하다 못해 꽃 한 송이를 바라다본 이유만으로 기분이 좋아지기도 하고, 친한 친구에게서 걸려온 전화 때문에 기분이 좋아지기도 하는 것이다. 기분이 좋기는 한데 이유를 모르겠다는 소리는, 이유가 분명히 안 잡히기 때문이지 이유가 없어서가 아니다. 원인 없는 결과는 없으며, 모든 것은 더불어 관계함을 통해서 존재한다.

행복의 결정적 요인은 사고 방식이다.

'베크'라는 심리학자는, "정서는 사고에서 나온다. 사고는 마음대로 선택할 수 있다. 고로 정서는 마음대로 조정할 수 있다"라고 했다. 다시 말해서 사고로부터 정서가 나오고 사고는 선택할 수 있다고 했기 때문에 최고의 정서(깨달음, 滅, 解脫, 妙覺 등의 핵심은 정서이다)를 체험하려면 사고를 재조정하면 된다는 것이다. 불교의 사성제(四聖諦)를 심리학적 언어로 잘 갈파한 말이다.

석가모니 부처님께서 깨달음을 이루신 다음에 녹야원에서 다섯 비구에게 하신 첫 설법의 내용은 고(苦)·집(集)·멸(滅)·도(道)의 사성제였다. 우리 마음이 괴롭다(苦), 그 괴로움의 원인은 이러이러한 것이다(集), 원인을 없애면 괴로움이 사라진다(滅), 괴로움이 사라지고 멸이 현전하게 하는 방법론이 있다(道)는 것이다. 이 도(道)에는 여덟 가지 방법(八正

道)이 있는데 그 중 첫번째가 정견으로, 방법론의 핵심이며 도(道)의 체(體)가 된다.

이 정견은 존재론적 정견과 가치론적 정견으로 나눌 수 있다. 우리는 보통 이 두 가지 형식으로 세상을 바라보게 된다. 존재론적으로 바라다본다는 말은 대상을 보면서 "이것은 꽃이다" "이것은 책이다" "저분은 선생님이다"라고 아무런 감정 평가 없이 그냥 사고(思考)만 적용하는 것이다. 그런데 우리는 불가피하게 가치론적으로 발달되어서, "저것은 꽃인데 얼마짜리일까"하고 가격으로 환산해서 바라다보거나 자기 감정을 삽입시켜서 바라다보게 된다.

아무튼 가치론적인 견(見)이든 존재론적인 견이든 바로 보는 견해라면 우리는 보다 행복할텐데 대상을 그대로 보는 바른 견해를 갖지 못하기 때문에 더 큰 행복을 누리는 데 장애가 된다.

우선 존재론적 정견부터 연찬해 보자.

내가 없는데 괴로움은 어디에

우리 인간은 욕구(탐심)를 갖고 있다. 식욕·수면욕·성욕·안전(安全)욕·물욕·명예욕·권력욕 등 무수하게 많다. 우리는 이들 욕구가 성취되면 기뻐하고, 욕구가 좌절되면 슬퍼한다. 그런데 욕구가 성취될 때 행복해진다는 이 말을 잘 살펴보면 완벽한 말이 못 된다. 욕구가 성취되었다고 **생각하면** 행복의 정서를 체험하게 되고 욕구가 좌절되었다고 **생각하면** 불행의 정서를 체험하게 된다는 표현이 더 정확하다.

욕구가 성취되었다고 밖에서 아무리 객관적 사실을 얘기해도 내 속에서 인정이 되지 않으면 행복하지 못한 것이다. "3억 정도 벌었으면 이제 성공한 것 아니냐?"고 주위에서 애기해도 "아니야, 나는 10억 정도는 벌어야 성공이라 할 수 있지!"라고 스스로는 성취하지 못했다고 생각한다면 결코 행복을 느낄 수 없다.

중생심은, 욕구가 성취되었다고 생각하면 기뻐하고 욕구가 좌절되었다고 생각하면 불쾌해 하는, 쾌-불쾌-쾌-불쾌의 윤회를 거듭한다. 그럼 이 수준 낮은 행복으로부터 수준 높은 행복으로 어떻게 올라갈 것인가.

인간에게 욕구가 있을 때는 그 욕구 이전에 욕구하는 '나'가 존재하게 되고, 욕구의 '대상'이 존재하는 법이다. '나'와 '욕구 대상'이 존재한다고 생각하고 있는 한, 욕구하지 않기는 어렵다. 그래서 석가모니께서 밝히신 법은 욕구의 뿌리가 되는 주(主)와 객(客)의 실체가 존재하지 않는다는 것이다.

이것은, 석가모니 부처님께서 대각(大覺)을 이루시기 전 죽음에 대한 불안이 꾸준히 따라붙자 이에 대한 불안으로부터 어떻게 하면 벗어날까를 사유해 나가시다가 스스로 어디에 걸려 있는지를 아시게 됨으로써 나온 법칙이다. 부처님께서는 출가 후 여러 외도 스승들 밑에서 갖가지 수행을 하며 기적적인 경지까지 체득했지만 죽음에 대한 불안은 사라지지 않았다. 또 고행의 방법을 통해 피골(皮骨)이 상접(相接)하도록 수행했지만 해결이 되지 않자, 다시 원기를 회복하여 보리수 아래에서 3×7일 동안 명상을 하며 이치를 궁구해 나갔다.

첫째는 "나는 죽기 싫다", 둘째는 "그런데 나는 죽는다", 이 두 가지 명제를 함께 가지고 있는 자신을 주시하게 된다. "나는 죽기 싫은데 죽을 수밖에 없다"라는 모순을 안고 있는 자신을 발견하신 후 이 두 가지 앞에 "나는 존재한다"는 것이 먼저 전제되어 있기 때문에 해결이 되지 않음을 아셨다. 나는 존재한다는 대전제가 과연 올바른 것인가를 검토해 보아야지 그 문제를 제외해 놓고 아무리 밑에서 해결하려 해 봐야 안 된다. 그래서 부처님은 '과연 나는 존재하는가'를 정사유(正思惟)하셨다. 그리고는 '나'라는 존재는 연기적 구조로 이루어져 있음을 깨닫게 된 것이다. 이렇게 '나'라고 하는 것은 연기적 존재이므로 이때까지 '나'를 주장하며 살아 온 것은 마치 그림자를 놓고 실체라고 믿고, 눈병 환자가 허깨비를 보면서 달이 있는 것처럼 본 것과 마찬가지이다.

'연기고공(緣起故空)'이다. 대전제인 "나는 존재한다"할 때의 '나'는 실체가 없는 연기적 존재이다, 고로 공(空)이다. 다시 말해서 '나'라는 실체가 존재하지 않는다는 것은 곧 주격의 사라짐을 의미하는 것이니, 따라서 죽기 싫은 자(주체)도 사라져 버린다. 곧 아공(我空)을 의미한다. 그리고 세상에 존재하는 것들도 모두 살펴보니 연기적 존재 아닌 것이 하나도 없었다. 그것이 법공(法空)이다. 석가모니가 중생들을 보니까 한결같이

"나는 존재한다" "너는 존재한다" 해 놓고 여기에 욕구가 나와서 아등바등 괴로워하면서 살고 있는 것이다.

가치관을 바로 세워야

석존께서는, 중생들이 내는 그 욕구는 성취되면 성취될수록 더 큰 욕심을 내고 좌절되면 좌절됨으로 해서 슬퍼서 분노하고, 분노하면 욕구는 더 커지는 중생살이를 보시고, 나도 깨달음을 얻었으니까 중생들도 가능할 것이다 하고 다섯 비구를 위시해서 45년간 법을 설하셨다.

팔정도 중 그 벽두에 정견을 설하셨는데, 바로 팔만대장경은 정견의 숲이라 할 수 있다. 무수한 나무 하나하나가 다 정견이라는 나무인데 그 중에서 제일 큰 아름드리 나무는 무아(無我)라는 나무이다. 곧 무아야말로 정견 중 정견이다. 아공이라는 정견이 있는 자리에는 욕구가 들어설 수가 없기 때문에 욕구를 성취하느니 마느니 하는 것은 아무 의미가 없다. 욕구의 주체인 '나'가 공(空)하므로 욕구의 객체 역시 공(空)할 수밖에 없고, 욕구의 주객(主客)이 돈망(頓忘)하니 툭 트인 해탈을 체험할 수밖에 없다.

고로, 사고를 바르게 함이 행복을 위해 요긴한 일이다. 정견이라는 방편을 놓치고 다른 방편에 매달려 있다면 지말(支末)에 끄달리고 있는 것이다. 정견을 현대말로 표현하자면 바른 가치관, 바른 세계관, 바른 인생관 등이다. 정견(正見)을 정립하지 못하면 그 인생 제대로일 수 없다. 목숨이 끊어지는 것은 몸뚱이 하나만 문제가 되지만, 가치관이 잘못되면 혼이 망가지는 법이다. 세세생생 그 망가진 혼의 인과를 받아야 한다.

마음관리 어떻게 할 것인가. 이것은 곧 정견 정립을 어떻게 할 것인가로 집약이 된다. 우리들은 이런저런 나름대로의 견해로 정립이 되어 있을 것이다. 많은 경우, 활불교(活佛敎)적으로 정립되어 있기보다는 관념불교, 죽은 불교, 머리 속에만 있는 불교로서의 가치관 정립이 되어 있지는 않을까 우려된다. 이때 이 자리, 이 순간이 곧 삶의 도(道)가 되고, 멸(滅)이 되어야 한다. 이때 이 순간이 멸이요, 이때 이 순간의 나의 손짓 발짓이 도가 되어야, 그것이 활불교이다. 관념적으로 머리 속에다 정리하는 불교에서 벗어나야 한다.

지금까지 정견의 중요성과 존재론적 정견을 강조해 보았다. 이어서 가치론적 정견을 밝힐까 한다.

긍정 바탕 없이 초월 지평 안 열린다

해탈은 먼 곳에 있지 않다

불행의 극점에서 해탈의 극점까지는 무한분법(無限分法)적인 무수(無數) 단계가 있다고 봐야겠지만 표현의 편의를 얻고자 삼분법(三分法)을 써 본다면, 욕구가 좌절되면(좌절됐다고 생각하면) 불행을 느끼고, 욕구가 성취되면(성취됐다고 생각하면) 행복을 느끼고, 욕구를 놓아 버리면 해탈을 느낀다.

불교인이 지향하는 바는 해탈의 극점인 묘각(妙覺:大覺)이다. 이 묘각을 위해서 일체의 욕구를 버리게 한다. 물론 옳은 일이다. 그러나 사람의 수양 수준이나 근기나 기질 등을 고려하지 않고 무작정 모든 사람에게 "탐심(貪心)을 놓아라. 무상, 무아이지 않느냐"하고 요구하기로는 무리다.

많은 가르침의 현실을 생각해 보자. 사람은 대체로 탄생으로부터 죽음에 이르기까지 '욕구-좌절-분노-욕구-좌절-분노'의 악순환을 반복한다. 이 과정에 욕구는 더욱 치열해지고 진심(瞋心)은 더욱 심각해진다.

욕구가 성취되어 기쁨을 느끼는 경우라 할지라도 성취될 때까지 지속되는 긴장감은 분노(불유쾌 정서층)의 심각도를 높여 준다. 뿐만 아니라 기뻐함과 동시에 다음 성취를 위한 새로운 긴장이 시작되고 더 큰 성취 욕구로 재무장하고 나서는 것이 현실이다.

이처럼 인생이란 탐(貪)·진(瞋)의 늪에서 벗어나기 어렵다. 탐·진은 "나는 존재한다" "나는 불만족 상태에 있다" "나는 사랑받아야 한다" "나는 인정받아야 한다" 등의 그릇된 사고 방식(痴)을 전제하고 있으므로 이 탐(貪)·진(瞋)·치(痴)를 세 가지 독물(三毒)이라 하여 철저히 제거해야 할 목표로 삼고 있다. 이런 심리 구조로 보아 탐·진의 뿌리인 "나는 존재한다" 등의 삿된 견해를 퇴치하기 위해서 공(空)·무아(無我)와 같은 존재론적 정견이 요청됨은 당연하다.

지족할 줄 알아야 한다

그러나, 욕구 좌절의 역사를 살아오면서 겹겹이 퇴적되어진 무의식 속의 탐·진의 한(恨)이 무작정 "공이니라" "무아니라" 등의 초월론법으로 용해되기는 어려운 법. 중생 진화의 완료인 묘각을 결정짓는 주(主)바라밀 — 염불선·간화선·묵조선·비파사나·주력·공관(空觀)·법계관(法界觀)·일심삼관(一心三觀) 등 — 에 전념하기 이전에, 혹은 현재 주바라밀에 전념하고 있더라도 탐·진의 한을 완화시키는 정화(카타르시스·한풀이·밝은 마음 강화) 작업이 조(助)바라밀로 요청된다. 방편(바라밀) 무한이라 했듯이 그 길은 많겠지만 지족(知足)이라는 방편을 좋은 조바라밀로 부각시켜 본다.(주와 조는 정해져 있음이 아니고 공부인의 선택에 달려 있다. 예컨대 '수식관'을 주바라밀로 선택했다면 화두나 묵조도 조바라밀이다 - 필자 주.)

지족(知足), 즉 '만족을 아는 것'이다. 『법구경』에 지족 최부(知足最富)라 했다. 만족을 아는 것이 가장 부자라는 말이다. 사람은 현재 이미 있는 것(旣存), 현재까지 이미 이루어 온 것(旣成)에 만족하지 않고, 아직 없는 것, 아직 이루지 않은 것을 있게 하고, 이루고자 하는 데에 집착함으로 인하여 괴로움의 늪에 빠져든다.

기존 기성(旣存旣成)을 누리는 것, 범사(凡事)에 감사하는 것, 그것이 지족이다. 지족의 뜻을 모르는 사람 없을 것이요, 지족이 중요하다는 사실을 모르는 사람 역시 없을 것이다. 지행(知行)이 일치되기 어렵듯이 지족의 중요성은 알되 지족하는 것이 몸에 잘 익어 있는 사람은 드물 것이다.

해탈이니 구원이니 초월이니는 제쳐 놓더라도 세상 사람이 이 '지족'이라는 덕목 하나만이라도 일정 수준 이상 체득한다면 일반적인 의미의 행복은 보장될 것이다. 불행이란 대체로 '없는 것' '이루지 못한 것'을 향한 지나친 긴장감과 이루지 못했을 때 따르는 실망감을 의미할진데, 지족의 태도는 현재 이미 있는 것, 이루어 온 것(기존 기성)으로 충분히 만족하는 것이니, 행복이 아니겠는가. 알고 보면 이것이 응무소주(應無所住)를 실천하는 첫 단계일 것이다.

팔만대장경을, 소승 대승을, 불법을 한 마디로 갈파하라 하면 『금강경』의 응무소주 이생기심(應無所住 而生其心)이다. 마음이 일체에 머물 바 없으니 자유롭고 그 자유로운 마음(응무소주)으로 세상일을 하니(이생기심), 그것이면 전부이지 않겠는가. 지족은 일체에 당하여 만족하므로 마음에 스트레스를 일으키지 않는 것이니, 왈 응무소주라! 얼마나 큰 덕목인가.

이렇듯 지족(知足)이란, 『법구경』어느 귀퉁이에 있는 한 개 단어로 치부해 버리고 지나칠 수는 없다. 지족 철학은 경전의 많은 곳에서 이런

저런 표현으로 드러나 있지만 중대한 정견(正見) 덕목 하나로 부각하고 있지는 않은 현실인 듯하여 유감이다. 지족(감사, 기존 기성의 확인)은 이처럼 현재의 행복을 보장할 뿐만 아니라 과거에 지족못하여 쌓아온 탐·진·치, 삼독을 녹여내는 좋은 방편이다.

그러면 고양이 목에 방울을 달아 놓으면 편리하겠지만 어느 쥐가 어떻게 그 방울 다는 일을 해낼 수 있을 것인가? 많은 성자들의 가르침이 뭇 중생에게는 정도의 차이가 있을 뿐 '고양이 목에 방울 달기' 식의, '그림 속의 떡'과 같은 식의 현실성 없는 공리 공담(空理空談)이 되고 있다. 지족! 그 중요성을 열 번 백 번 알아도 지족하는 인격이 되지 않는다면 소용없는 일이다. 어떻게 할 것인가? 관행(觀行)이다. 내면화를 위한 명상이다. 동사섭(同事攝) 법회에서 법회 시간 45시간 중 10시간 정도를 할애해서 지족의 이론과 그 실습을 하고 있음도, 그것이 인격으로 정착되도록 돕자는 것이다.

지족 명상

지족의 관행은 어떻게 할 것인가? 그 방법론은 많을 것이다. 하나의 대안을 말해 보겠다. 지족(감사) 명상은 혼자 있을 때는 참선하는 식으로 하고 다른 사람과 더불어 할 적에는 스피치 식으로 해도 될 것이다.

지족 명상, 곧 감사 명상이란, 내 인식 주체가 인식 객체에 대해서 "○○이 여차여차해서 감사하다" 식으로 생각(말)하는 것이다. 즉 인식 객체란 자기 자신을 비롯해서 우주에 존재하는 모든 것일 터이니, 자신의 마음을 원점으로 해서, 마음·몸·기능·업적·가족·이웃 등의 사람들, 가정·환경·사회·국가·국제 사회·삼라만상·태양계·은하계 등을

동심원(同心圓)적 단계로 긍정 명상해 들어간다. 명상문을 미리 작성해 놓고 읽어가면서 명상 생활을 하는 것도 좋을 것이다.

이 중에서 제일 중요한 것은 '나'이다. 나에 대한 정체(正體) 개념이 애매하거나 나에 대한 가치 평가가 좋지 않은 것이 온갖 불행의 씨앗이다. 정체감이 애매하고 자아 개념이 낮은 사람은 매사에 주체성이 없어 우유 부단하고, 열등감이 많아 우울증에 시달리게 된다. 그리고, 다음으로 중요한 것은 주변 사람(특히 주로 많이 만나는 사람들)에 대한 우호감이다. 인생은 사람과 만나는 과정이라 볼 수 있는데 사람에 대해 부정적으로 느끼는 시각이 발달돼 있다면 늘 사람들 때문에 기분 저조한 불행의 삶을 살게 될 것이다. 그러므로 특히 '나'와 '사람'에 대한 긍정(肯定) 명상(지족 명상, 감사 명상)을 강력하게 해서, 굳어 있는 어리석은 사고대(思考帶, 痴)를 긍정적으로 교정해야 한다.

긍정 명상은 자신의 마음부터 시작함이 좋을 듯하다. 경우에 따라서는 가까운 사람, 남편이든 아내든 아들이든 친구든 대상으로 해서, 혹은 아무 물건이든 하나의 물건을 앞에 놓고 감사거리를 발견해 보아도 된다. 동사섭 법회에서는 방 가운데 주전자이든 볼펜이든 죽비든 놓고 감사거리를 발견해서 표현하게 해 보면 그 단순한 물건 하나에서 수십 수백 가지의 감사점이 쏟아져 나오는 것을 보고 모든 수련생이 감동한다. 수련생들은 대체로 "하찮은 저 볼펜 하나에 이토록 긍정점이 많이 있는데 하물며 ○○○은 어떠하겠는가?" 하면서 기존의 부정 시각을 녹여내고 긍정 토대를 정립하게 된다.

긍정 명상의 요령

1) 마음에 대한 긍정 명상
(1) 마음은 우주하고도 바꿀 수 없을 정도로 소중함을 명상한다.
(2) 마음의 무한 가능성을 명상한다.(무한한 환희의 가능성, 무한한 지혜·자비·힘의 가능성, 보고 듣고 생각하고 느낄 수 있는 가능성 등등.)
(3) 마음의 초차원성·해탈성을 명상한다. 그래서 마음이 곧 부처라 하고 신성(神性)·불성(佛性)을 멀리 찾지 않는다.

2) 몸에 대한 긍정 명상
(1) 일단 생존을 긍정적으로 받아들이고 그 근거가 되는 육체에 감사한다.
(2) 부분적으로 모든 기관과 조직, 곧 머리끝으로부터 발끝까지 머리·눈·귀·코·입·살·팔·다리·손·발·허파·염통·혈관·위장·소장·대장·간장·신장·췌장·비장·대뇌·소뇌·간뇌·척추·신경·모공 등등을 가능하다면 샅샅이 관찰하여 그 기능의 신비를 찬탄하고 그 건재함을 감사한다.

3) 업적에 대한 긍정 명상
(1) "나는 이름을 쓸 줄 안다" "나는 삼 곱하기 칠은 이 십 일임을 안

다"와 같이 극히 사소한 듯한 것들을 업적으로 인식하는 것이 중요하다.

(2) 그 사소한(?) 것들에 대한 가치 부여를 튼튼한 바탕으로 해서 자신이 이루어 온 큰 성취(?)에까지 샅샅이 통찰 명상하여 자아 개념을 높인다.

(3) 업적 면에서 자기보다 큰(?) 업적을 이루어 온 이웃과 비교 평가하여 상대적 빈곤감을 느끼는 일은 금물이다. 지혜 하나로는, 상대 평가를 피하고 절대 평가 시각으로 10등이라면 15등보다는 우수하지 않느냐 식으로 기대 수위(집착 수위)를 가능한 한 밑으로 내리어 만족도를 높일 필요가 있다.(매사에 100은 '지향 목표'로 바라다볼지언정 '집착 목표'로 놓고 매달릴 일이 아니다. 집착 수위는 밑으로 밑으로 거듭 내리어야 한다. 만일 집착 수위를 '0'으로 끌어내리고 산다면 그것이 곧 도인의 삶이다. 집착

수위를 0으로 하여 사는 사람은 나날이 좋은 날이요, 순간순간이 환희요, 경이로움일 것이다.)

4) 이웃 사람에 대한 긍정 명상

사람 긍정 명상은 우선 우호감이 많은 사람을 대상으로 떠올리는 것이 좋다. 한 사람을 떠올리고 조용히 있어 본다. 그러면 그 사람에 대하여 내 마음이 움직이는 대로 따라가 본다. 극히 자연스런 흐름이다. 사람에 따라 다소 차이가 있을 것이나, 공통되는 부분도 많을 것이다.

(1) 아마 영접하고 있는 분을 향하여 맨 먼저 일어나는 마음은 "안녕하세요" 하는 인사이지 않을까 한다. 인사는 정성이 가득할수록 좋다. 내가 대하고 있는 바로 이 사람을 부처로, 하늘로, 소중한 존재로 받들지 못한다면 부처를, 하늘을, 귀한 존재를 어디에서 찾을 것인가 하는 자세로 최대 공경의 절을 올려본다.

(2) 절을 올리고 가만히 있노라면 자연히 기도가 나오지 않을까. "○○님 행복하세요. 몸 건강하시고 소원하는 것들 두루 이루시고, 마음 크게 자유로워지시고 주변에 사랑을 베푸시는 존재되십시오" 식으로 간절하게, 가능한 한 구체적으로 기도한다.

(3) 그리고 그 다음으로 감사하는 마음이 일어나지 않을까. 태어나서부터 지금까지 그분이 주변에 기쁨과 유익함을 일으켜 주었던 일 등등에 대해서, 아는 것은 구체적으로 떠올리고 정보를 모르는 것은 상상력을 통해서 감사한다.

(4) 마지막으로 그분의 존재 자체의 신성함에 대한 찬탄이 나오지 않을까. 그 육체의 신비, 눈·귀·입·팔다리·심장·폐장·위장·간장 등 많은 기관과 조직의 신비를 음미하며 찬탄한다. 특히 그분 속의 주인공(혼)의 신비는 그 어떤 거창한 수식어를 붙여 찬탄한다 해도 다 찬탄하

지 못할 만큼 불가사의한 존재이다.

(5) 사람에 대한 긍정 명상 소재는 이 외에도 얼마든지 있을 것이니 다채로운 사람 명상을 할 수 있을 것이다.

(6) 소리내어 할 수 있다면 더욱 좋지 않을까 한다.

5) 기타 긍정 명상

전기 전화를 비롯한 무수한 문화·문명의 혜택에 대해서, 물·공기·풀·나무·산·강 등의 대자연, 태양계로부터 뭇 은하계에 이르기까지 중중 연기(重重緣起)하는 대질서의 파노라마를 밀밀하게 느끼면서 감사 찬탄한다.

'아미타불' 한 명호에만 전념키로 한 수행자라도 공부 에너지 십분의 일만 할애하여 긍정 명상을 한동안 해 둔다면 공부 능률이 배가될 것이다.

모든 종교인은 긍정의 바탕이 허술하면 현재의 행복은 물론, 초월의 지평이 (잘) 안 열린다는 자각 하에 개인적·집단적·사회적으로 긍정 시각 열어가기 운동을 벌일 필요가 있다.(어찌, 세상에 걸을 길이 없던가, 걷고자 하는 의지가 약할 뿐이지.)

즉(卽)한 순간에 깨어 있으라

깨어 있는 각성은 평화를 잃지 않는다

"내가 방 청소를 했는데 형이 또 청소를 할 때 화가 났다." "친구가 자기 생일 파티에 초대해 주지 않아 서운했다." "남편이 '당신 친정 식구들은 한결같이 지질이야' 해서 오만 가시로 속이 상했다." 이런 식으로 크고 작은 불유쾌 정서(情)를 반복, 반복, 또 반복하면서 반성도 없이 사는 것이 중생 놀음이다.

세상 사람은 그렇다 치더라도 세상의 평화를 지향하는 종교인이 자신의 마음 평화 하나 제대로 관리하지 못하고 불화의 삶을 당연한듯이 반복하고 있지는 않은지 반성해 볼 일이다. 경전을 통해서, 법사나 목회자를 통해서 많은 가르침의 내용을 머리에 지니고는 있으나 말씀 따로, 생활 따로의 삶을 살고 있지는 않는지.

산승은 이를 관념 불교, 관념 종교라 하여 엄히 지양코자 활불교(活佛敎) 운동, 활종교 운동을 전개하고 있다.

"즉한 순간에 깨어 있으라."

깨어 있는 각성은 평화를 잃지 않는다. 각성은 깨어 있는 힘이 길러진 만큼 그 명징성(明澄性)이 높아진다. 깨어 있음이란 쓰이기에 따라서 여러 의미가 있겠지만 탐·진·치 삼독에 휘말려들지 않는 상태의 마음으로 보면 무난하다. 친구가 생일 파티에 초대 안 했다고 서운해진 것은 깨어 있음의 차원에서 보면 유치한 일이다. 친구 생일 파티에 초대되지 않은 사실을 안 순간 깨어 있는 자는 "구나"한다. 즉 "친구가 자기 생일 파티에 나를 초대하지 않았구나"하고 그 사실을 그냥 바라다본다. '바라다보는 힘 기르기'란 수도의 중대한 맥이다. 이 힘이 약한 자는 자신이 쌓아온 삼독의 업장에 휘둘림을 당할 수밖에 없다.

순간 화가 났더라도, 서운해졌더라도, 분노가 치밀어 올랐더라도, 그 진심(瞋心)이 일어나게 된 상황을 되짚어서 '바라다보는 힘 기르기'의 공부 소재로 삼는다는 것은 일거 삼득(一擧三得)의 공덕이 있다. 과거의 업을 정화하는 이익, 미래의 업을 덜 짓게 되는 이익, 깨어 있는 힘의 탄력을 얻어가는 이익이 그것이다. 탐·진·치 제거가 불교의 길이요, 깨어 있음 공부가 불교일진대 진심이 일어났을 때 그 자체를 수도 소재로 직접 삼는다는 것은 천만 번 지당한 일이다.

'이뭣꼬' 화두 하나만, '아미타불' 명호 하나만 주(主)바라밀로 들고 있으면 될 뿐이라는 애매하고 막연한 환상 속에 있는 수도인이 적지 않으리라 본다. 물론 주바라밀은 평생 테마로 마음의 한 가운데에 우뚝 세워야 할 것임은 당연하다. 보다 효과적으로 주바라밀에 몰입하기 위해서라도 경계에 휘말려드는 희생을 극소화해야 한다. 그 좋은 방편이, 주한 순간에 '구나·겠지·감사' 하는 것이다.

'구나 · 겠지 · 감사'의 실천

예시되었던 사례로 '구나 · 겠지 · 감사' 해 보자.

내가 방청소를 했는데 형이 또 방청소를 할 때 화가 난 경우.
구나 : "형이 청소를 하는구나"하면서 '구나'의 힘, 바라다보는 힘을 기른다.
겠지 : "방 청소가 되어 있는지 몰랐거나, 알았다 하더라도 형 마음에는 안 들어다든지 등등의 이유가 있겠지"하면서 '겠지'의 힘, 곧 정사유(正思惟)의 힘을 기른다.
감사 : "'이것도 청소라고 한 것이냐?' 한다거나 '야! 청소 다시 해라' 식으로 신경질을 돋구지 않은 것만으로도 얼마나 감사한가"하면서 긍정 시각의 힘을 기른다.

친구가 자기 생일 파티에 초대해 주지 않아 서운해진 경우.
구나 : "친구 모모가 나를 초대 안 했구나."
겠지 : "그럴만한 사정이 있겠지. 깜박 잊었거나 엄마나 친구에게 초청 의뢰를 하는 과정에 누락 되었거나 우리 집 식구들이 나 없는 동안에 소식을 받았으나 잊고 못 전해 주었거나 등등 무슨 사정이 있겠지."
감사 : "우리 반 급우들을 다 초청하고 나만 누락시킨 경우를 상상해 보면 정말 끔찍한 일인데 그런 상황에 비하면 감사할 일이요, 초청 못하는 이유를 쑥덕쑥덕 주변에 흉보는 경우도 있을 수 있는데 그런 상황에 비하면 이건 감사한 일이며, 어떻게 하다 누락된 이 상황에 대해 친구는 미안해 하고 있을지도 모르는 일이며, 평소 그 친구가 내게 보여 주었던 이런저런 우정들을 떠올리면 정말 감사할 일이 있을 뿐이야."

"당신의 친정 사람들 보면 한결같이 저질이야"라는 남편의 말에 이혼이라도 불사하겠다 할 만큼 화가 났다는 경우.

구나 : "남편이 나에게 '당신의 친정 사람들 보면 한결같이 저질이야' 하는 구나."

겠지 : "처갓집 누군가에게 크게 실망한 일이 있다거나, 현재 어떤 답답한 상황에 처해 있다거나 등등 어떤 사정이 있다면 그런 식으로 불같은 노여움을 드러낼 수도 있겠지."

감사 : "이년 저년 혹은 주먹다짐 등으로 더 심한 폭력을 행하지 않는 것만으로도 감사할 일 아닌가. 생각해 보면 남편에 대한 감사가 한두 가지인가."

이렇듯 여러분이 지금까지 살아오면서 경험했던 고수(苦受, 경우에 따라서는 낙수(樂受)도 좋은 공부 소재임) 사례를 바로 공부 소재로 활용한다는 것이 신나는 일 아니겠는가.

천재란 반복이 낳는다. 부처는 관행(觀行)이 결정한다. 아무리 좋은 목걸이라도 목에 걸 때 의미가 있고 아무리 아름다운 오솔길이더라도 걸으며 즐기지 않으면 의미가 없다.

'구나 · 겠지 · 감사', 이것은 성자들의 여러 바라밀 중에서 추출해 낸 일미(一味)의 한 방편이다. 이 방편이 여러 인연 있는 마음 공부인들에게 좋은 약재가 되었으면 한다.

실천이 길이다

첫 술에 배부르지 않는 법, 한두 번 실습해 보고 집어치운다면 의미가 없다. 적어도 백 번은 권한다. 진심(瞋心)이 일어난 상황 백 가지 경우를 기계적으로가 아니고 명상적으로 '~구나' '~겠지' '~감사' 하고 관행해 본다면 경계를 수용하는 힘이 놀라울 정도로 길러질 것이다. 사실 생각해 보라. 경계에 걸려 속 상한 것이 불행의 전반이 아니던가. 우선 역경계 수용이 문제이다. 이것만 어느 정도 해결되면 마음공부는 터가 잡힌다. 그 입에서 그 마음에서 불평 불만이 사라져 버린 사람을 상상해 보라. 아름답지 아니한가.

'구나 · 겠지 · 감사'를 관행함에 있어 쉬운 소재를 먼저 많이 하는 게 좋다. 초파일에 '구나 · 겠지 · 감사' 법문을 했다. 이삼 일 후 전화가 왔다. "스님! '구나 · 겠지 · 감사' 했더니 속이 더 상합디다." 한 여 신도님의 학습 보고였다. 망녕이 든 어머니가 선사해 준 똥오줌을 치우면서

"어머니가 똥오줌을 쌌구나" 해 보니 속이 더 상했다는 것이다. 당연한 일이다. 초기에는 보다 쉬운 교재를 채택해야 한다. 그러나 교재가 좀 어렵더라도 보다 은근하고 깊게 '~구나'를 여러 번 반복하다가 보면 점점 경계는 내 마음과는 상관없는 것으로 멀리 떠나게 되고 '~겠지'도 요모조모로 이해의 폭을 넓혀가다가 보면 수용되고, '감사'에 있어서도, 그보다 더 안 좋은 상황에 비하면 감사하다는 형식이 처음에는 억지 논리 같은 저항감이 들기도 하지만, 하다가 보면 자연스럽게 다가오게 되고, 이미 있고 이미 이룬[既存既成] 감사거리를 찾다가 보면 매사에 얼마나 감사할 줄 모르고 살아왔던가 반성하게 된다.

우리의 혼은 저 밑뿌리로부터 절규하고 있다. "해탈하고 싶어요." "평화롭고 싶어요." '구나·겠지·감사'는 그 절규에 부응할 것이다. 관행(觀行)의 방법을 아무리 자상하게 이야기해도 별 의미가 없을 줄 안다. 해 보는 길밖에 없다. 하다가 보면 그 요령과 방법이 터득된다. '구나·겠지·감사'가 세 개념의 조합으로 보이지만 명상(觀行)을 하다가 보면 그것은 자연스런 한 흐름으로 연결된다.

일미(一味)라 함이 그것이다. 무엇이나 모를 때 복잡하지만 알고 익어지면 간단한 법이다. 이 명상을 하다가 보면 이것이 수도의 전부다 할 만큼의 체험을 얻을 것이다. 이 법문을 받아들일 분이 몇이나 될 것이며 그 중에서 '구나 명상' 백 회 이상 하실 분은 몇이나 될 것인지!

어느 날 "스님, 스님의 법문을 접하고 '구나 명상' 백 회 이상 했고, 그 공덕으로 이제 경계로부터 많이 자유롭습니다"식의 편지 세 통만 받아보았으면 한다. 이러한 마음 공부인이 있다면 불원천리 찾아뵈면서 격려하고 싶다.

법당에서 울려나오는 행자님의 정근 목탁 소리, 겨울 새벽 하늘에 빛나는 별들의 맑음이 좋기만 하다.

'사슬'이라 아는 순간, 끊어라

독배를 지금 마실 수 있는가

   동사섭 법회 5박 6일의 종반부에는 초월 명상이 기다리고 있다.(초월 명상의 이론적 맥락은 '겠지'에 해당하고, 긍정 명상은 '감사'에 해당함.) 초월 명상의 내용 하나로 "지금 당신 앞에 안락사할 수 있는 한 잔의 독배가 있습니다. 마실 수 있는가?"라는 주제가 있다. 즉 죽을 수 있느냐는 것이다. 물론 죽을 수 있다고 응답하는 일은 쉽지 않다. 그런데 놀랍게도 독배 명상의 시간이 깊어짐에 따라 독배를 마실 수 있다는 응답이 나오기 시작한다. 명상 시간이 끝날 무렵에는 반 수 이상이 죽을 수 있는 마음 상태가 된다. 얼른 납득하기 어렵겠지만 그것은 사실이다. 인간의 마음이란 그토록 신비하게 개방되어 있는 것이다.
   상상해 보라. 죽을 수 있다는 마음 상태에 이르면 그 마음이 얼마나 후련하겠는가! 얼마나 시원하겠는가! 언제라도 죽을 수 있는 마음 상태로 세상 일을 한다면, 어떤 일이든 경쾌하게 적극적으로 해낼 수 있을 것이다.

불교인은 맨입으로 응무소주 이생기심(應無所住 而生其心)하지 말고, 활불교적(活佛敎的)으로 무소유(無所有-집착할 바 없음)를 가로막고 있는, 자신 속에 잠복해 있는 사슬에 직면하여 끊어야 한다.

죽을 수 있는가의 질문에 따라 붙는 죽을 수 없는 이유들, 이것들이 곧 자유로움을 막는 사슬이다. 이 사슬들을 보다 선명하게 보고, 끊음(초월)의 논리를 명상해야 한다. 노상 애기했듯이 길은 있다. 오직 걷지 않는 것이 유감일 뿐이다. 입으로는 해탈, 해탈하면서 하루 한 시간도 명상하지 않는 종교인들이 많을 줄 안다.

자, 죽을 수 있는가? 먼저 죽을 수 없는 이유들을 샅샅이 찾아 메모지에 기록할 것. 끊기 쉬운 것부터, 끊음의 논리를 정사유(正思惟)하여 끊어갈 것. 이것이 전부다. 언뜻 생각하면 과연 이 명상에 무슨 진전이 있을까 회의스럽기도 하겠지만 묘하게도 가능하다. 코흘리개 일곱 살짜리 외아들을 놓고 도저히 죽을 수 없다고 버디다가도 "나 없더라도 여차저차 살아갈 수 있기도 하겠다" 식의 논리가 전개되면서 견고하던 아들 사슬이 끊긴다. 아들 사슬이 끊겨 아들로부터 자유로워진 상태에서 아들에 대한 의무와 사랑을 다하는 것이 아들에 대한 '응무소주 이생기심'이다.

양귀비 같은 미인 약혼녀와 며칠 후면 결혼하여 깨가 쏟아지는 행복을 누릴텐데 어림도 없다고 저항하다가도 진지하게 명상에 임하면 끊음의 논리가 창출된다. 생명 자체가 부정되는 죽음 선택의 길이 도무지 수용되지 않다가도 생(生)과 사(死)의 새로운 의미 지평이 열리고 명상(正思惟)의 깊이와 선명도가 더해가면서 죽음을 영접할 수 있는 마음 상태에 이른다. 직접 죽음 명상을 해 보기 바란다. 경우에 따라서는 집단적으로 명상 시간을 갖는 것도 좋다. 침묵만이 아니고 가끔 명상의 진척 상황을 나눔으로써 서로 명상의 열도가 더해질 수 있기 때문이다.

한 번은 죽을 수밖에 없는 법. 평소에 가끔 '죽음 명상' 같은 것을 통해 마음의 거울을 닦아낼 필요가 있다.

어느 신도님은 암으로 죽었는데 죽기 전에 자기 아들을 붙잡고 "나 3년만 더 살게 해달라"고 간절히 하소연하곤 하여 아들의 안타까움이 컸다고 한다. 참 가슴 아픈 일이다. 죽음에 대한 불안을 정리하지 못하고 덜덜 떨다가 죽은 혼은 그 미래가 어떠할지 생각해 볼 일이다.

내 생각으로는 불치의 병으로 앓고 있는 환자에게 '죽음 명상'을 지도해 주는 프로그램이 병원이나 가정에 개설되면 좋을 것 같다. 모든 종교 단체 내에도 생명 운동·해탈 운동의 하나로 '죽음 명상' 등을 하곤 하는데, 그것은 대청소를 하는 것 같이 좋고, 삶의 순간순간에 그 공덕이 크다.

죽음 명상! 좋은 조바라밀이다. 염불이나 화두 등 무시 무처선(無時無處禪) 테마를 주(主)바라밀로 채택하여 몰입해 가는 삶이 되어야 함은 말할 나위 없고, 여러 긍정 명상·초월 명상 등을 조(助)바라밀로 활용하는 것이 효과적인 수도의 길이 될 것이다.

등산의 목적이 꼭 정상에 발을 딛는 것에만 있는 것이 아니듯이, 모든 명상들이 끝장이 나야만 하는 것은 아니다. 죽음 명상 경우도 명상 과정에서 자신 속에 의식적이든 무의식적이든 잠복해 있는 사슬을 드러내어 직면해 보는 것 자체로, 또 하나씩 정리해 가는 그 자체로 자신의 혼 정화에 그 공덕은 지대한 것 아니겠는가!

'할 수 있음' 심리와 자유로움

사슬 끊기 명상 주제는 다채롭게 시설될 수 있다.
다음 이야기는 수년 전에 있었던 일인데 여러분이 그 주인공이 되어 함께 했으면 한다. 수년 전 가을 어느 날 광주에 갔다가 거리에서 옛날 제자를 우연히 만났다. 슬하에 아들 딸 남매가 있고 대학 교수로 봉직하고 있으며 박사 학위 논문도 제출해 놓았고, 등등 유복한 생활을 하는 듯했다. 찻집에서 설록차를 마시면서 여러 이야기가 오고 가다가 화제가 마음공부 쪽으로 옮겨지고 마음의 자유로움, 자비로움 등에 초점이 모아지게 되었다.
그는 정말 이것저것에 초연해져서 평화로운 마음으로 살아가면 좋겠다고 했다. 나는 "정말로 초연해지고 싶냐?"고 물었고 그는 "정말 그렇다"고 대답했다. "그러면 초연해지고자 구체적인 노력은 어떻게 했느냐?"고 물었다. 흡족한 대답은 아니었지만 해탈을 원하는 것으로는 믿어졌다.(입으로는 해탈을 노래하지만 실제적인 노력은 거의 하지 않는 사람을 무수히 보곤 한다.)
나는 자비심을 더 내어 그의 '초연'을 구체적으로 돕고자 마음먹고 "그러면 지금 이 자리에서 바로 초연을 체험해 보면 어떻겠나?"하고 질문했고, 그는 단연 "예"했다.

"내 걸망에는 삭도기(스님들 머리깎는 면도기)가 있네. 그래서 누구든 스님들처럼 까까머리로 삭발하기를 원하는 사람이 있다면 언제든지 머리를 깎아 줄 수 있지. 자! 자네 지금 이 자리에서 삭발을 할 수 있겠나? 바로 대답하려 말고 곰곰이 명상해 보고 대답하게."

이 아닌 밤중에 홍두깨 같은 황당한 주제 앞에 그는 당황스러움, 의아함, 불안함, 어떤 신선함 등 묘한 정서 체험을 하면서 '삭발 명상'에 몰입하게 되었다. '삭발 명상'에서 떠오르는 사슬은 세 가지 정도였다. 아내의 바가지, 동료 직원들이나 학생들의 호기심 어린 눈초리, 머리에 보기 흉한 상처 자국의 드러남 등이 그것이었다. 이처럼 별 것도 아닌 듯한 것들이 알게 모르게 우리들의 자유로움을 가로막고 있는 것이다.

그는 결국 삭발할 수 있는 마음 상태에 이르렀고, 통쾌한 초연 체험을 안내 받음에 대한 감사를 어떻게 표현해야 할지 모르겠다고 했다.

얼굴에 점 하나 있는 것으로, 평생 얼굴 콤플렉스를 앓고 있는 것이 중생심의 현실 아니던가! 우리들 정서가 이래저래 편치 않음이 곧 고(苦)다. 이 고를 벗어나 낙(樂)을 얻는 것(離苦得樂)이 불교요, 종교 아니겠는가? 머리에 있는 흉터가 드러난다고 생각하면 불편(苦)해지는 것은 남에게 예쁜 머리라는 인정을 받고 싶음(貪)인 바, 흉터를 감추어서 편해지고자 말고, '싶음(사슬)'을 끊어서 편해지는 것(得樂)이 더 생산적이다. 왜냐하면 '싶음' 하나를 제거하면 억만 가지 흉터가 문제되지 않기 때문이다.

내가 내 흉터를 감추고자 하는 것은 마치 병신 자식을 둔 어미가 자식을 거리에 내보내기를 꺼리는 것과 같은 병리 현상이다. 화제의 주인공은 "흉터도 내 모습의 일부이니 수용하자" 식으로 사고 전환을 함으로써 흉터 사슬이 끊겼다고 했다.(그것도 훌륭한 명상 결산이지만 완전한 근본적인 해결은, 모든 싶음(貪)들의 원뿌리가 "나는 존재한다"라는 나를 실체화(實體化)하는 사고인 것이니, 실체 관념을 타파하는 무아(無我) 사고 지평이 열림으로써 가능하다는 것을 거듭 귀띔해 본다.)

아무튼, "○○할 수 있는가?"라는 주제의 조바라밀 명상은 공부인(工夫人)의 해탈도(解脫度)를 높여주는 기발한 방편이다. '아, 그런 명상법도 있구나!' 하고 지식 한 가지를 대뇌에 입력해 두는 데에 머무르지 말고, 간절히 바라노니 망상피우고 잡담하는 시간 일부를 할애해서라도 진지하고 엄숙하게, 독배를 지금 마실 수 있는가, 삭발을 저지를 수 있는가, 홀연히 훌쩍 떠나 해외에 30년쯤 있을 수 있는가, 무조건 "예"하고 복종할 수 있는가 등의 명상 주제 앞에 합장 좌정해 보라. 실제로 해 봐야 그 방편이 자기에게 맞는 요령으로 터득되고 그 깊이와 맛을 체험한다.

막연하게 탐·진·치 벗음이 해탈이라 하지말고 일체처, 일체의 경우에서 탐·진·치를 직면하고 벗어날 일이다.

― 이런 사슬 끊기 명상 기법을 최초로 개발한 사람이 누군지는 모르나 참으로 경의를 표한다. 이 방편을 전해준 야마기시(山岸) 문화에 심심한 감사를 올린다 ―

'나'란 무엇인가

'나'에 대한 바른 앎이 해탈을 여는 열쇠다

 '나, 나, 나' '내것, 내것' 하면서 사는 것이 인생이다. '나' 하면서 '나'를 모르고 산다는 것은 유감 아니겠는가? 무엇이 나인가? 무엇을 진정한 나(참나)라고 할 수 있을 것인가? 너무도 관심 기울여 연찬해 볼 주제이지 않은가? 그런데 이 주제에 대해 너무도 무관심한 채로 살고 있는 것이 현실인 듯한데 웬일인가?

 자, 무엇이 '나'인가. 이 몸, 이 마음을 '나'라 하겠는가? 대충대충 그런 식으로 생각해 버리고 사는 것이 세상 사람들이다. 과거세 긴 세월 동안 '나다' '내 것이다'를 무수히 반복하면서 골이 깊어질 대로 깊어진 아집(我執)·법집(法執)을 씻어내지 않고서는 해탈할 수 없다.

 불조(佛祖)께서 제시한 요긴한 해탈 방편 하나가 '나'를 제대로 알아 버리는 길이다. '제대로'라는 것은 과학적인 엄정성을 의미하는 것이 아니고 방편적인 진지성을 의미한다.

'나'가 무엇인지 알고자 함은, 앎 그 자체가 목적이 아니고, '나'에 대한 집착으로 인해 고통을 당하기 때문에 '나'를 잘 알아버림으로써 '나'에 대한 집착에서 벗어나자는 것이다. 즉 집착을 벗기 위한 방편으로, 나에 대한 바른 앎이 요청되는 것이다. 종교가, 앎 자체를 목적으로 하는 학문과 다른 점이 그것이다.

자, 무엇이 나인가? 동사섭 장(場)의 대단원에서는 "당신은 무엇입니까?" "무엇이 진정 당신의 모습입니까?"하고 진지하고 엄숙하게 다그쳐 묻는다.

"홍길동입니다" "모모의 아빠입니다" "○○의 남편입니다" "○○그룹의 사원입니다" "대한민국 국민입니다" "몸입니다" "혼입니다" 등등 답해 봄직한 별의별 대답들이 다 쏟아져 나온다. 그러나 대답한 그것이 진정 '나'인가 자문해 보면 "여차저차하니 그것을 진정 나라고는 할 수 없다. 진정 무엇이 나란 말인가?"하고 새롭게 묻지 않을 수 없다.

이 주제에 성실히 몰입하고 있노라면 대체로 '알 수 없는 답답함'에 이른다. 이 상태의 밀도를 거듭 심화시켜 나가는 길이 화두선(話頭禪)이요, 이 답답함에서 돌파구를 찾아 진일보하여 스스로 만족할 만한 답을 얻어 관행해 간다면 이것은 염불선(念佛禪), 법계관(法界觀), 일심삼관(一心三觀) 등의 행법(行法)이다.

'참나'가 아닌 것들을 낱낱이 놓아 가는 명상법

참나를 찾는 일에 있어 일반화시켜도 됨직한 좋은 방편 하나를 소개하고자 한다. 진정한 나(참나)라고 볼 수 없는 것들을 낱낱이 놓아 가는 명상이다. 흔히 세상 사람이 '나'라고 여기는 것을 보면 네 겹 정도로 분

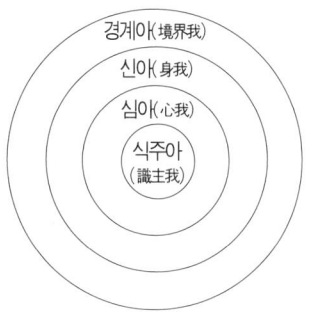

석해 볼 수 있다. 보고 듣고 생각하는 인식의 주체(識主我), 마음(心我), 몸(身我), 그리고 자기 동일시(自己同一視)의 내용인 '내것'이라는 것들(境界我)이 그것이다. 그림과 같이 나란 식주아·심아·신아·경계아 등 네 범주로 나누어 볼 수 있다.

진정한 나를 알고자 나의 겉부분부터 "그것이 진정 나인가?"하고 물어보자. 양파의 핵심을 찾고자 껍질 한 겹 한 겹을 벗겨가듯……

경계아(境界我 : 경계나), 우리가 알게 모르게 무수히 자기 동일시하며 집착하고 있는 몸 밖의 것들, 부모·형제·자녀·남편·아내·동산·부동산·아끼는 물건들, 명예 권력 등등 소중한(?) 나의 경계아들! 그것들이 나인가? 아니다. 그러면 놓아라. 쥐고 있지 말자. 자녀를 놓을 때 오히려 효과적으로 기를 수 있다. 재산을 놓을 때 그 관리의 효과적인 길이 보인다.

신아(身我 : 몸나), 그것이 나인가? 몸이라는 것, 알고 보면 현미경을 동원해야 겨우 보이는 아버지의 정자 한 마리, 어머니의 난소에서 한 달에 한 개씩 생산되는 난자 한 마리, 그리고 어머니가 나를 잉태하고 열 달 동안 먹었던 밥·김치들, 내가 태어나서 꾸준히 먹어온 밥·김치들, 그것들의 집합이 몸이다. 정자가 나인가, 난자가 나인가, 밥·김치가 나인가? 그것들을 "나야!"하고 붙들고 있는 자가 있다면 딱하게 보이지 않겠는가. 몸뚱이 이것, 내가 아니다. 놓아라. 내일이나 모레쯤 화장터에서 뿌연 연기, 한 줌의 뼛가루로 흩어질 이 몸뚱이, 내가 아니다. 놓아라.

심아(心我: 마음나), 그것이 나인가? 심아, 그것은 생각과 감정의 조합 과정일 뿐이다. 생각(知)·감정(情)·욕구(欲)·의지(意), 생각·감정·욕구·의지가 기능적으로 무수히 일어났다 사라졌다 하는 것이 마음이다. 꽃 한 송이를 본다(인지작용 : 생각), 기분이 좋다(감정), 꺾어서 집에 꽂아 놓고 싶다(욕구), 꺾고자 한다(의지). 인생사 전반에 마음은 이런 식으로 활동한다.

이때 이 생각들이 나인가? 아니다. 그 순간 일어난 생각 기능일 뿐이다. 감정·욕구·의지도 마찬가지다. 마음이라는 것도 막연히 생각하면 무슨 실체(實體)가 있는 듯하지만 잘 관찰해 보면 그런 식으로 몇몇 기능들이 난무할 뿐이다.

식주아(識主我 : 인식의 주체)! 산이 보인다. 무엇인가 보는 주체가 있으니까 그것이 산을 볼 게 아니냐고 생각한다. 이 생각이 '아트만(Ātman)'이라고 하는 형이상학의 개념을 만들어 내었다. 나무가 있고 돌멩이가 있다면 그것을 만든 자(창조자)가 있을 게 아니냐는 생각이 '브라만(Brahman)'이라는 형이상학적 신(神)을 만들어 내었다. 석가의 석가다운 역사 출현의 의미는 그 두 형이상학 개념에서 벗어났다는 점에 있다.

새 소리가 들린다. 그 소리를 듣는 무엇이 있는가? 아니다. 주체적으로 역할하는 '기능'이 있을 뿐 주체자라는 실체는 없다. 아트만이나 브라만과 같이, 알 수도 체험할 수도 없는 형이상학적 개념들을 상상의 관념 창고에 설정하려드는 것은 약한 유아기 인격에서 볼 수 있는 '믿음 심리'이다. 믿어버림으로써 어떤 욕구를 성취하고 편해지고자 하는 마음이 인간의 '믿음 심리'이다.

이 믿음 심리가 인간에게 유익한 도구가 되는 것은 사실이다. 믿음 심리가 없다면 한강교를 건널 때마다 이상(異狀) 유무를 검토해야 할 것이요, 이웃을 대할 때마다 흉악범이 아닌지 항상 살펴야 할 것이다. 많은 종교 교설이 믿음 심리를 전제로 하고 시설된다.

 해탈하지 못 해도 믿음으로써 얻는 공덕은 아주 많다. 그러나 무엇이나 중도(中道)라야 좋고 상황에 따라야 하는 법. 불신 능사(不信能事)도

금물이지만, 믿음 능사도 금물이다. 세상의 거의 모든 사람이 너무도 뿌리 깊게, 너무도 심각하게 당하고 있는 믿음 심리 피해 사례가 하나 있으니, 그것은 "나는 존재한다"라는 믿음이다.

 "나는 존재한다"라는 믿음, 이것은 인간의 성장 과정에 단계적으로는 필요하지만 최종 단계의 성숙 과정에서는 그 철석같은 믿음을 놓지 않으면 안 된다. 석존의 보리수 밑 수행이 바로 그 과정이었다. 그 당연하

고 자명한 듯한 '나'라는 실체는 연기적 기능에 불과함을 꿰뚫어 보고, 미지근하게 끝까지 따라다니던 불안(一切苦厄)이 사라져 버렸던 것이다.

'참나' 운운 역시 관념의 허상이다

자, 마지막 '나'라고 버티어 봄직한 인식 주체(識主我)도 '나'가 아니요 한갓 기능임을 조견(照見)했을 때 무슨 일이 일어나겠는가? 자유감이요, 해방감이요, 대자대비요, 넘치는 생명력이지 않겠는가. 산산수수(山山水水)요, 묘한 있음(妙有)이요, 상락아정(常樂我淨)의 사덕(四德)이 넘치는 어떤 상태가 아니겠는가. 공(空)과 성(性)과 상(相)이 일여(一如)로 현전하는 아미타불의 일심법계(一心法界)가 이것임을 명상의 깊이만큼 점두(点頭)하리라 본다.

혹 '무언가 허탈할 것 같다'고 생각되는가? 이해도 된다. 노망한 시어머니를 30년 시중하다가 죽었는데 문득 서운하더란다. 관념적으로 사색하지 말고 명상적으로 관조하노라면 사색 과정에 따를 수 있는 어떤 허탈감은 극히 일시적이고 명상의 깊이에 비례하는 충만감이 현전할 것이다.

혹 "아, 그러면 마지막에 현전하는 그 자유감 등등이 '참나'이겠구나"하고 결론을 내리고 싶을 것이다. 그러나 자유감 등도 꾸준히 흐르는 법. 그것에다 다시 이름을 붙이고자 할 일이 아니다. '진아'이니 '참나'이니, 이름을 붙이고자 하는 '믿음 심리'가 깔려 있을 수 있으니 깨어 있을 일이다.

세간의 명인이 되는 데에도 뼈를 깎는 노력이 따르는 법. 해탈자라는 출세간의 명인이 되어야 할 마당에 적은 노력으로 되겠는가. 석존의 유언에 "게으름피우지 말고 정진하라"하셨다. 이 한 말씀에 담긴 석존의 간절한 비원(悲願)과 자비의 마음이 어떠하겠는가 음미해 볼 때 가슴이 메인다. 나무 시아본사 석가모니불.

마음 나누기 1
말의 중요성

말 한 마디로 천냥 빚 갚는다

사람은 사회적 동물이다. 다른 사람과 관계를 맺지 않고는 살 수 없는 것이 세상 현실이다. 관계가 좋아야 행복하고 일이 잘 된다. 가정 내의 인간 관계, 직장 내의 인간 관계, 친지들 사이의 인간 관계, 스승과 제자 사이의 인간 관계, 국가간의 인간 관계, 인종간의 인간 관계 등등의 관계, 관계, 관계! 세상은 관계의 파노라마다. 관계 철학을 더 밀고 나아가면 세상에 존재하는 어떤 것도 다른 것과 관계하지 않고 존재할 수 있는 것은 아무것도 없다.

인간 관계는 분위기·표정·행동·언어·관심을 통하여 이루어진다. 분위기·표정·행동·언어·관심, 모두 다 높은 덕성을 요청하는 중요한 개념들이다. '동사섭 장(場)'은 이러한 복합적인 관계 요인들이 서로 부딪히고 돕고 보완하고 격려하면서 흘러가는 도도한 강물이다. 각 구성원들이 얼마나 순간순간의 주제에 진지하게 임하느냐 하는 것이 장(場)의 성숙을 결정한다. 물론 세상도 마찬가지다.

'동사섭 장'은 여러 관계 요인들 중에서 언어(言語) 요인을 더 집중적으로 문제 삼는다. 말 한 마디로 천냥 빚을 갚을 수 있고, 천 금을 잃을 수도 있다. 언어 표현 여하로 가정의 화·불화(和不和)가 결정되는 예는 비일비재(非一非再)하다. 말이란 마음이 음성을 통해 드러나는 현상이다. 곧 말의 교류는 마음 교류, 마음 나누기이다. "마음 나누기를 어떻게 효과적으로 할 것이냐" 하는 것은 두 사람 이상이 사는 세상에 항상 주요 과제가 될 수밖에 없다.

말은 입에서 떨어지는 순간 살활(殺活)을 결정한다. 평생을 통해 내 입에서 떨어지는 말로 인해 무수한 사람이 죽거나 살거나 한다는 사실을 깨달아야 한다. 오늘 한 시간 학습으로 언어 습관 하나 교정해 두는 것이, 일 년 후 만 금의 부도를 막을 수 있고, 십 년 후 죽을 사람을 살려낼 수 있다.

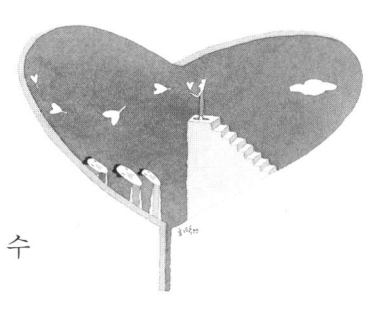

살(殺)·도(盜)·음(淫)·망(妄)·주(酒)를 금하는 오계(五戒) 중 어느 계에 비중이 제일 가는가? 불망어(不妄語)다. 특수한 경우가 없음은 아니나, 살생이니 도둑이니 사음이니 음주니 하는 것이 현실적으로 얼마나 문제가 되던가. 단연 빈번하게 문제되는 것은 언어다. 말 한 마디로 행·불행이 갈리고, 남편의 말 한 마디가 아내의 십 년 가슴앓이를 일으키고, 친구의 양설(兩舌) 한두 마디로 서로 의절을 한다. 비일비재로 그런 일이 세상 곳곳에 무수히 지금도 일어나고 있다. 정어(正語)·불망어(不妄語)·정구업진언(淨口業眞言)을 읊조리지 않더라도 평생 하고 살 말이니 갈고 닦아야 할 것이다.

한 친구 부인의 일이 떠오른다. 남편이 외국 유학 중이라 의지할 곳을 찾아 두어군데 절에 갔다가 스님들의 갖추어지지 않은 말투와 쌀쌀한 표정을 대하고 정을 떼었다고 한다.

열렬한 불교 신도인, 어느 소설가의 말씀이 기억난다. "돼먹지 못한 말버릇에다, 누나 같고 어머니 같은 사람들한테 걸핏하면 반말이니, 도대체 스님들 언어 순화 문제가 심각하다." 나도 승려이지만 대체로 시인할 수밖에 없다. 내 스스로 승려이고 "승려는 만인의 사표가 되어야 한다"는 소리를 곧잘 들어온 터라, 내 집안 허물 한 자락을 들추었지만, 효과적인 언어 표현은 언제 어디서나 중요 과제가 될 수밖에 없다.

효과적인 마음 나누기

효과적인 마음 나누기란 무엇인가? 즉 생산성 있는 대화란 무엇인가? 세상에는 많은 모임들이 있다. 그러나 그 모임들이 활성화하지 못하고 처음엔 무언가 되는 듯하다가도 점점 모이는 수가 적어지고 모임 자체가 사라져 간다. 그 이유는 생산성 없는 모임이기 때문이다. 나는 항상 '모임' 하면 두 가지를 유념해 본다.

'흥미'와 '유익'이다. 모임은 재미있어야 좋고 유익해야 좋다. 유익과 흥미는 생산성 있는 모임이 지녀야 할 양대(兩大) 본질이지 싶다. 대화의 장(場), 나눔의 장도 마찬가지다. 즉 마음 나누기(대화)가 정서적으로 즐거운 자리여야 좋고, 무언가 유익한 자리여야 그 생산성이 보장된다.

사람은 무조건 행복(기쁨·즐거움·해탈)을 지향하는 존재요, 욕구를 지향하는 존재라는 심리학적 원리를 참고해 볼 때 '흥미'와 '유익'이라는 두 개념을 삶의 여러 경우에 판단 기준으로 삼아봄직하다.

나누어야 할 '마음'이란

많은 사람들이 많은 말(대화 나누기)을 하고 살지만 자신이 현재 무엇을 말하고 있고, 왜 하고 있고, 어떻게 하고 있는지 잘 깨어 있지 않는 경우가 많다. 그렇기 때문에 마음 나누기의 수준이 높을 리가 없다.

대화의 소재는 세 유형으로 나누어 보는 것이 좋다. 사실(정보)·의견·감정이다. 즉 대화란 사실 나누기이든지, 의견 나누기이든지, 감정 나누기이든지 한다.(물론 기타 알파 영역을 배제하는 것은 아니다.) 깨어 있는 대화가 되려면 순간순간의 주제가 사실권의 것인지, 의견권의 것인지, 감정권의 것인지를 파악해야 한다.

목적상 사실이나 의견이 나누어져야 할 경우가 많고 — 사실이나 의견의 교류는 그것으로서의 가치가 너무도 있다는 전제 하에 하는 말이지만 — 마음 나누기가 깊고 따뜻한 참만남이 되려면 감정이 나누어져야 한다는 점을 깨달아야 한다.

당신 곁의 어떤 사람이 "뜰에 장미꽃이 많이 피었네요(사실). 장미를 몇 다발 시장에 내다 팔았으면 해요(의견)"라고 표현했다면 당신의 관심은 장미꽃과 시장에 팔려지는 장미에 마음이 머물 것이다. 그러나 그 사람이 "뜰에 핀 장미들을 보니 신나네요"라고 감정을 표현했다면 당신의 관심은 그 사람의 설레는 가슴에 머물 것이다. 즉 후자 식의 감정 표현이라야 사람이 만나지는 것이다.

당신의 가정이나 직장에, 감정은 잘 표현하지 않고 항상 사실과 의견만 내놓는 사람이 있다면 떠올려 보라. 얼마나 답답하고 삭막한가. 선물 같은 것을 그냥 덤덤히 받기만 하고 기쁨을 표현하지 않는 당신의 동생이나 자녀가 있다면 심각한 일일 것이다.

어느 분의 고백이 기억난다. 중학생 딸아이가 좋아할 듯해서 백화점에

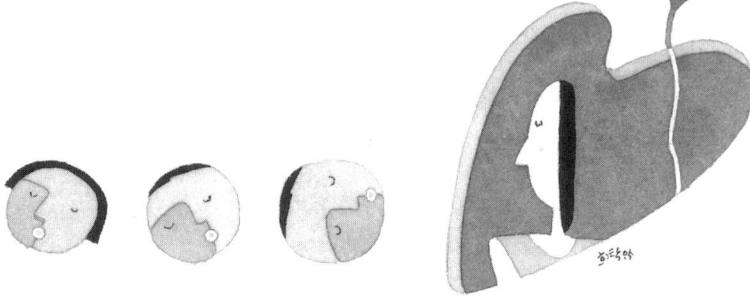

　쇼핑 갔다가 하모니카를 하나 사서 딸에게 선물했는데 너무 좋아하였다. 등교하려고 책가방을 들고 대문에 나선 딸이 다시 뛰어 들어와 귀에다 대고 "엄마, 사랑해. 하모니카 선물 정말 고마워"하고 뛰어 나갔다. 엄마는 종일 행복감에 젖어 있으면서 '감정을 숨기지 않고 표현해 주는 것이 얼마나 중요한 일인가'를 절절히 깨달았다는 것이다.

　어두운 감정도 마찬가지다. 불쾌하고 우울한 감정을 숨겨놓은 채로 표현하지 않고 음산한 기운만 풍기고 있다면 어떠하겠는가. "기쁨은 나눌수록 커지고 슬픔은 나눌수록 적어진다"는 속담은 수 천 년의 경험을 통해 얻어진 귀중한 지혜의 말씀이다.

　동양 문화가 범해 온 큰 어리석음 하나는, 감정을 경시하는 풍토를 빚어냈다는 점이다. 감정은 생명의 첫 소리다. 감정은 생명의 핵심이요, 목적이다. 더불어 사는 사람끼리 감정을 나누고 살 필요가 있다.

나누기란

나누기란 주고 받기다. 내 감정을 주고(표현) 상대방 감정을 받음(반응)이다. 주려면 주어야 할 내 감정을 감지(포착)해야 한다. 받으려면 상대방 감정을 알아야(공감)한다. 즉 마음 나누기란 나의 감정을 감지・표현(주기)하고 상대방 감정을 공감・반응(받기)하는 것이다.

마음 나누기란 이처럼 간단 명료한 개념이다. 그런데 놀라운 일은, 개념을 충분히 설명해 주고 "마음 나누기 해 보자"하고 장(場)을 열어놓아도 도무지 잘 되지를 않는다는 점이다. 그래서 수련을 통해 학습을 하는 것이다.

앞으로 몇 회에 걸쳐 효과적인 마음 나누기의 길에 관해 논의하겠지만, 이런 글을 통해 동사섭 수련이란 이런 것이구나 하고 이해(知)한다 해도 체득(體得)을 위해서는 노력(行)이 따라야 한다.

지행합일(知行合一)이니 돈오점수(頓悟漸修)니 하는 말은 어디나 통하는 상도(常道)일 것이다. 이해와 체험을 혼동해서는 안 된다. 체험을 통한 이해의 장이요, 이해를 통한 체험의 장이요, 체험의 깊이도 중중 층층(重重層層)인 것이 덕(德)을 닦는 도량이리라.

선창(禪窓) 앞에 지천으로 피어나고 있는 불두화(佛頭花), 녹색을 떨쳐내며 점점 흰빛을 드러내고 있다. 많은 것을 시사해 준다.

마음 나누기 2
잘못된 말의 유형들

악성 표현을 지양(止揚)할 것

경전에서는 악성 표현 유형을 망어(妄語), 양설(兩舌), 악구(惡口), 기어(綺語)로 나눈다. 몇 가지 악성 표현 유형을 떠오르는 대로 세분하여 열거해 보겠거니와 악성 표현은 성격과 관련하여 깊은 업장과 결탁하고 있는 업으로서, 마음을 선명히 전할 수 없을 뿐만 아니라 상대방을 불쾌하게 하여 불화를 일으키므로 엄히 교정할 필요가 있다.

(1) 자폐(自閉)형 : 주로 자폐증 환자에게서 볼 수 있는 유형인데, 거의 표현을 하지 않고 자신의 내부 세계로 침잠해 들어간다.

(2) 침묵(沈默)형 : 주로 듣고 있는 모습이다. 침묵이 금이라지만 중도일 때 빛난다.

(3) 수다형 : 쓸데없는 소리를 많이 지껄인다. 대체로 자신도 무슨 말을 왜 하는지 잘 모른다.

(4) 자책(自責)형 : 자기가 잘못이요, 자기가 나쁘고 자기가 죽일 놈이요, 자기 책임이요, 언뜻하면 죄송 천만이다.

(5) 투사(投射)형 : 자기는 잘못이 없다. 그저 상대방이 나쁘고 자기가 잘못한 것도 타인 탓이다.

(6) 비관(悲觀)형 : 세상이 슬프기만 하고 항상 되는 일이 없다고 생각하며 세상 불행은 혼자 짊어진 듯 이야기하는 스타일이다.

(7) 궁상(窮狀)형 : 거지의 모습이다. 스스로의 불행 등을 드러내어 동정을 받고자 한다.

(8) 사기(詐欺)형 : 네 가지 기어 중 망어를 말한다. 언뜻하면 거짓말이다. 아차하고 후회도 하지만 부지불식간(不知不識間)에 거짓말이 튀어나온다. 특히 자신의 에고와 결부된 경우는 식은 죽 먹듯 거짓말이다.

(9) 농담(弄談)형 : 경우를 살피지 않고 농담질이다. 진담을 해도 농담식이라 진위를 알 수 없다.

(10) 과시(誇示)형 : 자기 자랑을 줄곧 해야 직성이 풀린다.

(11) 허풍(虛風)형 : 사실보다 크게 표현한다.

(12) 비밀(祕密)형 : 이런 사람과 이야기를 나누면 늘 무언가 감추는 듯하여 개운한 감이 들지 않아 답답하다.

(13) 유감(遺憾)형 : 그저 서운하다. 이 사람 저 사람 그 사람, 주변 모두가 서운하기만 하다. 합리적 기대 심리에서 나오는 유형이다. 서글픈 인상 근육이 발달한다.

(14) 불평(不平)형 : 언뜻하면 불평 불만의 언사다. 부정 시각이 발달해 있는 사람에게서 볼 수 있는 유형이다.

(15) 이간질(兩舌)형 : 간접 공격형이다. 경전에서는 두 혀(兩舌)라 하여 크게 금한다. 본인이 없는 데에서 그의 허물을 들추는 것으로서 대범치 못하고 비겁한 인격 유형의 사람에게서 많이 볼 수 있다.

(16) 비판(批判)형 : 세상 요모조모에 대한 옳고 그름을 가리는 일이 주된 대화 소재가 된다. 합리성, 논리성이 높되 부정 시각과 유식(有識)이 결탁된 산물이다.

(17) 농아(聾啞)형 : 경청하지 않으며 상대방이 이야기하고 있는 동안 자신의 이야기를 준비하고 있고 '어서 끝내라, 나 말할란다'는 식이다.

(18) 거드름형 : 목에 힘이 들어가고 말이 느리다. 속이야 어떻든 거만한 모습이 꼴불견이다.

(19) 주장(主張)형 : 자기가 내놓은 주장은 무조건 철회하지 않고 집착한다.

(20) 완고(頑固)형 : 매사에 고집이 세고 자기 주장에 강한 신념이 서려 있어 타인으로 하여금 반론을 제기하기 어렵게 한다.

(21) 교사(教師)형 : 항상 가르치는 분위기요 가르치는 언사다.

(22) 군주(君主)형 : 주장형, 완고형, 교사형에 더하여 일방적 권위 의식까지 들어 있고 따르지 않으면 안 될 것 같은 두려움을 느끼게 하는 말 스타일이다.

(23) 논리(論理)형 : 대체로의 이야기가 논리적이라 딱딱하고 건조하다.

(24) 감격(感激)형 : 말이 볼륨이 높고 감동거리가 많다. 이런 유형의 사람을 몇 차례 겪다 보면 이들의 감동에 신선감을 못 느낀다.

(25) 분노(憤怒)형 : 악구(惡口)를 말한다. 자주 화를 내어 말한다.

(26) 식자(識者)형 : 교사형과 맥락이 유사한데 유식한 말을 많이 하여 덕을 잃는다.

(27) 단조(單調)형 : 낮은 볼륨을 유지한 채 변화가 적고 느리고 긴말이다.

(28) 군말형 : 별 쓸데없는 말을 많이 뇌까린다. 혼자 있을 때에도 누구

랑 이야기하듯 군소리가 나온다.

(29) 기단(氣短)형 : 언뜻하면 잘 토라지기 때문에 이런 사람과는 불쾌해 할 말이나 서운해 할 말을 나누기 어렵다.

보다 전문적으로 악성 유형을 정리하여 참고한다면 좋을 것이다. '나는 어느 유형에, 악성도(惡性度)가 얼마쯤 되겠구나' 식으로 자기 점검을 해 볼 필요가 있다.

이 유형들이 형성되는 원인은 삼독(貪·瞋·痴)이다. 뿌리인 삼독을 멸하면 행위(言·行) 교정이 쉽겠지만, 행위를 교정하면 삼독이 사라져가기도 하는 법이다. 주변 사람에게 상처주는 언어 습관을 교정하는 일은 근본 번뇌를 제거하는 데에도 상당한 도움이 될 것이다.

위의 악성 유형들을 좀 더 깊이 있게 논의해 볼 필요가 있겠으나 생략하기로 하고, 이간질형과 분노형 두 가지만 더 명상해 보기로 하자. 모든 유형들이 경우에 따라 모두 심각하겠으나, 이 두 유형이야말로 두드러진 공격 유형이기 때문에 현실적으로 가장 심각하다고 본다. 이간질 표현은 간접 공격이요, 분노 표현은 직접 공격이다.

이간질도 마찬가지지만 분노는 미움이다. 곧 사랑의 반대이다. 세상의 모든 생명체는 사랑받기를 간절히 원한다. 불가항력일 때는 어쩔 수 없다 하더라도 분노 에너지를 고백 내지 관용 에너지로 승화시켜 표현할 일이다.

물론 분노 표현의 대상이 되었을 때에는, 속전 속결로 다툼·변명·사과·용서 등을 통해 '싸우고 벗삼는다'는 말이 있듯이 어두운 뒷끝이 길지 않도록 잘 마무리할 일이다. 그러나, 이간질의 대상이 되었을 때는 오히려 참기 어렵고 그 뒷끝도 오래가기 일쑤다.

이간질의 구조는 적어도 한두 사람 이상이 사이에 끼어 있는 법, 이간질하는 자는 미움을 깔고 제삼자에게 전하고 있기 때문에 사실을 제대

로 전하지 않고자 하는 심리에 빠지기 쉬우며, 사실성에 있어서도 옮겨지고 또 옮겨지는 과정에 듣고 전하는 자의 주관적인 판단이나 기분에 의해 가감승제될 수밖에 없으므로 피해자의 불쾌감은 더 클 뿐만 아니라 세상이 그로 인해 소란스러워진다.

특히 한국 사람이 이간질을 많이 한다는 말이 있다. 그래서 그런지 내 주변에서도 이간질로 인한 불화, 불목 사례가 상당히 많다. 서부 영화에는 아무리 악당이라 하더라도 뒤에서는 쏘지 않는다. 차라리 맞싸우다가 죽을지언정 뒤를 치는 비겁자는 안 되겠다는 인간의 자존심 선언이기도 하리라.

참으로 이간질하는 버릇만은 최우선으로 벗어나야 한다.

사람의 속마음에는 누구나 아직, 다 정화되지 못한 그늘이 남아 있다. 젖먹이 때부터, 아니 더 먼 과거 전생부터 사랑과 인정과 성취 등의 욕구가 좌절됨으로써 쌓인 쓸쓸함, 섭섭함, 억울함, 분함, 미움 등의 한(恨)이 마음이라는 창고에 들어 있는 법이다.

이러한 한이 기회 있을 때마다 밖으로 투사되어 세상에 대한 공격으로 나타난다. 본인의 성격상 혹은 대상에 따라 직접 공격하지 못하고 간접적 공격을 하는 것이 이간질이다. 이것이 습관화되면 크고 작은 이간질이 다반사로 행해지고 세상이 어지러워진다. 이간질 대상이 되는 자도 사랑욕, 인정욕 등의 욕구가 좌절되었으니 슬퍼하고 분노하며 갚음을 도모한다. 이것이 왈 중생 놀음이요 인토(忍土)요 사바 세계이다.

  사람은 누구나 가해와 피해의 악순환을 거듭하기 쉬운 법, 가해·피해의 미성숙을 벗어나고자 꾸준히 노력하는 길밖에 없다. 한 걸음씩 악성 표현의 업(業)에서 벗어나 온화하고 평화로운 세상 만들기에 힘 쓸 일이다.

마음 나누기 3
마음 표현하기

사실과 생각과 감정의 구별

많은 사람이 사실과 생각을 혼동한다. 평소 생활 중에 자신이 단정하고 있는 생각이 '과연 이것이 사실인가?' 하고 가만히 자문해 보는 습관이 길러지면 좋다. "그 사람은 이러저러해서 나빠"하고 말하면서 그 사람이 사실상 나쁘다고 믿는다. 그러나 실은 '그 사람은 이러저러해서 나쁘다'고 생각을 하는 것이다.

흔히 불교인은 '일체유심조(一切唯心造)'니 '만법유식(萬法唯識)'이니 말은 하면서 현실은 그 말대로 잘 살지를 못한다. 자신의 생각(관념)을 투사해서 사실시하면서 많은 중생이 윤회의 형극을 걷고 있다. "이것은 내 생각일 뿐"이라는 단순한 명제는 많은 해탈을 불러온다. 아무튼 사실과 생각을 혼동하지 않는다는 것은 높은 의식 수준인 것이다.

마찬가지로 많은 사람이 생각과 감정을 혼동한다. 혼동이라기보다는 혼란 속에 있다. 이 혼동·혼란의 극복은 참으로 인간 의식의 진화사에 획을 긋는 도약이 된다. 이 도약은 물론 일회적으로 이루어지는 것이 아니고 한동안의 점수(漸修)적인 노력의 과정을 통해 이루어진다.

수련장에서 "감정을 표현하라"고 아무리 요청을 하여도 대체로 생각(정보나 의견)을 표현하곤 한다. "기르던 강아지가 죽었어요" "선생님께 칭찬을 받았어요" "당신이 나의 책을 허락도 받지 않고 가져간 것은 부당하다고 생각해요"식의 표현은 그 형식을 따진다면 감정 표현이 아니고 생각 표현들이다.

물론 표현 형식은 그렇더라도 그 내용에 있어 감정에 깨어 있으면 좋겠고, 받아들이는 입장에서도 표현자의 마음을 이해하면 좋겠지만 "강아지가 죽었어요"라는 형식의 표현이 습관화되면 우리의 의식은 강아지의 죽음이라는 개념(관념)에 머물게 되고, 의식이 개념에 머물다 보면 크고 작은 개념에의 집착으로 인해 마음이 쉬지를 못하게 된다.

그런데 "강아지가 죽어 슬펐다"식의 감정 표현 형식은 '강아지의 죽음'이라는 개념보다는 그것으로 인해 가슴에 피어나는 '슬픔'이라는 감정에 의식의 초점이 모아지므로 탈 개념(脫槪念) 현상이 심리적으로 일어날 수밖에 없고, 그 위에 "제행무상(諸行無常), 제법무아(諸法無我), 범소유상 개시허망(凡所有相 皆是虛妄: 무릇 모습 있는 것은 모두 실체가 없어 허망하다.), 여몽환포영 여로역여전(如夢幻泡影 如露亦如電: 꿈·물거품·그림자와 같으며, 이슬과 같으며 또한 번개와 같다.)" 등과 같은, 탈 개념을 고도로 부추겨주는 법인(法印)들을 관조함으로써 해탈의 심도를 더해가야 할 것이다.

탈 개념의 기초 작업은 사실이나 생각보다는 속마음(감정)에 눈뜸이다. "강아지가 죽었다"보다는 "강아지가 죽어 슬펐다(슬프다)" "칭찬을 받았다"보다는 "칭찬을 받아 기쁘다"식으로 그 사건(상황)으로 인해 발생한

내 가슴(혼) 속의 현실(기분·감정·정서)을 읽어서 표현해 보곤 해야 한다.

그런 식의 표현이 익어지다보면 표현 형식과는 상관없이 그 내면에 일어나는 감정 현실에 민감히 깨어 있는, 즉 정서를 감지하는 힘이 길러지게 된다. 힘이 길러지면 그 자체로 감정의 혼돈에서 크게 벗어날 수 있다. 그래서 사실과 생각과 감정을 보다 선명하게 구별할 수 있다면 영성적으로 성숙해 감에 있어서 결정적인 도움이 될 것이다.

기쁨은 나눌수록 커진다

속담에 "슬픔은 나눌수록 적어지고 기쁨은 나눌수록 커진다"는 말이 있듯이 우리 모두의 가슴(감정·마음)을 그것이 쾌한 것이든 불쾌한 것이든 나누어 가질 필요가 있다. 자신의 가슴은 타인이 알아주기 이전에 자신이 알아주어야 한다.

'그가 나를 욕했다' 하는 관념을 반복하는 한, 미움은 커질 수밖에 없다. 물론 불건강 정서에서의 완전한 해탈을 위해서는 마음 관리 차원에서 어떤 대응을 해야겠지만, "그가 나를 욕하니까 내 가슴에 '불쾌'의 기분이 일어나는구나" 하고 자신의 기분(감정·마음)을 바라보노라면 평정은 훨씬 쉽게 온다. 무슨 일로 화가 났을 때, 또 기뻤을 때, 그 일(상황·배경·촛대)쪽보다는 그 일로 인해 일어난 내 가슴 안에서의 떨림(감정·불꽃)을 느끼어 보는 실험을 해 보기 바란다.

감정(불꽃)은 그 감정을 일으키는 배경(생각, 인지 과정, 촛대)과 구별하여 선명히 이해될 때 스스로에 있어서나 관계에 있어서 긍정적 전망이 열릴 것이다. 동사섭 법회에서 마음 나누기의 정의를 '한편에서 자신의 감정을 포착(감지)해서 표현하면 다른 편에서 그 감정을 공감(이해)해서 반응을 보여 주는 과정'이라고 했다. 즉 마음 나누기란 포착·표현·공감·반응인데, '포착'이라는 덕목을 네 덕목 중 하나로만 표기하기로는 너무 중대한 개념이기에 동사섭 법회 학습의 전 과정을 '산다·지향한다·나눈다'라고 정리할 때 '산다'라는 별도의 이름으로 부각시키기도 한다.

"마음의 소재를 비로소 알고 종교적 개념에 매달리는 법집에서 벗어났다" "안으로 회귀한다는 말의 진정한 의미를 알았다" "막연한 행복 의식을 가지고 있었는데 행복이란 이 순간 체험되는 만큼의 기분 상태임을 알게 되어 인생 철학의 기초가 확실해졌다"식의 수련 체험담에 귀기울여 볼 필요가 있다. 은밀한 내적 체험만이 공허한 이론을 잠재울 수 있다.

삶은 곧 표현이다 — 저질러라

무엇을 표현할 것인가? 포착되는 마음이다. 순간 순간 흐르는 흐름(감정·마음·기분·정서·혼의 첫소리·떨림)을 포착하면서(감지하면서) 그것을 드러내어 보아라. 그런데 그렇게 해야 하는 줄 알면서도, 그렇게 하고 싶으면서도 잘 되지 않는다. 흐름 포착이 잘 안 되어 표현이 안 되는 것은 말할 나위 없지만 포착된다 해도 표현 자체가 잘 안 된다.

표현 자체를 가로막고 있는 많은 장애 요인들! 그것들을 심리학적으로, 유식학적으로 이해할 수 있다면 더욱 좋겠으나 굳이 그럴 필요가 없다. 해 보는 것이다. 억지로 저질러서 표현해 보는 것이다.

동사섭 장이 열리는 첫 페이지에서 "저질러라"는 말로 격려한다. 저질러라. 이 단어는 묘한 마력을 지닌 선교 방편(善巧方便)이다. 인생은 표현이다. 표현의 부재는 삶의 부재다. 표현하라. 표현이 활로(活路)다.

표현할 자리에 표현이 안 되어짐은 바로 어떤 에고(ego, 사슬)에 묶여 있음이다. 특별한 묘책이 없다. 사슬을 끊고 저질러라. 저질러서 사슬을 끊어라. 이 부분에 유념한 사람은 삶의 무수한 국면에서 '저지름'이라는 덕목이 얼마나 빛을 발하는지 알게 될 것이다.

I feel because…, ~해서 ~한 기분이다

몇 차례 언급했듯이 나누는 분위기상 크게 어색하지 않다면 가능한 한 표현 형식 자체에 감정이 드러나게 한다. 불쾌 감정일 때에는 그 감정의 종류와 정도와 심각성 여하에 따라 상황적인 묘(妙)가 필요하겠지만 쾌 감정일 때에는 상황에 대한 별 고려 없이 드러내는 것이 좋다.

"우리가 얼마 만인가"라는 표현으로도 반가움이라는 정서는 드러난 셈이지만 "만나서 기쁘네"라는 형식은 반가움을 확연히 드러낸다. 정서는 많은 유형이 있겠지만 쾌·불쾌의 두 범주(혹은 쾌도 불쾌도 아닌 담담한 정서를 합해서 세 범주)로 나눌 수 있다.

고백도를 높여라

불쾌 정서는 그 종류와 심각성에 따라 표현하기 쉬운 정도가 각각 다르다. 동사섭 법회장에서는 '지하 1층에서부터 지하 10층까지'라는 말을 만들어 쓰고 있는데, 지하 10층 쪽으로 갈수록 평생 표현하지 못하고 자기만이 아는 영원한 비밀로 가슴 속에 묻어 버리기도 하고, 믿을 만한 한두 사람(신부나 스님이나 목사나 유일한 친구 등등)에게만 겨우 고백하기도 하고, 술을 마시고 친한 친구에게 자신의 비밀을 고백해 놓고, 술이 깬 다음 크게 후회하는 경우도 있다.

고백도를 높여야 한다. 비밀이 많을수록 정서적으로 불건강하며 몸에 병도 많아진다. 고백도를 높이는 좋은 길은 지하 1층 것부터 산뜻산뜻 표현해 보는 것이다. 그러면 지하 2, 3, 4층… 고백의 정도가 높아지고 만 천하에 자신의 부끄러운 치부를 드러내 놓더라도 편안할 수 있게 될 것이다. 상황에 따라 표현하지 않을 수도 있다. 그러나 표현할 수 없음은 불건강을 의미한다.

억압-투사-고백-성찰-해탈

불쾌 정서는 표현할 수 없을 때 대체로 억압되어 심리적 어둠층을 가중시킨다. 억압은 악덕이니 억압만은 말아야 한다. 투사는 불건강한 기능이지만 억압보다는 낫다. 표독스런 투사라도 해 버리면 많은 정화가 되기 때문이다. 그러나 투사보다는 고백이라야 좋다. 물론 억지 고백은 투사만도 못하지만, 서로 불쾌 정서를 고백하여 나누는 풍토가 세상 곳곳에 크게 요청된다.

그렇지를 못하면 억압 혹은 투사로 세상이 오염된다. 불쾌 정서는 안으로 성찰 명상하여 정화 해탈해 버리는 것이 최선이다. 이것은 마음관리 차원의 이야기이다. 동사섭 장에서 "속풀이 밖풀이"라는 말을 쓰고 있는데 전자는 관리요, 후자는 나눔을 말한다.

마음 나누기 4
마음 받아주기

긍정 지향

사람은 불쾌이든 유쾌이든 매일매일 무수한 정서를 체험하고 산다. 부정 시각이 발달한 사람일수록 불쾌를 많이 느끼고 표현한다. 긍정 시각이 많이 발달한 사람은 유쾌를 많이 느끼고 표현한다. 불쾌는 안으로 억압이 안 될 바에야 가만히 안으로 느끼며 스스로 수용할지언정 굳이 밖으로 쏟아내어 표현할 필요가 없다.(물론 표현하기로 약속된 경우는 제외이지만.) 그러나 유쾌는 표현할수록 좋다. 물론 유쾌함의 표현 자체가 적절치 않은 특수 경우는 제외하고 말이다.

동사섭 장에서 '긍정 지향 마당' 혹은 '긍정 마당'이라는 이름으로 유쾌를 표현하여 나누자고 약속한 장(場)을 열어 놓으면 거의 대체로 참으로 경이로운 체험을 하게 되고 '아하, 내 가정의 평화를 가져올 수 있는 비결이 여기에 있구나!' 하고 느끼는 수련생이 많다. 그럴 수밖에 없는 것이 유쾌 쪽으로 시각을 열고 보면 미처 생각을 못했던 무수한 긍정점들이 이 공간에, 이 세상에 충만해 있음을 깨닫게 되기 때문이다.

한 수련생이 무릎을 탁 치며 조용한 탄성을 올렸다. 자기와 아내와 다섯 살짜리 딸, 이렇게 세 식구가 사는데, 딸아이는 도무지 아빠인 자신을 따르지 않고 엄마 곁에만 붙는 것이다. 아빠가 방에 들어오면 딸아이는 거실로 나가버리고 아빠가 밖으로 나가면 딸아이는 안으로 들어간다. 이것이 그에게는 평소 적지 않은 의문이요, 서글픔이었다. 그런데 이제 딸아이의 인기를 끌 수 있는 비결을 깨달았다는 것이다.

그가 수련이 끝나고 귀가한 후, 2주일 쯤 지난 어느 날 나에게 전화를 하였다. "스님, 이제 저의 공주님은 제 팬이 되었습니다"라고. 그는 귀가해서 동사섭 장에서 깨달은 바를 실천에 옮겼다. 배시시 웃는 딸아이의 얼굴이 귀여웠기에 "아이고 내 딸 웃는 모습을 보니 너무 예뻐, 아빠 마음이 매우 기쁘다"고 느껴진 마음을 표현해 봤고, 엄마가 부엌에서 일을 할 때 보채지 않고 혼자서 장난감을 가지고 놀고 있는 딸이 착하게 보여, "우리 공주님이 엄마를 보채지 않고 놀고 있는 모습을 보니 아빠 마음이 기쁘다" 등등 딸에 대한 크고 작은 유쾌한 느낌들을 표현해 봤더니 그 표현 시도(試圖) 후 며칠되는 날 문득 딸아이는 아빠에게 팔짱을 껴왔다는 것이다.

이 간단한 이야기에서 중대한 몇 가지 깨닫는 바가 있을 것이다. 보시(布施)에 재시(財施)·법시(法施)·무외시(無畏施)가 있다. 무외시는 상대방 마음을 편케 해주는 것인데, 상대방에 대한 좋은 느낌들을 표현해 주는 것은 참으로 좋은 무외시이다.

이 간단하고 쉬운 무외시에 대한 깨침이 없던 그 아버지는 딸을 교육합네 하고 걸을 때는 이렇게 걸어라, 여자란 크게 웃어서는 안 된다, 우는 모습은 안 좋다, 왜 아빠가 출근해도 인사를 안 하느냐, 등등의 무수

한 교육 폭력을 쏟았으니 어찌 그 다섯 살박이 공주님이 견디낼 수 있었 겠는가?

교육은 적절할 때는 선이지만, 그렇지 못할 때는 악이다. 이 공주님은 아버지로 인해 분노(瞋心)라는 삼독의 하나가 일찍이 쌓이고 쌓여 왔던 것이다. 그런데 다행히 아빠의 깨달음은 한 어린 생명을 구해냈을 뿐 아니라 미래에 빚어질 많은 불행의 여파를 막았던 것이다. 그 뿐이랴. 유쾌함을 표현하는 주체인 아버지 자신의 영혼이 밝은 기운을 뿜어 올리게 된 것이다.

사람은 사랑받고 인정받을 때, 과거의 어두움을 불식시키고 성장할 수 있는 법이다. 또 밝은 것을 생각할 때 밝은 것을 느끼고, 그것을 말하고 행동할 때 성숙하는 법이다. 그래서 사람을 만나 마음을 나눌 바에는 유쾌함을 나누고자 하는 태도를 지녀야 하는 것이다. 긍정 지향, 유쾌함을 표현하고 나누는 것은 동사섭 법회가 지향하는 중대한 학습 목표요, 덕성 목표이다.

물방울이 바위를 뚫는다

많은 사람이 미세(微細)와 사소(些少)를 혼동한다. 조그마한 기쁨의 정서는 유쾌함으로 취급하지 않고 간과해 버린다.(물론 불쾌 정서도 해당된다.) 그래서 아주 큰 유쾌함만을 기쁨으로 여기고 "나는 기쁘다"라는 자연스런 표현에 인색한 사람이 너무 많다. 그런 사람은 관심이 대체로 과업에 있다. 한 과업이 크게 성취되어야 기쁘고 행복할 것 같은 막연한 삶의 철학으로 살고 있다. 정도가 적은 정서는 사소한 것으로 치부해 버린다. 아니 그것도 아니고 느끼는 일 자체를 하지 않는다. 그것은 사소한 것이 아니라 미세한 것이다.

뜰에 핀 장미를 보고 일어난 정서는 미세하다. 그러나 이 미세한 기쁨 속에 그윽한 행복이 있다. 그런데 그런 정서를 사소하게 취급한 결과 느끼지도 않고 장미를 바라보면서 사업만을 생각해야 하는 삭막한 마음들이 많을 줄 안다. 동사섭 장은 이를 엄히 경책하여 삭막의 늪을 벗어나게 한다.

작은 기쁨을 느꼈을 때 그 작은 것일지라도 그만큼의 행복한 순간임을 인지하면서 나누어야 할 사람이 곁에 있다면 그것을 살며시 나누어 보는 것이다. 물방울이 바위를 뚫는다는 말이 있듯이 미세한 유쾌함의 정서를 소중히 드러내는 풍토에 천국은 건설될 것이다.

동사섭 장에서 미세한 정서 교류의 필요성을 10여 가지 이상의 예를 들어 논의하고 다섯 마당 정도를 할애하여 실습하는 것은 그만한 철학과 비원이 숨어 있기 때문이다. "그런건 별로야" 하다 보면 마지막에는

로보트 인간이 되어버릴 것이다.

　대강 이상과 같은 것들이 마음 주기 학습에서 독려되고 있다. 자, 이제 '마음 받기'에 대해 살펴보자. 주고 받고 받고 주고… 이것이 마음 나누기라 했다.

말하는 사람 중심(話者中心)

　받아들이는 입장에 있는 자가 제일 먼저 유념해야 할 마음가짐은 말하는 사람(話者)에 집중하는 것이다. 그 화자가 이 동사섭 장의 중심이요, 이 세상의 중심인 것 같이…… 화자 중심, 이것은 상대와 나를 함께 살리는 덕성이다. 화자를 중심삼지 않아서는 우선 경청도 안 될 것이고 나눔의 대상인 화자가 내 마음에 수용되지 않을 것이다. 그것은 또한 사랑의 부재요 아집에 사로잡힌 현상이다.

마음을 나누어야 할 자리에 사랑이 부재하고 아집을 내세워서야 말이 되겠는가. 조용히 화자에게 몰입하여 그 말을 경청하고 그 말에 담긴 감정과 의중을 이해하고 공감하면서 신비한 혼의 숨결에 애정을 보내며, 화자의 애환과 그 존재의 배경이 되는 끝없는 연기(緣起)의 파노라마를 명상적으로 영접해 보는 것, 이것이 화자 중심의 태도다. 이러한 바탕 위에 전개되는 나눔의 잔치는 "지상에서도 천국이 가능하다는 비젼을 보았다"는 고백이 나오게 만든다.

상대가 말할 때 그 상대를 영접하는 일에 온전히 몰입하노라면 놀랍게도 자신은 사라져 버리는 명징한 환희를 체험할 수 있다. 반대로 상대가 말을 하고 있을 때 화자 중심 태도가 부재한 사람은 대체로 자신의 할 말을 준비하고 있다. 이런 경우는 만남의 자리가 이미 아니며, 언젠가는 스스로의 지성에 회의를 느끼게 된다.

화자 중심! 그가 등장하면 나는 사라져 버리고 내 속에 그이만 있게 하라. 그리하여 그의 말씀에 담긴 마음을 영롱하게 영접하여 받아들였음을 메아리로 반응하라.

받아주라

내 경험으로 볼 때 100명의 사람 중 99명은 받아주지 않고 자기 이야기에 열을 올리는 식이었다. "주니 받는다"는 것, 얼마나 당연한 순리인가. 그런데 이 간단한 순리가 인격화된다는 것이 쉽지 않은 모양이다. 동사섭 장에서는 앵무새 게임을 시키는 경우도 있다. "나는 모모님의 심한 농담 버릇에 혐오감을 금치 못합니다"라고 말했다면 앵무새처럼 "당신은 모모님의 심한 농담에 혐오감을 느끼신다고요?" 식으로 받아보게 한다. 실제 대화를 또박또박 그렇게 한다면 지겨울 것이다. 그러나 상대방을 받아들이는 화자 중심 에너지를 학습하고 받아들이는 표현(반응)을 학습하기 위해서는 아주 좋은 방법이다. 이런 약속의 장을 열고 상대방이 한 말을 그대로 반복하는 게임을 자주 해 보도록 권해 본다. 그러노라면 경우에 맞게 적절히 받아들이는 표현을 할 수 있게 될 것이다.

여러분은 몇 시간을 고심하여 생각한 다음에 의견이나 감정을 상대에게 전했다가 일언지하에 일축당한 경험이 있을 것이다. 참으로 유념할 일이다. 하다못해 "당신 말씀 잘 들었습니다" 하는 정도만이라도 붙여 놓고 자기 이야기를 할 것이다.

어떤 신도님은 세 살짜리 딸이 자다가 일어나 칭얼거리며 "엄마 배 아파, 엄마 배 아파" 하니까 "응 배 아파? 배 아파?" 해주니까 "응 응" 하면서 그냥 잠들더란다. 이 간단한 예에 역사를 바꿀 수 있는 비밀이 있다. 인간은 받아주면 긴장이 풀린다. "말 한 마디로 천 냥 빚 갚는다"는 속담을 거듭 환기해 볼 필요가 있다.

마음 나누기 5
마음 나누기의 여러 조건들

대동 소이(大同小異)

나누다 보면 상대방의 말씀 내용 중에 내 맘에 드는 것도 있고 안 드는 것도 있다. 같은 사람이기 때문에 공통 분모가 대체로 많은 법이다. 상대의 이야기 소재 A·B·C·D 중 A·B·C는 맘에 들고 D는 안들었다 하자. 이때 A·B·C는 제외시켜 놓고 곧장 D에 매달려 시비하고 토론하며 따지는 식의 대화가 습관화되어 있는 사람이 아주 많다. 아마 지식인 쪽이 더 그럴 것이다.

왜 '같은' A·B·C는 제외하고 '다른' D에 매달리는가? D를 논하지 말라는 것은 물론 아니다. 일단 A·B·C가 같음을, 마음에 듦을 표현으로 확인해 놓고 D로 나아가더라도 늦지 않을 뿐 아니라 관계를 훨씬 윤기 있게 엮을 수 있다. "A와 B와 C가 참 마음에 듭니다. 저도 동감이 되어 반갑습니다. 그런데 D에서는 생각을 달리 하는데요…" 식으로 대동

(大同)을 충분히 한 바탕 위에 소이(小異)를 논의하면 되고, 게다가 꼭 필요한 것이 아니라면 소이의 논의는 유보해 두는 것이, 보다 바람직한 나눔의 길이 될 수 있다.

　만남의 집에서 모임이 있었을 때 교장으로 정년을 맞으신 어떤 분의 말씀이 떠오른다. "저는 대화 중 찬성이 되는 것은 표현하고 반대되는 것은 요청 받지 않는 한, 대체로 표현을 유보합니다"였다. 간단한 말씀이지만 백전노장다운 말씀이었다. 필자인 나도 그의 그 나눔 철학에 전적으로 동의하는 편이다. 좋은 것이 너무 많고, 좋은 것만 나누어도 소재가 무궁한데, 굳이 부정적인 것에 힘을 기울일 필요가 있겠는가? 도리어 흰쌀밥에 한 두 개의 검은콩은 미학적으로 빛나 보이기까지 하는 법이다.

'그러나' 덕성 미학(德性美學)

　나누다 보면 마침표 다음에 '그러나…'하고 의지적인(?) 말을 이어야 좋을 경우가 있다. 여기서 전제하는 것은 '그러나' 앞에는 불건강한 마음이 담긴 문장이 놓인다는 점이다. 자신에 대해서 "나는 어학적 재능이 형편없어서 한탄스럽다"라고 표현하고 만다면 스스로도 절망적 암시가 되고 듣는 대상도 난처해져서 바람직한 나누기 화법이 못 된다.

　그런데 그 말 다음에 "그러나, 수학은 잘 한 편이며 어학도 노력을 한다면 상당한 성적을 올리리라 본다"라고 하여 '그러나' 이하의 표현을 붙인다면 말하는 자도 스스로를 긍정적이고 가능성 있게 인지하게 되고, 듣는 사람도 든든하고 흐뭇하게 느끼게 된다. 마찬가지로 대상에 대해서도 "우리 나라는 교통 질서가 엉망이야"하고 끝내는 것보다는 "그러나 앞으로 도로 정책도 좋아지고 우리의 민도도 더 높아지고 등등 하다 보

면 좋아지리라 본다" 식으로 '그러나…'의 보완으로 한결 분위기는 달라진다.

그런데 특히 대인 관계 대화 중 상대의 불쾌 자극(상대방의 주기 표현)에 대해 그것을 받아주는 에너지보다는 바로 그 자극으로 인해 생긴 이쪽의 불쾌 주기 에너지가 일어나 버리는 것이 세상 사람들의 나누기 현실인지라, 이를 지양하기 위해 '그러나' 덕성 미학 이론이 발달하게 되었다. 즉 상대방이 "당신의 말은 횡설수설 질서가 없고 속도가 너무 빨라 알아 듣기가 힘들어서 답답해요" 했다면 그것을 접한 나는 대체로 속이 불쾌해지면서 "불쾌하군요, 당신이나 잘해 보세요" 하고 반발 표현으로 대응해 버리는 예가 많은데, 이런 식의 나눔은 낮은 수준의 나눔이다.

이 경우 반발하는 불쾌 감정이 일어났다면 "당신 말에 좋은 기분은 아닙니다. 그러나 한편 내 말이 질서가 안잡히고 속도가 빨라 답답했을 당신의 기분을 알 것 같고, 내 표현 방법을 되돌아보게 해 주셔서 감사한 마음도 들어요"라는 식으로 '그러나'가 보완된다면 나눔의 수준은 눈에 띄게 달라질 것이다.

놓기전 3초와 빈도 균형

가끔 동사섭 장(場) 가운데는 '동사섭 헌법'이라는 매직의 큰 글씨가 쓰여 있다. 헌법 조항이 여섯 개 정도 쓰여지는데 그 중에 '놓기전 3초'와 '빈도 균형'이라는 두 말도 들어 있다. 이것들은 마음 나누기 자리에 '헌법'이라 할 만큼 중요하다.

한 사람이 무엇을 표현했다면, 다른 사람들은 즉각 다투어 '받기' 역할에 들어가곤 해서 아름답지 못한 나누기 장이 된 예는 너무 많다. 그러다 보면 말하기 좋아하는 이의 독무대가 되기 십상이다. 바둑에서 "자명(自明)한 수라도 3초 정도 생각해 보고 두어라" 하는 경구가 있는데 많은 것을 상징적으로 말해 준다.

마음 나누기 대화에서도 한 사람의 표현에 담긴 마음을 보다 심도 있게 공유하기 위해서는 잠시라도 시간 여유를 두는 것이 좋을 것이고, 주고받고 하는 표현의 빈도에서도 가능하다면 더 평준화 될 때 나눔의 장은 한결 좋아진다. '놓기전 3초와 표현 빈도의 균형'은 별것 아닌 듯하나 나누기 장을 열어 놓고 보면 굉장히 중요한 것임을 경험적으로 깨달을 수 있다. 그래서 장의 미학(場美學)이란 말이 나오게 된다.

모든 신념은 상황적이다.

동사섭 법회 백여 항목 좌우명의 벽두에 "모든 신념은 상황적이다"라고 쓰여 있다. 어떤 신념이든 어떤 원칙이든 때와 장소를 초월해서 모든 때·곳에 통하는 것은 없다. 그 상황에 적절히 응하는 것, 이것이 전부다. 마음 주기이든 마음 받기이든 그 상황에 깨어 있다 보면 어떤 중(中 : 적절함-편집자 주)이 나름대로 보인다. '간단·명료'라 해서 대서 특필로 강조하지만 상황에 따라서는 간단하게 처리해서는 안 될 경우도 있고, "투사보다는 고백"이라 하지만 특수한 상황과 심정에 따라 투사가 훨씬 적절할 수 있다.

어떤 경우의 사람에게는 "당신은 아예 받아주기 표현은 하지말고 당신 마음만 악을 써서 동물스럽게 표현해 보라"고 독려하기도 한다. 모든 신념, 모든 원칙, 모든 덕목은 상황적이다.

불교에 개차법(開遮法)이 있다. 열고 닫는다는 법이다. 계율의 상황적 적용을 말하는 것, 즉 신념의 상황성을 말한다. 아무튼 동사섭 법회에 적용되는 모든 준칙들이나 방법론들이 어떤 지식으로 고수되어서는 안 되고 하나의 상황적 방편으로 수용되어야 할 것이다. 그래서 지식보다는 지혜이지 않겠는가. 지혜 없이 지식만을 손에 쥐고 있다가는 많은 생명을 다치게 한다.

생활 불교, 어떻게 할 것인가

'만큼'의 해탈과 네 가지 물음

나는 생활 불교라는 말보다 활불교(活佛敎)라고 즐겨 쓰는 경우가 많다. 생활 불교는 활불교에 포함되고, '활불교'라 할 때 뭔가 힘주어 더 드러내고 싶은 의미가 숨어 있을 것 같기 때문이다.

생활 불교의 의미는 무엇인가?

사실, 대다수 불교인들은 '생활 불교'라는 말을 많이 하기도 하고 듣기도 한다. '생활 불교'라는 말은 생활과 불교적 삶이 이원적(二元的)으로 구획되어 생활 따로 불교 따로 하는 식의 풍토가 형성되고, 불교를 하기 위해서는 절간에를 가야하거나 산속으로 들어가야 하는 것처럼 인식됨으로써 불교가 직접적인 삶과 무관한, 하나의 문화 영역 정도로 인식되어 온 감이 있기 때문에 이를 바로잡기 위하여 쓰여지게 된 것이라 보면 될 것이다.

생활 불교란 무엇일까? 생활이란 곧 순간순간의 삶이다. 순간순간의 삶이 부처님의 가르침(佛敎)에 위배되지 않는 것을 의미한다. 이는 참으로 중대한 일이다. 활불교의 첫 개념으로 생활 불교를 들어야 할 것이다. 삶 자체가 불교적인 삶이 되어야 한다는 자각이 일어나지 않는다면 석가모니의 역사적 출현 의미는 백분의 일로 줄어들고 말 것이다.

독자 여러분은 어떠하십니까? 여러분의 찰나찰나의 삶(생활)이 부처님의 가르침처럼 이어지고 있습니까? 물론 부처님의 가르침에 대한 선명한 정립 자체가 쉬운 일이 아닐 것이요, 명징한 불법 정립이 되어 있다 해도 생활이 줄곧 불법답게(여법히) 엮어지기란 쉬운 일이 아닐 것이다.

활불교가 되기 위해서 우리는 꾸준히 불조(佛祖)의 가르침을 깊이 이해해야 할 것이요(知·悟), 이해되는 바가 바로 삶이 되도록 노력해야 할 것이다(行·修). 지행합일(知行合一)이 그것이요, 오수일여(悟修一如)가 그것일 게다. 그리하여 불교가 개인과 가정, 사회, 나아가 국가적인 삶 내지는 전 역사를 관통하는 우리 모두의 삶 속에 호흡이 되고 혈액이 되어 줄 때 불조의 혜명이 시공을 초월하여 개화될 것이다.

활불교의 본말

주바라밀(主波羅蜜)은 본(本)이요 조바라밀(助波羅蜜)은 말(末)이다. 모름지기 불교인은 활불교를 함에 있어서 이 본말의 어느 하나라도 놓쳐서는 안 된다. 본(本, 주바라밀)을 놓치고 말(末, 조바라밀)만 있으면 산만한 수도가 되기 쉽고, 본만 있고 말이 부재하면 다듬어지지 않는 인격이 되기 쉽다.

예컨대, 화두나 염불에 꾸준히 사무쳐 가는 본(本)의 수도(修道)를 잘

하는 불교인이 말씨(正語)나 행동(正業) 등의 말(末)의 수도에 거친 모습을 드러낸다면 어떻겠는가? 그런 예를 들어 불교적 삶의 모습이라 하기는 어렵다.

반대로 겉보기는 말짱한 신사요 선비인 듯한데 속사정에 있어 한 주제에 고요히 사무쳐 들어가 그윽한 평화로움을 살지 못하고 산만한 의식의 휘둘림을 당하고 살아간다면 이 사람을 불교적 수도를 잘하고 있다고 할 수 있겠는가?

한 그루 나무를 볼 때에 그 근본과 지말이 어우러져 조화로운 모습을 드러내듯 주바라밀과 조바라밀들이 한 인격 속에 조화롭게 구현될 때에 효과적으로 번뇌가 단절되고 성불 도생(成佛度生)의 위과(位果)가 결실을 맺을 것이다.

활불교의 소의(所依) 경전

석가모니의 육성을 기초 소의 경전으로 삼아야 한다. 석가모니의 육성 중 육성은 사성제(四聖諦)이니, 사성제를 핵심으로 하고 그 사성제의 심화·확대 선상에서 여타 모든 경전과 법설의 존재 의미가 부여될 필요가 있다.

이 사성제를 왜 그토록 강조하는가 의아해 하실 분이 있을지 모르겠다.

그것은 사성제야말로 석가모니의 가장 믿을 만한 육성이라는 점 때문이요, 석존의 초전법륜의 내용 전부이자 석존의 45년 설법에 수천 번 설해진 골수 법문이기 때문이요, 신비주의적인 냄새가 거의 없고 누구나 접근할 수 있는 합리적 가르침이라는 점 때문이요, 인간 생활의 모든 구석구석에 소홀함 없이 스며드는 가르침이기 때문이요, 3천 년이 지난 이 시점에서도 그대로 받아들여 표준 삼아도 좋을 만큼 한 치의 모순이나 진부한 옛 냄새를 드러내지 않기 때문이요, 설혹 외도의 교설일지라도 갈무려 영입할 수 있는 개방성을 지니고 있기 때문이다.

따라서 본 활불교의 의지할 바 가르침은, 단적으로 사성제(四聖諦)라 해도 될 것이다.

따라서 독자들은 사성제와 사성제의 내용에 들어 있는 십이연기(十二緣起), 팔정도(八正道), 그리고 팔정도가 때에 따라 삼학(三學)으로 요약되고 시대에 따라 육바라밀(六婆羅蜜)로 드러난다는 것을 감안하여 사성제, 십이연기, 팔정도, 삼학, 육바라밀 등을 공부해 둔다면 산승(山僧)의 활불교 지상 설법과 호흡을 함께하는 데 편리하리라 본다.

불교인의 네 가지 물음

불교인은 모름지기 수시로 자기 자신에게 물어 보아야 할 물음들이 있다. 우선 최우선으로 네 가지를 생각해 본다.

첫째로 "지금(요즈음) 나는 얼마나 평화로운가"이다. 즉 이 순간 얼마나 행복한 상태, 얼마나 해탈된 상태에 있는가를 점검해 보는 것이다.

자신을 향한 이 물음은 아주 중대하다. 하루 동안 일을 하여 받은 노임 일부로 막걸리 한 잔 마시며 여유롭게 즐기는 것은 그 자체가 행복이며, 하루의 피로를 씻는 일이고, 내일을 위해 활력을 얻는 일이다. 일만 하고 누리는 순간이 없다는 것은 큰 비극이다. 일 주일, 한 달 내내 일만 하고, 휴식하며 즐기는 시간을 갖지 않는 사람이 있다고 상상해 보라. 끔찍할 것이다. 누적되는 긴장으로 심신이 지쳐버릴 것이고 다음에 생길 일에 대한 능률이 오를 까닭이 없다. 이 이치는 거의 모든 경우에 해당한다. 감정 없는 기계라 할지라도 쉬어주지 않으면 안 된다. 사람의 어리석음 중 큰 어리석음은 이완 없이 긴장만 하고 있는 것이다.

사람이 사는 목적은 결국 행복(평화로움·해탈)이다. 행복이란 정서가 그 핵심이다. 정서(감정·기분·느낌…)가 없는 순간이란 없다. 과거의 나의 모든 삶의 결과는 현재로 압축되고, 현재의 핵심은 이 순간의 정서요, 이 정서는 그만큼의 행복(해탈·평화로운)인 것이니, 미래를 향한 긴장의 눈길을 문득문득 회광반조(回光返照)하여 내 마음 한복판에 흐르는 기분(감정·정서·느낌, 만큼의 행복, 만큼의 해탈, 만큼의 평화로움)을 느끼어 본다는 것, 누리어 본다는 것(향유한다는 것), 그것은 그 자체 그만큼 행복한 순간이요, 자신의 과거의 노고에 보답하는 순간이요, 혹은 과거의 미성숙한 삶에 대한 반성의 순간이며, 미래의 보다 나은 삶에 대한 묘책을 찾을 수 있는 순간이며, 이원화(二元化)로 인한 대립의 초월이 이루어

지는 순간이다.

지금, 여기(Here and Now)의 핵심 개념인 이것, 우주의 한 중심점이요 인격의 제1번지인 그 은밀한 떨림에 귀 기울이는 이 작업이 얼마나 본질적인 일인가를 체험으로 깨닫기는 그리 쉽지 않다.

우리는 사람을 만날 때마다 첫인사를 "안녕하세요?" 한다. 이런 식으로 인사(人事) 문화가 구축되어 왔다. 이 간단한 과정에 담긴 속뜻이 무엇이겠는가 명상해 볼 필요가 있다.

차차 그 이유가 드러나겠지만, 순간순간 자신의 흐름에 관심을 기울이고 그 평화로움 정도를 느끼어보는(향유하는) 일은 활불교 생활의 중대한 부분이다.

둘째로 "성불 도생(成佛度生)하고자 하는 마음이 얼마나 간절한가?"이다.

위의 첫 물음에 의해 내 상태가 70정도 되는구나 하고 알았다면(느껴졌다면) 70만큼 행복·해탈이구나 하고 지족(知足)·향유(享有)하면서 성불이라는 백(百)을 향해 나아가야 할 것이다.

수용과 지향의 조화요, 이완과 긴장의 조화이다. 백을 향해 나아가기 위해서는 백에의 지향 의지가 강해야 할 것이다. 지향 의지의 필요성은 아무리 강조해도 지나침이 없다. 신심(信心)이 있느니 없느니 하는 말은 바로 성불 도생의 의지가 강한가 약한가에 관한 것을 위주로 하여 쓰는 말이다.

성불의 의지를 논하는 자리이니 성불이라는 말의 뜻을 잠시 생각해 볼 필요가 있겠다. 성불이란 '부처가 된다'이니 부처의 의미만 살펴보면 된다. 물론 부처에 관하여 전문적으로 설명하려면 책을 한 권쯤 써야 하겠지만 생활 수도라는 실천론을 다루는 마당이니 여기에 맞추어 단어 정리 정도만으로도 만족할 수 있겠다.

부처란 여섯 가지 신통력(六神通)을 갖춘 분을 말한다. 산승은 한때 "육신통 — 천안통(天眼通), 천이통(天耳通), 숙명통(宿命通), 타심통(他心通), 신족통(神足通), 누진통(漏盡通) — 을 갖춘 부처가 되자"라는 생각을 지대하게 한 나머지 중대한 오류 속에 빠져 있었다.

"나는 언제쯤 천안통을 하여 천리 만리 밖의 것들을 볼 수 있고 타심통, 신족통을 하여 타인의 마음을 환히 알 수 있고 몸을 공중에 날릴 수 있을 것인고!"하고 신기루를 좇는 아이 마냥, 용꿈만 꾸고 있는 실뱀마냥 하염없이 '현재 소외'의 늪에 빠져 있었다.

이것은 불교 교학적으로 비춰보나 심리학적으로 비춰보나 큰 오류이다. 공리(空理)를 떠난 큰 오류이다. 공리를 떠난 이원론(二元論)의 함정이요, 흑백 사고, 절대 사고, 결벽 사고인 것이다. 그런데 사실 많은 불교인들이 이와 같은 늪에 빠져 있으면서 그것이 종교인양 자족하고 있지는 않을까.

부처란 무엇인가? 여섯 가지 신통 중에서 "앞의 다섯 가지 신통은 외도도 한다. 부처가 부처인 점은 마지막의 누진통(漏盡通)에 있다"는 역대 불조(佛祖)의 말씀 속에 불교의 진면목이 들어 있음을 늦게야 알았지만, 이것 역시 결벽 사고로 받아들인 나머지 현재 소외의 심리 과정을 밟지 않을 수 없었다.

누(漏)란 번뇌, 즉 탐(貪)·진(嗔)·치(癡) 삼독(三毒)이요, 누진(漏盡)이란 삼독의 사라짐이다. 삼독의 있음과 없음은 이분법(二分法) 상황이 아니고 무한분법(無限分法) 상황이라는 데에 착안했는데, 이 착안은 산승에게는 한 통(通)의 큰 사건이었다. 삼독은 삼학(三學, 八正道, 六波羅蜜)을 수(修)한 정도만큼 소멸되면서 정서적으로 평화로움이, 해탈이, 트임이 드러난다는 자각에 이른 것이다.

곧, 부처란 삼독의 멸진으로 완벽하게 평화로워진 자이며, 뭇 중생들은 번뇌(三毒)의 멸진 만큼 평화로움을 보다 깊게 체험해 들어가고 있는 자들이니 '만큼의 부처들'인 것이다.(이는 물론 체(體)를 논하고 있음이 아니고 용(用)을 논하고 있다는 것을 유념하기 바란다.)

지금 이 마음의 평화로움 정도에서 부처를 찾지 않는다면, 달마가 철퇴를 내렸던 관념 불교로 복귀하고 말 것임을 유념해야 한다.

도생(度生)이란 '중생을 제도한다'는 뜻이니 성불 도생(成佛度生)이란 '스스로 평화로움의 극점을 향하여 나아가며, 내 이웃을 평화로움의 극점을 향해 나아가도록 돕는다'는 뜻이다. 그렇다면 우리 불제자들이 삶의 목적이 될 성불 도생의 뜻부터 확고히 세워야 할 것임은 재론의 여지가 없겠다.

셋째로 "삶의 목적인 성불 도생을 효과적으로 달성하기 위한 방편(방법론)은 또렷하며", 넷째로 "그 방편을 얼마나 잘 실천하고 있는가?"이다.

결국 이 물음은 사성제의 삶을 얼마나 잘 살고 있느냐 하는 다그침이다. 이 순간, 만큼의 해탈을 누리면서, 우리 모두의 구경 해탈을 향하여, 적절한 바라밀을 타고, 열심히 건너가는 일, 이 얼마나 신나는 일인가!

진리와 방편

나는 얼마전 어느 법회에 참석했다가 한 신도로부터 이런 질문을 받았다.

"다른 종교인끼리 만나면 서로 자기 종교의 우수성을 주장하는 경향이 있습니다. 저도 불교인으로서 불교의 우수성을 충분히 인식하고 주장도 하면서 종교 생활을 하고 싶습니다. 스님께 불교가 왜 타종교에 비해 우수한가를 듣고 싶습니다."

참으로 좋은 질문이었다. 나 역시 불교인들을 만나면 가끔 그런 질문을 해왔던 터이다. 생활 불교의 한 주제로 불교의 우수성을 명상해 본다는 것은 불교 생활을 힘있게 할 수 있는 기초 다짐이 되리라 본다.

먼저 전제하거니와 긴 역사를 통해 변화 발전해 온 종교들은 나름대로 세상 사람들에게 호응을 받을 수 있는 우수성(?)을 지니면서 또한 사람들의 행복에 많은 기여를 하고 있을 것이다. 때문에 어느 종교가 더 우수한가에 대한 관심에 힘쓸 것이 아니라, 서로 타종교를 존중하면서 허심탄회한 나눔의 자리가 있을 때 "나는 여차저차하므로 나의 종교를 사랑합니다. 그리고 당신의 종교를 존중합니다. 서로 자신의 종교가 지니고 있는 특성들을 나눔으로써 서로의 종교 생활에 도움삼았으면 합니다"하는 평등한 대화가 이루어지는 것이 바람직할 것이다.

'보다 우수함'이 아니라 '고로 좋아함'이 바람직한 태도일 것이다. 각 종교 사이에 요청되는 것은 '겨루어 승부 가리기'가 아니고 '서로 사이 좋게 공존하기'가 아니겠는가.

'존중'과 '허심한 교류'를 통해서 너와 나는 함께 성숙하게 된다. 이러한 전제 하에 집히는 대로 내가 불교를 좋아하는 이유 몇 가지를 기술해 보고자 한다.

도방하(都放下, 크게 놓음)

불교는 종교 진화의 최첨단을 걷고 있다. 무슨 말이냐 하면 인간은 본능적으로 괴로움에서 벗어나 평화로움을 얻고자 한다. 즉 행복을 원한다. 이것을 이고득락(離苦得樂)이라 한다. 인간은 무조건으로 이고득락(행복)하고자, 행복을 위해 무수한 수단을 창조 개발하고 있다. 이것이 인류 역사에 점철되어온 문화·문명이다. 종교라는 문화 역시 행복을 위한 수단으로, 또는 다양한 두려움을 해소하기 위한 수단으로, 원시시대부터 여러 가지 모습으로 변화·발전(진화)해 온 것이다.

해·달·별·하늘·산·바다·강·바람·불·나무·바위 등 가시적(可視的)인 존재들에게 존엄성을 부여하고, 안전과 행운을 빌던 물신주의(物神主義) 종교 시대로부터, 그리스 신화·로마 신화·인도·중국 등의 신화에서 볼 수 있는 무형의 다신(多神)주의 종교 시대를 거쳐, 기독교·마호메트 등의 유일신(唯一神)주의 종교에 이르렀다. 그리고 인격(人格)

을 배제한 도학(道學)적 이념신(理念神)에 이르자 인간 지성은 지고의 개가를 올렸다.

그런데 여기서 더 나아가 진일보한 것이 일체의 우상·신·이념 등을 마음으로부터 놓아버리는 불교의 방하(放下), 즉 '놓음' 사상이니, 이에 이르러 인간은 마음에 실오라기 하나 걸치지 않아도 되는 지경에 이르렀다. 이 말이 쉽게 납득이 가지 않는 불교인이 많으리라 본다. 안타까운 일이지만 이해도 된다. 그러나, 간절히 바라옵건대 방하 철학을 깊게 체

험으로 수긍하실 날이 오시길 빈다.

해와 달에, 제우스 신이나 유일신에, 혹은 어떤 이데올로기에 의미와 권위를 부여한즉, 내 마음은 그것에 의존한 만큼 주체적인 홀로서기를 하지 못할 뿐 아니라 만큼의 스트레스를 당하고 있는 병리(病理) 현상이라는 것을 안으로 은밀히 감지할 수 있을 때, 그 사람은 드디어 방하를 심정적으로 이해하는 문턱에 이르게 된다. 형체가 없는 신이나 이념은 고사하고, 돈·성·명예·권력 등 무수한 유형의 가치에 현혹되어 달콤

한 휘둘림 속에 자적하는 사람이 방하의 저 언덕을 어찌 기대할 수 있겠는가.

그러나 그곳은, 혼의 성숙을 한계지어 놓고 그 이상의 성숙은 원치 않겠다는 고집을 하고 있지 않다면 끝내는 들어서야 할 성역(聖域)이다. 일체의 집착과 의존과 개념이 사라져버린 마음의 상태를 상상해 보라. 그것이 왈, 지복(至福)이 아니겠는가.

살불살조(殺佛殺祖)라, "부처를 만나면 부처를 죽이고 조사를 만나면 조사를 죽이라"고까지 친절하게 마음의 완벽한 해탈을 안내하시는 불조(佛祖)들께 어떻게 감사하지 않을 수 있으며, 그러한 불교를 사랑하지 않을 수 있겠는가.

방하의 비경(祕境), 개념 이전의 해탈 경지로 안내하고자 고(苦)·공(空)·무상(無常)·무아(無我)·중도(中道) 등의 방편을 자상하게 설해 주는 불교와의 만남은 참으로 천재일우(千載一遇)의 희유사(希有事)인 것이다.

신(神)이자, 신이 되는 종교

다음으로 불교는 부처(神)를 믿고만 있으라 하지 않고 자신이 바로 부처가 되라고 한다. 알고 보면 자신이 바로 부처인 것이다. 까마득한 저쪽에 부처가 있고 자신은 영원히 이곳에 인간으로만 있는 것이 아니라, 자신이 곧 부처가 될 수 있고, 자신이 바로 부처라는 것이다.

많은 종교가 신과 인간을 영원히 동격일 수 없는 것으로 보는 것과 비교하면 불교는 섬뜩하리 만큼 대조적이다.

불교는, 태양이 구름에 갇혀 있든 말든 태양은 구름의 덮임과 상관없이 여전히 태양이듯이, 중생 역시 그 본성(불성)은 부처의 그것과 다름이 없으므로 중생이 그대로 부처라고 한다. 태양이 빛을 발함과 같이 부처는 구름이나 안개에 가림이 없이 온전히 비치고, 중생은 가림이 있어 온전히 비치지를 못하니 가림을 제거하여 온전히 비치는 부처가 되면 될 뿐이라 한다.

세상 사람 전반이 자기 주체성에 대한 개념이 낮고 열등감이 많아 드높은 '밝음 생활'을 못하고 있다는 심리학자들의 공통된 의견을 감안해 볼 때도 얼마나 통쾌한 선언인지 모른다. 나는 이러한 까닭에 불교를 사랑한다.

'진리, 진리' 하지 말고 '방편, 방편' 하라

불교는 또한 삼법인(三法印 : 제행무상·제법무아·열반적정)을 위시하여 무수한 진리를 설하되 그 진리들은 중생의 고통을 구제하는 방편으로 쓰여질 때 의미가 있다고 한다. 따라서 불교인의 관심은 중생의 고통을 문제삼을 뿐 불필요한 법집(法執)으로 싸우지 않으며, 이교도의 말씀이라도 중생의 고뇌를 해결하는 수단(방편)이 될 때는 하염없이 수용할 수 있다. 역사상 불교라는 이름으로 피를 흘리지 않았던 이유도 여기에 있다.

내 경우, "'진리, 진리' 하지 않고 '방편, 방편' 하라"는 깨달음에 이르렀을 때, 인생이 무엇인가를 이해하는데 중대한 능선 하나를 넘은 셈이었다. 아! 불교의 방편주의, 그것은 숨통을 열어주는 통쾌지사였다.『금강경』의 "정법(正法)이란 것도 고뇌로운 이쪽 언덕에서 환희로운 저쪽 언덕으로 건너가는 뗏목일 뿐이라"는 말씀은 몇 번이고 음미해 볼 필요가 있겠다.

진리 자체로서의 불교

불교의 여러 진리들이 중생의 고뇌를 해결하는 방편(방법론)이 될 때 의미가 있는 것이지만, 그냥 진리 자체를 문제 삼더라도 역사와 더불어 그 진리성(사실성)이 거듭거듭 과학적으로 증명되어 왔다는 점은 불교인의 기쁨이 아닐 수 없다. 예컨대 인과(因果), 연기(緣起), 중중 연기(重重緣起), 윤회(輪廻), 업보(業報), 무아(無我), 공(空), 중도(中道), 일체 유심조(一切唯心造) 사상 등의 무수한 불교 교설들은 역사의 물줄기에 거듭 부각되어졌을지언정 떠밀려나지 않았다.

물리학은 공 사상이나 연기 사상을 거듭 증명해 내고 있으며 천문학은 법계 사상을, 심리학은 업 사상이나 일체유심조 사상을, 심령과학은 윤회 사상을 증명해 주고 있다.

누가 콩 심은 데 콩 나고 팥 심은 데 팥 난다는 인과 사상을 부인할 수 있으며, 존재하는 모든 것들은 스스로 존재함이 아니요, 다른 것과 관계 맺음으로써만 존재한다는 연기 사상을 부인할 수 있으랴.

눈앞에 아무리 안타까운 현상이 벌어지더라도 그럴만한 원인(因)이 있는 법 아니겠나 하는 마음이 드니 감정에 휩싸이지 않아 좋고, 부장으로 진급되어 뛸 만큼 기쁜 상황이 됐더라도 어찌 이것이 나만의 공덕인가, 내 아내, 내 가족, 직장의 상사나 동료 직원들 등이 그 결과(果)에 이르기 위한 원인이 되어 주었기 때문이 아닌가 하고 생각함으로써 격정과 교만의 늪에 빠지지 않고 감사와 겸허의 평온을 얻게 되니 좋은 일이다. 아무리 절망 상태에 있을지라도 모든 결과에는 그에 부응하는 원인이 있어야 하는 법, 미래의 대과(大果)를 위해 대인(大因)을 심고 새 출발을 할 수 있으니 좋다. 이것이 곧 인과(因果) 사상을 지닌 불교인의 삶이니 얼마나 좋은가.

또한 모든 것은 다른 모든 것과 더불어서만 존재한다는 연기(緣起, 重重緣起) 사상은 아집과 자아 의식에서 벗어나게 해 주며, 또한 중중한 전체가 하나라는 한몸(一體) 의식을 갖게 해 줌으로써 해탈과 자비의 덕성(德性)을 길러준다. 모든 것은 내 마음이 만든다(一切唯心造)는 가르침이 수긍되는 순간부터는 세상에 시비·집착하던 마음이 점점 사라져가고 적적한 평화로움과 중생의 고통을 향한 자비로움이 드러나게 된다.

더 많은 지면 할애를 못해 안타깝지만 불조(佛祖)의 가르침은 이처럼 중생의 고뇌를 해결하고 자비심을 드러내는 방편이자 그 자체가 진리이니, 긍지를 가지고 불교의 우수성을 주장해도 될 것이다.

그러나 끝내 필자는 불교의 진리성 여하에 큰 상관을 두지 않고 그것의 방편성에 의미를 두는 입장일 뿐이다.

절대적 자비

또한 불교에서 말하는 자비는 "내가 너를"이라는 상대적 자비까지를 아우르지만, 자타(自他)가 일체인 자비요 주객(主客) 의식을 초월한 자비이므로, 이는 국어사전에서 정의내리고 있는 '사랑'이니 '자비'이니 하는 차원을 훨훨 벗어나 있다. 그러므로 불교의 자비는 인본주의를 아우르되 범생명주의요, 생명주의를 아우르되 자연주의이며 더 나아가 무위(無爲)주의요, 선택적으로 자비를 베푸는, 차원을 넘어선 무연(無緣) 자비이다.

따라서 의상 대사께서 법성게(法性偈)에 이르시기를, "중생이 자신의 그릇만큼 얻을 뿐이나(衆生隨器 得利益) 보배비는 중생을 위해 허공 가득히 쏟아지고 있다(雨寶益生滿虛空)"하신 것이다. 탐·진·치라는 업장(業障) 때문에 공감은 안 될지라도, 법계 자체가 그냥 자비이심을 알고 사는 그 경지에 도달해야 하겠다. 사랑에 한계를 두지 않는 대자대비의 불교 문화에 편승하여, 향하여 나아가 봄직한 무한에의 이정표를 손에 들고 살아간다는 것이 참으로 다행스럽다.

다양한 방편

불교가 방편에 획일성을 고수하지 않는 데는 깊은 의미가 있다. 나는 신앙의 객체가 일원화되어 있지 않은 것이 못내 아쉬운 때가 있었다. 그러나 그것은 한 때의 일이었고 지금은 나름대로 회통을 하고 보니 참 다행스럽게 여겨진다. 선(禪)과 교(敎), 현(顯)과 밀(密), 합리와 신비, 자력과 타력, 각종 불보살 명호들… 다양한 방편의 파노라마가 펼쳐진다.

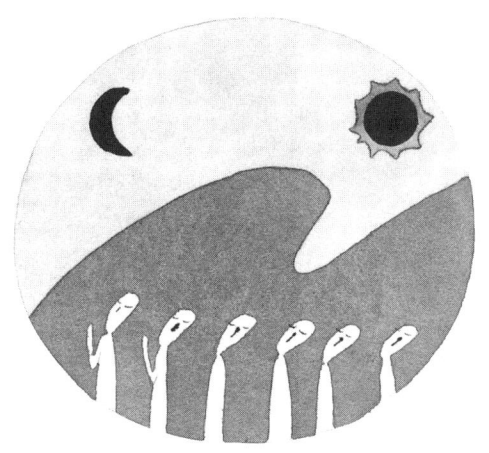

　사람이 다양하니 방편도 다양하다는 것은 순리이다. 현실은 이 다양성으로 인해 피해를 보는 수도 있겠지만, 회통과 방편끼리의 존중과 자기 방편에 몰입이라는 삼박자가 맞아 떨어지면 다양성의 파노라마는 극락의 모습일 것이다.
　아시다시피 다양한 방편 중에 '아미타불' 열 번만 하면 극락에 태어난다는 극락왕생(極樂往生) 사상이 있다. 스스로 수도를 하여 해탈한다는 자력문(自力門)으로는 잘 접근되지 않는 사람들이 얼마든지 있을 수 있는데, 이렇게 쉽게 극락에 갈 수 있는 타력문(他力門) 방편이 시설되어 있다는 것은 천만 다행이다.
　극단적인 예로 죽음을 기다리는 환자나 극노인(極老人)들에게 계·정·혜 삼학을 닦으라고 한다면 이것은 무리한 요청이 될 것이다. 타고난 기질로나 상황으로 학습을 할 수 없는 사람은 역시 자력으로 닦는 길이 적절치 않을 것이니, 쉽게 가고 쉽게 닦을 수 있는(易往易修) 타력문이 있어 준다는 것은 다행일 수밖에 없다.

어찌 그 뿐이리요? 용수(龍樹)·마명(馬鳴)·영명(靈明)·원효(元曉)·서산(西山) 등 수많은 조사들이 손수 닦으시고 권하셨으니 정토 발원을 할 자가 따로 있으리요? 합리적이고 논리적이며 선(禪) 지향적인 산승도 한 때는 서방 극락정토(西方極樂淨土)를 부인했었는데 중대한 계기를 맞아 서방정토를 믿게 되었고, 이제는 금생에 묘각불(妙覺佛)이 되지 못한다 해도 극락에 왕생한다는 확신을 하고 있다.

내가 불교를 좋아하는 이유는 이 밖에도 많다. 인간을 뛰어 넘은 인간 석가의 인격을 떠올리기만 해도 환희로워지며, 욕심과 분노가 사라져버린 무수한 조사(祖師)와 종사(宗師)들을 떠올리면 외롭지 않다. 범부에서 성불까지 수도의 단계를 자상하게 안내해 주심은 어느 종교에서도 볼 수 없는 불교의 강점이며, 안으로 그때그때 일어나는 탐·진·치 삼독을 감지하면서 팔정도로 즉각 대처해 볼 때 시원한 정화를 맛보게 되니 역시 석존께 감사하지 않을 수 없다.

한량없는 수용성으로 비폭력의 역사를 걸어 온 불교를 회고해 볼 때 옷깃이 여며지며, 한반도를 중심으로 생각해 볼 때 팔도 강산 곳곳에는 항상 고찰이 있어 민족 정서의 모태가 되어준다.

우리가 어느 문화의 어느 종교에 예속되어 있든지 우리의 피와 사고와 언어 속에 이미 불교가 흐르고 있으니 불교의 우수성을 별도로 논한다는 것이 도리어 사족일 것이다.

'불교의 우수성이 무엇인가' 하는 오늘의 주제가 지면 관계상 충분히 다루어지지 못하였다. 앞으로 이 주제가 많은 고승 대덕들, 많은 불교학자들, 법사님들의 고견(高見)에 의해 폭넓게 수렴되어 우리 불교인들에게 심도 있게 공유된다면 좋겠다.

끝으로, 내 손에 들고 있는 볼펜을 있다 해도 맞지 않고, 없다 해도 맞지 않으며, 볼펜이라 해도 맞지 않고, 볼펜이 아니라 해도 맞지 않다는 논리가 머리로 수긍되고 가슴으로 느껴진다면 어떤 삶이 살아지겠는가 하고 회심의 미소를 지으면서 불교인 됨의 긍지를 다시금 느껴본다.

마주침〔觸〕과 초월

삶이란 안으로 무언가를 생각하고 밖으로는 말과 행동을 하는 과정이다. 그러므로 생각을 바르게 하지 않고 말과 행동을 바르게 하지 않으면 인생 전반이 바르게 되지 못한다. 순간순간 사(思)·언(言)·행(行)이 바르게 되어야 한다는 말이다.

사·언·행이 바르게 되려면 바른 기준이 있어야 한다. 바른 기준(가치관)이 서 있고, 바른 기준에 의해 생각하고 말하고 행동한다면 그것이 곧 성스러운 삶이다.

바로 팔정도(八正道)의 전반부 네 가지가 그것이다. 정견(正見 : 바른 가치관)·정사유(正思惟 : 바른 사고 활동)·정어(正語 : 바른 말)·정업(正業 : 바른 행동), 이는 참으로 기막히게 순리적인 실천 덕목이다.

사람은 하루에도 수많은 생각과 말과 행동을 한다. 그렇지만 그것이 대체로 성숙하지 못하다. 신(身)·구(口)·의(意) 삼업(三業) 저변에는 극히 주관적인, 대체로 미성숙한 가치관이 놓여 있다. 미성숙한 가치관에 바탕을 두고 미성숙하게 사·언·행(身口意, 三業)을 하는 결과가 바로 고통이다.

생활이 곧 불교이도록, 불교가 곧 생활이도록 하는 것이 생활 불교 아니던가. 일상 생활이 곧 생각하고 말하고 행동하는 것이라면 자신의 사·언·행을 그때그때 가능한 한 바른 궤도를 달리도록 해야 함이 마땅하다. 그러기 위해서 생각과 말과 행동의 표준이 바르게 서 있어야 함도 당연하다.

촉·수(觸受)의 순간에 작동하는 바리케이트 : 팔정도

왜 바른 가치관과 바른 사·언·행이 필요한가? 즉 왜 정견·정사유·정어·정업 등의 팔정도가 필요한가? 우리 모두의 이고득락(離苦得樂)을 위해서다. 우리 모두가 괴로움을 떠나 즐거웁게 살기 위해서다. 기분좋게 살기 위해서다. 바른 사고 방식, 바른 삼업(三業 : 身口意, 思言行)이 바탕되지 않고는 즐거움·행복·니르바나의 삶을 살 수 없다.

'바른 가치관의 정립 하에 사·언·행을 바르게 함'을 어떤 식으로 강조해야 할지 모르겠다. 실천이 따르지 않으면 이런 말들은 끝내 관념 놀음에 불과하기 때문이다. 관념 불교가 실천 불교를 지향할 때 활불교이지 않겠는가.

십이연기의 6·7·8번째 고리인 촉(觸)·수(受)·애(愛)를 떠올리기 바란다. 과거에 지은 업에 의해 촉(觸)하는 순간에 수(受)가 불가피하게 드러나며 잇따라 습관적으로 대응하여 애(愛)로 건너감으로써 중생은 업장을 키우고 불행의 골을 심화시킨다.

촉·수 순간에 정신을 차리고 정견을 중심으로 하는 팔정도 바리케이트를 쳐서 애로 건너가지 않는 것, 이것이 활불교의 핵심 요체이다. 경계와 마주치는[촉] 순간 수[受 : 느낌·감정]는 불가피하게 일어난다. 그것을 부인하거나 억압한다면 마음 정화에 있어서 이롭지 못하다. 그러므로 수(受)는 일단 담담히 받아들이는 것이다.

세상이 문제이던가, 내가 문제다

중생은 과거의 미성숙한 삶을 통해 축적해 온 욕구를 지니고 있기 때문에 그 욕구가 좌절되는 순간 불쾌[⊖ : 고수(苦受)]를 느끼고, 욕구가 성취되는 순간 유쾌[⊕ : 낙수(樂受)]를 느끼며, 욕구가 놓이는 순간(혹은 욕구와 무관한 상황에서는) 초월[♯ : 사수(捨受)]을 느낀다. ⊖를 느끼는 정도가 그만큼의 불행이요, ⊕를 느끼는 정도가 그만큼의 행복이다. 그러나 ⊖는 물론이요 ⊕라 할지라도 그것들은 욕구로 인한 감정이니 끝내는 미성숙한 마음이다. 욕구를 놓음으로 해서 드러나는 마음[초월 정서]이라야 바람직하며, 초월 정서도 보다 정화되고 보다 순수해져서 지극(至極)히 탁트여버린 정서 상태에 이르러야 니르바나라 할 것이다.[註 : ⊖를 마이너

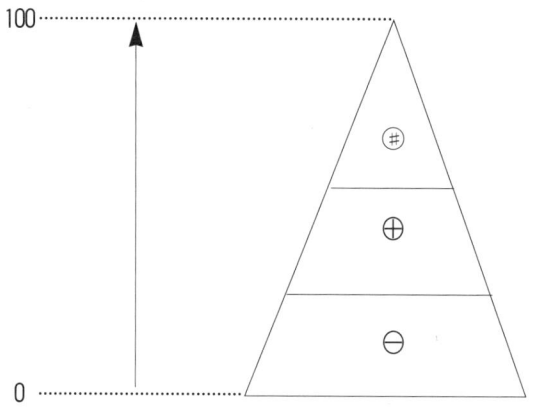

스, ⊕를 풀러스, ⊞를 쌍풀러스라고 읽기로 하자.)

그렇다고 우리의 감정(受)이 이처럼 세 영역으로만 구획된다는 의미는 아니다. 도표와 같이 사람의 감정은 0순위에서 1백 순위까지 그 순화 정도에 따라 무한분법적인 단계가 있는 것이 사실이겠지만 쉽게 표현하기 위해 삼분법(三分法)을 썼을 뿐이다.(문득, 노파심이 일어난다. 많은 세상 사람들이 사유(思惟)하기를 싫어한다는 선입견이 있는 데다가 이 글이 다소의 사색이 요청되는 말로 엮어지고 있기 때문이다. 사색하기를 기피해 버릇하면 투명한 마음관리가 잘 안 되고 질서 있는 사회 생활도 잘 되지 않으리라고 본다. 독자들 중 이러한 논리적 이야기에 따분해 할 분들이 많으리라는 생각까지 하고 있는 자신을 보면서 피식 웃음이 나온다.)

경계와 마주쳤을 때 일어나는 정서는 일단 감지·수용되고, 습관적으로 애·취(愛·取: 십이연기의 8·9번째 고리)에 떨어지는 것을 막고, 팔정도(혹은 삼학·육바라밀 등)로 반응하는 것이 활불교의 요체라 했다.

감정이 없는 순간이란 없다. 혹은 고(苦, ⊖)로, 혹은 낙(樂, ⊕)으로, 혹은 사(捨, ⊞)로 지속적인 생멸을 거듭한다.

"언니가 온 식구 빨래 다 하면서 내 것만 남겨두었을 때 화가 났다." "내가 아끼는 만년필을 동생이 가져가서 화가 났다." "택시를 막 타려는데 뒤에 온 사람이 양해도 없이 타고 가버렸을 때 속이 상했다." "아가씨인 나를 외판원이 아주머니라 불렀을 때 속이 뒤집혔다." "화장실에서 호주머니에 담배가 없음을 알았을 때 기분이 상했다." 이런 식의 촉·수(觸受) 살이를 자각없이 반복하고 사는 것이 중생 놀음이다.

더구나 내 기분을 지속적으로 거스르는 사람과 한 지붕 밑에서 죽을 때까지 살아야 할 경우도 있다. 도박이나 알콜 중독에, 혹은 외도에 빠져 있는 남편을 하염없이 겪어내야 하는 아내가 당신일 수도 있다. 도벽이나 싸움박질, 가출 등으로 수 세월 속을 썩여대는 자식을 둔 부모가 당신일 수도 있다. 지병으로 몸져누워 있는 환자 가족을 하세월 간호해야 할 처지에 있을 수도 있다.

그렇다면 어쩔 것인가? 그런 지경에 있는 분이 당신이라면 그 지경에서 벗어나기를 간절한 마음으로 기도 드린다. 그 고생 오죽하시겠느냐고 위로 드린다.

이처럼 세상은 존재하는 사람끼리 서로 시달림을 주고받으며 사는 마당인지 모른다. 그러나 생각해 보자. 동생이 내 누룽지를 빼앗아 가서 속이 상한 상황이든, 노부모의 똥오줌을 수년 동안 받아내고 있는 어려운 상황이든, 활불교 공부인이라면 끝내 숨통을 여는 길이 있어야 할 것이다. 공력이 따라야겠지만 그 길은 반드시 있다.

그것은 상황(세상·타인)을 문제삼는 것이 아니라 자신을 문제삼는 것이다. 세상이 좋아져야 내가 행복하리라 여겨서는 결코 행복할 수 없다. 내가 변해야 세상이 변하는 것이다.

열쇠는 오직 자신 속에 있다.

세상의 좋은 변화를 위해 무관심하라는 말은 아니다. 세상의 변화를 위한 행동은 하되 최우선으로 자신을 문제삼고 자신을 고치는 것이다. 그것이 세상 문제 해결의 첫 걸음이자 마지막이다.

석존께서 대각을 성취하고 보니, 자신의 정화가 완료되고 보니 세상에 부처 아닌 것이 하나도 없었다고 하신 말씀을 유념할 일이다. 정말, 세상 사람들이 각자 자기 자신 하나만 잘 책임져 준다면 그것이 지상 천국 아니겠는가? 내가 내 말과 행동을 바르게 책임진다면 주변 사람이 나로 인해 고통스러워지지 않을 것이요, 안으로 생각(正見, 正思惟)을 바르게 갖는다면 내 마음이 평화로울 것이다. 이것이 도덕의 기초요 지상 천국의 첫 걸음이다.

외판원이 아가씨인 나에게 "아주머니"라 했을 때 속이 상한 나는 "당신 눈이 제대로 박혔어요? 차라리 할머니라고 부르시죠"라고 습관대로 화풀이를 해댔다고 치자. 이것이 바로 영락없는 전쟁터 아닌가. 이런 식으로 악습이 강화되고, 영적 공해가 범람해 가는 세상을 사바 세계, 오탁악세라 하는가 모르겠다.

「"아주머니"라는 말이 들려온 그 순간이 참으로 좋은 활불교 공부 순간이 되어야 한다. 공부인이라면 습관적 대응(사·언·행)으로 치닫지 않고 "아하, 젊음의 욕구가 좌절된 듯하니 속이 상하는구나. 그게 바로 탐심(貪心)이요, 진심(瞋心) 아닌가. 공(空)한 '나'를, 공(空)한 상대를 있다고 실체시(實體視)하면, 그렇게 보여질 수도 있겠지 하고 이해심 있게 듣지 못한 것은 치심(痴心)이 아닌가. 말만 탐·진·치 삼독을 끊어야 한다고 하면서 이런 식으로 내면의 삼독에 휘둘림 당하는구나. 그러면 어찌해야 하나? 주관적인 삼독에 사로잡힐 게 아니라 객관적으로 상황을 수용해 보자.

외판원이 "아주머니" 하였다. 그것이 어떻단 말인가. 내 모습이 그렇게 비쳐졌다면 그렇게 불려질 수도 있는 것이지. 아주머니라는 말이 푸근하게 느껴질 수도 있지 않은가. 사정에 따라서는 보다 심한 소리도 들을 수 있는 것이 세상 아닌가.」라고 성찰·해탈해야 하는 것이다. "그래. 좋다 좋다……"하는 여유 있는 이해 바탕이 거듭거듭 닦여져야 한다.

그래서 "안녕하세요. 제가 나이 들어 보이는 모양이지요? 실은 아가씨예요"하고 애교띤 어조로 받아준다면 머쓱한 국면이 산뜻한 훈기로 감돌 것이다. 이런 식으로 조금만 정신차린다면 팔정도·삼학·육바라밀 등의 덕목이 국면국면에 생기 있는 삶의 모습으로 드러날 것이다.

　공부인이 아닐 때는 습관(업장)적으로 반응하며 살지만 공부인은 습관을 뛰어넘어 해탈해 간다. 역(逆)경계이든 순(順)경계이든 "이 순간 나의 최선은 무엇인가?"하고 자문하면서 한 수 높은 반응의 길을 궁구하는 것이 공부인의 자세이다.
　당신이 시어머니의 똥오줌을 수년간 받아내는 처지에 있을 수도 있다. 물론 그 어려움이 적지 않으리라 본다. 그러나 어쩔 것인가. 속만 상하고 있을 것인가. 상한 마음에서 나오는 말이나 행동이 고울 리 없고, 곱지 않은 언행은 자신의 속을 거듭 상하게 할 것이요, 주변 가족들을 우울하게 할 것이요, 시어머니의 슬픔과 외로움은 더욱 커질 것이니 가정은 지옥으로 달려갈 것이다. 어찌할 것인가.
　특별한 묘수가 없다. 오직 자신에게 열쇠가 있을 뿐이다. 상황을 변경코자 하는 마음보다는 그 상황에 대응하는 자신의 태도(바른 가치관과 바른 사언행)를 바꾸는 것이 그 열쇠다. 상황(세상, 타인, 경계…)은 바뀌어지기 어렵다. 상황이란 끝없는 문제의 연속이기 때문에 그 해결 완료란 있을 수 없다.

생활 속의 초월

그래도 가능한 것이 있다면 그것은 자기 자신이다. 한 생각부터 돌려잡는 것이다. '모든 것이 공(空)하다.' '부처 아닌 것이 없다.' 혹은 '자타가 한 몸이다' 식의 고급 정견(正見)이 동원될 수 있다면 더 말할 나위 없겠지만 보다 쉽게 수긍되는 생각(正見·正思惟)부터 하는 것도 좋다. 전생에 지은 백억의 빚을 이 정도로 갚아내고 있다고 생각해도 된다. 금생에는 내 시어머니이지만 전생에는 내 부모였고 딸이었고 내 생명을 몇 번이고 건져준 은인이었다고 생각해도 된다. 이 노고의 공덕으로 당신이 3년 안에 죽을 운을 30년이나 연장하고 있다고 생각해도 된다. 모를 뿐이지 사실은 그러한 이치들이 배경에는 분명히 있는 것이다.

이처럼 한 생각 고쳐먹으면 마음은 환희로 바뀔 수 있고 모습은 보살의 얼굴, 보살의 언행으로 피어날 수 있다. 마음에 평화가 오고 가정에 봄기운이 서릴 것이다.

물론 쉽지 않다. 그래서 수도(修道)이다. 수도란 최소한 이상의 고행이 따르는 법이다. 지면 관계로 약(略)하지만 ⊕경계도 같은 논리요 같은 공부의 길이다.

역경계나 순경계를 억압하거나 도취하지 않고 이해하고 누리고 적절히 대응하면서 꾸준히 주바라밀에 사무쳐 초월로 나아가야 할 것이다.

인생이란 무수히 경계(境界)와 마주치며 반응(反應)하는 과정이다. 마주치는 순간 습관적으로 반응하지 않고 "이때 나의 최선은 무엇일까?" 물을 것, 그리고 보다 수준 높은 정견·정사유·정어·정업 등 팔정도 (삼학·육바라밀)로 대응할 것, 그러면서 꾸준히 주바라밀에 사무쳐감으로써 초월의 깊이를 더해갈 것, 그것이 생활 불교, 생활 수도의 요체이다.

다음부터는 좀더 생활 사례를 중심으로 논의하고자 한다. 이번에는 기본 축이 되는 마음 공부 중심의 생활 불교 원리를 논의해 보았다.

바른말〔正語〕 바라밀 1
바른 언어 생활, 왜 중요한가

세상에는 중요한 것이 소홀하게 취급되는 예가 많다. 많은 예 중에 정어(正語)라는 덕목이 중요하게 다루어지지 않는 것이 그 하나다. 정어는 부처님께서 열어 놓으신 성불의 비결 여덟 가지 중 하나이다.

바른말(正語)은, 팔정도의 정어를 비롯하여 십선(十善)·십악(十惡)의 네 가지 망어(四大妄語), 오계(五戒)의 불망어(不妄語), 사섭법(四攝法)의 애어(愛語) 등 불교의 기본 교리를 다루는 자리에서는 빼놓지 않고 다루어지는 기초 덕목이다.

그런데, 오늘날 한국 불교 흐름 속에는 정어 덕목이 사라져버린 감이 있다. 불자들의 언어 생활을 관찰해 보면 안타까움이 크다. 앞장에서도 말한 바 있지만 스님들의 말씨가 거칠어 불교까지 멀어진다는 신도님들의 푸념을 심심찮게 듣는다. 다른 종교에 환멸을 느끼고 불교 동네에 들어왔는데, 사람 모이는 곳은 다 그렇고 그렇더라는 푸념 역시 다듬어져 있지 않은 언어 습관들 때문이다.

말한마디로극락과지옥

후진국으로 갈수록 토론에 약하다고 한다. 백 원이 좌우되는 정도의 토론장에서 만 원을 잃어가며 흥분을 한다. 사소한 옳음에 매달린 나머지 화합이 깨지는 예는 비일비재하다. 쥐 한 마리 잡으려다 독 깬다는 옛말이 그 뜻이다.

"어야 말 다르고 아야 말 다르다"는 옛말에 중대한 철학과 지혜가 담겨 있다. '어야'라고 하여 웃고 일어설 자리가 '아야'라고 하여 싸우고 끝나는 자리가 된다.

내 친지 중에 모 종교 성직자가 있는데 그분은 그의 스승에 대해 태산 같은 은혜를 느끼면서도 문득문득 태산보다 더한 분노와 증오를 느낀다고 한다. 그 경우 역시 스승이 직접 꾸짖어 주고 지도해 주지 않고 본인이 없는 자리에 양설(兩說)을 하기 때문이라 한다. 악구(惡口)는 그것을 말하는 상대방과 싸우고 벗이라도 삼을 수 있지만 양설은 이러지도 저러지도 못할, 참 딱한 노릇이다.

우리는 흔히 당사자 앞에서는 바른 말을 못하고 그 사람이 없을 때 다른 사람들에게 그에 대한 못된 점을 늘어놓는다. 그 험담이 어쩌다가 제3자를 통해서 당사자의 귀에 들려왔을 때 그 당사자는 불쾌하기 짝이 없다. 그러다 보니 점점 불편한 관계가 형성되는 경우가 비일비재하다.(세상이 엉망이라는 의미는 아니다. 세상은 성속(聖俗)을 가릴 것 없이 이만하면 아름답고 살만하다. 오직 보다 좋아지자는 지향을 전제할 때 문제점들이 그러하다는 것이다.)

일부 심리학자들의 말도 크게 유념해야 할 것이다. 무수한 문제아(?)들의 문제는 대체로 부적절한 언어 교류에 뿌리를 두고 있다고 한다. 즉 가족 상호간에 의사 소통이 적절히 되는 가정에서는 문제아가 나오지 않는다는 의미이다. 부모님들, 선생님들의 난폭한 언어 때문에 가출을 하고 뺑소니를 치는 예가 적지 않다는 것이다.

 문제 부모, 문제 교사가 있을 뿐 문제아란 없다고 한 어느 교육자의 말씀도 흘려듣지 말아야 할 것이다. 윗 사람의 말이 아랫 사람에게는 더욱 큰 폭력이 될 수가 있다. 한두 마디 말이 사람을 죽이기도 하고 살리기도 한다. 선진국일수록 언어 문화가 발달해 있는 이유가 무엇이겠는가.

 앞서도 얘기한 바 있지만 한 주부의 이야기다. 중학생 딸에게 하모니카를 선물했다. 딸애는 떨듯이 기뻐했고 등교 길에 나서면서 엄마 귀에다 대고 "엄마 고마워, 사랑해"하고 속삭이고 갔다. 이 주부는 종일 행복했다고 한다. 그 딸의 여덟자 밖에 안 되는 표현이 그 어머니를 종일 기쁘게 한 것이다.

 멋 없는 무심도인(?) 오라버니가 외출하고자 나서는 누이에게 "네 귀걸이 멋있구나"하고 관심을 보였다. 누이는 종일 기분이 좋았고 무엇으로 오라버니를 행복하게 해 줄까 생각해 봤다는 것이다. 역시 좋은 표현

은 하고 살 일이다.

어느날 광주에서 있었던 일이다. 양현이라는 신도 사무실에 들렀더니 마침 그의 어머님이 오셨다. 점심 시간이 되었다. 50세가 다 된 양현 씨 왈, "엄마, 오늘 낮 밥 뭘로 할까? 엄마, 짬뽕 좋아하재이, 아니면 한식으로 할까?…" 마치 국민학생 귀염둥이가 엄마에게 응석부리는 것 같았다.

경이롭게 바라다보고 있던 나는 양현 씨가 잠시 자리를 떴을 때 그 어머니에게 자식들 중 누가 제일 효자냐고 물었다. 그 어머니는 굳이 제일 효자를 가른다면 당연 양현이란다. 그 이유를 물으니 용돈 많이 주기로야 큰아들이요, 둘째딸이지만 양현이는 적당한 수다와 적당한 어리광으로 어머니를 제일 행복하게 해 준다는 것이다. 말 한 마디로 천냥 빚을 갚는다는 말이 있듯이 말에는 천당 문을 여는 열쇠가 들어 있는 법이다.

보다 적절한 말이란?

물론 어찌 말이 전부이겠는가. 말 속에는 마음이 들어 있고, 말은 그 마음을 담아 나르는 그릇이요 수레이다. 내용과 형식의 관계이다. 당연하지만 말이 마음을 앞질러서는 안 된다. 마음이 50인데 말이 80이라면 30만큼은 거짓이요 위선이다. 정어(正語)의 일번 준칙이 불망어(不妄語)이지 않던가.

마음의 수준을 백(百)이 되게 지향해 가되 말이라는 그릇 또한 현재 수준의 마음을 가능한 한 적절하게 담아내야 할 것이다. 제품의 질은 뛰어나더라도 그것을 담는 상자 모양새가 좋지 않다면 시장 경쟁에서 패배를 당하기 쉽듯, 마음이 아무리 심오해도 그것을 적절히 표현하지 못하면 오해가 생기기도 하고 적이 생기기도 한다. '언어 표현 적절하게 잘 하기' 운동이 도처에서 일어나야 할 것이다.

제일 중요한 것은 '바른 말의 필요성을 절감하는 것'이다. 평생 말을 하고 사는 것이 인생이요, 말의 적절한 쓰임새 여부는 곧 나와 남의 행·불행과 직결된다. 바른 말 학습의 중요성은 아무리 강조해도 지나침이 없을 것이다.

자! 그렇다면 어떤 방법으로 정어(正語 : 적절하게 말하기, 바르게 말하기) 수련을 해야 좋을까. 망어 중죄(妄語重罪) 금일 참회(今日懺悔), 기어 중죄(綺語重罪) 금일 참회, 양설 중죄(兩舌重罪) 금일 참회, 악구 중죄(惡口重罪) 금일 참회…"식의 고전적 교과서를 주문식으로 입 속에 굴리는 것으로는 말 인격 함양을 기대할 수 없다.

어떤 고전이든 어떤 경전이든 보다 깊게 명상되어지고, 시대에 따라 뜻이 보다 확장되어 다양한 상황에 심도있게 활용될 때, 그 고전이나 그 경전은 역사와 더불어 진리로서 살아 숨쉬게 되는 법이다. 팔정도의 정어도 마찬가지다.

관심이 있는 곳에는 길이 있는 법, 특별히 방법론을 얻고자 전문인을 찾아 나서지 않더라도 '보다 적절한 말'의 필요성을 은근히 유념하고 있노라면 자신이 하는 말을 객관적으로 관찰할 수 있게 되고, 점점 보다 나은 언어 표현이 개발되는 법이다. 타인이 하는 말에도 관심을 가지면서 "저런 표현은 좋구나" 혹은 "저 표현은 이렇게 저렇게 표현되면 더 좋겠다"는 견해가 생긴다. 그러는 과정에 무엇이 정어인가 하는 원리들이 도출되기도 하는 법이다.

이렇게 자발적인 동기를 바탕으로 모색해 가는 과정에 전문가의 지도를 받게 된다면 금상첨화의 발전이 있을 것이다.

여기에도 자력(自力)과 타력(他力)의 조화가 요청된다. 자력적 정성이 없는 곳에는 부처님도 하나님도 무의미한 법이다. 그렇다고 자력만으로 되리라고 여기는 것도 큰 착오이다. 피아노를 천 날 만 날 혼자 두드리고 있어 봐야 기대하는 수준에 이를 수 없듯이 인격 도야 역시 선배의 안내가 필요하다.

세상 모든 일이 다 그렇다. 씨앗 혼자 땅에 던져진다고 아름드리 거목이 되는 것이 아니다. 인(因)과 연(緣)이 그것 아닌가. 자력인 인과 타력인 연이 잘 만나야 바라는 바의 과(果)를 기대할 수 있다는 것은 부처님의 기본 가르침이다.

뜻이 있는 곳에 길이 있다. 평생 하고 살아야 할 '말', 보다 잘하고 살 필요가 있다는 신념이 씨앗이요 불씨이다. 이 씨앗을 바탕으로 하여, 하면 한 만큼 된다는 자세로 서두르지 않고 조금씩 언어 인격을 함양해 나가 보자.

'타이밍'과 '그러나'

말의 원리를 배우고 익히기보다는 먼저 자신이 자주 쓰는 말과, 가까운 이웃들이 쓰는 말들을 관심 있게 관찰해 보는 것이 좋다. 그러한 소재는 곳곳에 무수하다. 미국에 사는 한 한국인 가정에서 있었던 단순한 대화 한 대목을 예로 들어 살펴보자.(ㄱ거사님은 본부인과 사별, ㄴ보살님과 재혼. ㄱ거사의 아들은 어머니 묘에 묘비를 세우고 바로 곁에 아버지 못자리를 미리 구입해서 아버지 묘비도 함께 세워 둠. 이런 상황의 일이다.) 어느 날 부인인 ㄴ보살님은 남편(ㄱ거사)을 따라 성묘하러 갔다. 상황을 알고는 갔지만 ㄴ보살은 마음이 편치 못했다.

부인 : "사정은 알고 따라 왔지만 막상 와서 보니 속이 상하네요……."
남편 : "아따, 이 사람이! 죽은 사람한테 질투하는건가? 소갈머리가

깨알만큼도 안돼……"

이것이 두 부부 사이에 있었던 대화의 한 토막이다. 너무도 있을 수 있는 대화였다. 사람에 따라서는 이런 경우 이보다 못한 교류가 얼마든지 있을 수 있다. 그러나 또한 이보다 좋은 교류도 얼마든지 있을 수 있다.

우리가 삼학(三學)·육바라밀(六波羅蜜)·팔정도(八正道) 등을 활불교적으로 생활 속에 살려내고자 한다면, 위의 ㄱ·ㄴ 두 부부의 언어 교류 국면을 그렇고 그런 일로 여기고 지나쳐 버릴 것이 아니라 그것을 공부 소재로 삼음으로써 문득문득 습관적인(업에 이끌려지는) 언어 생활로부터 벗어나야 한다.

ㄱ거사의 말을 보라. 무엇이 안타까운가. ㄱ거사의 말에는 대화에 있어서 빠뜨려서는 안 될 결정적인 요소가 빠져 있다. 대화의 결정적 요소란 '받아줌'이다. ㄱ거사의 말은 '받아줌' 없는 표현이다. 부인이 마음을 말에 실어 보내왔으니 남편은 부인의 말과 그 속에 담긴 마음을 받아 주어야 순리인데 그 순리를 따르지 않고, 자기 말, 자기 속풀이하기에 바빠버렸다.

독자는 이곳에서 명상적으로 음미해 봐야 한다. 가정과 세상의 평화를 일구어내는 열쇠가 지금 이곳에서 발견되어야 한다. 그 열쇠란 '받아줌'이다. 상대가 주었다면 나는 받아야 순리인 것이다. 많은 대화의 자리를 관찰해 보면 그 순리가 잘 지켜지지 않고 있음을 알 수 있다. 독자께서 만일 그 남편이라면 어떻게 표현해 보겠는가.

"그래요, 당신의 마음이 좋을 리 없겠지요. 그 마음이 이해가 되어요. 당신 마음이 안 좋은 만큼 당신을 더욱 소중히 여기고 사랑하겠어요. 생각해 보면 이렇게 우리가 사랑하며 살아간다는 것이 의미가 있을 뿐이겠다 여겨집니다…"하는 식이면 어떻겠는가. 물론 경우에 따라, 사람에 따라 얼마든지 좋은 표현이 가능해질 것이다.

ㄴ보살의 말도 평가해 보면 비슷하다. 사람은 경계를 접하는 순간 고(苦)·락(樂)·사(捨) 삼수(三受) 중의 어떤 감정들이 일어나게 되어 있다. 불쾌(苦受)인 경우는 그것이 억압되고 있지 않는 한 굳이 표현할 필요가 없겠지만, 불쾌의 무거운 기운이 안에 억제·억압되어 흐르고 있으면서 사라지지 않을 때는 여러 방편을 동원하여 해소하는 것이 바람직하다.

밖으로 표현을 할 경우는 관계되는 상대방에게 직접 고백하거나 약속된 장에서 고백적으로 드러내야 바람직하다. 그렇지 않고 화풀이(惡口)로 표현하는 것은 미성숙한 모습이며, 더구나 이간질(兩舌)로 본인이 없는 자리에서 속달거리는 것은 차마 해서는 안 될, 비겁하고 약은 표현 방법이다. 해결도 못 하면서 안으로 참고만 있는 것이 음성적 최악성 태도라면 이간질로 속달거림은 양성적 최악성이다.

ㄴ보살님 경우는 억압·양설·악구를 지양해서 고백적 표현이 된 듯하니 상당히 우수한 표현이긴 하나 그 보다 성숙된 표현이 얼마든지 있을 듯하다.

두 가지만 보충해 본다면 '시기의 적절성'과 '그러나'이다. ㄴ보살님의 경우, 고백했다가 반격을 받은 것은 고백이 실패(?) 당한 것이다. 이 실패를 예방하기 위해서 타이밍을 잘 잡아야 한다.

"여보, 당신이 들으면 좀 언짢을지 모르겠는데 고백할 게 있어요. 기분이 괜찮을 때 시간을 내주신다면 고맙겠어요"식으로 성묘 다녀온 날 저녁 정도에 고백의 전초 작업을 펴는 것이다. 이 정도의 분위기라면 남편은 경청·이해·수용의 태세를 갖추게 된다. 그것이 '타이밍'의 묘(妙)이다. 그리고 "이 부분은 안 좋다, '그러나' 저 부분은 좋다"라는 구조의 표현을 말한다. '그러나' 이전에서 끝나버린 말과 '그러나' 이후까지 있

는 말을 비교해 보면 느낄 수 있다.

  세상의 모든 상황들은 거의가 양가적이다. 전부가 좋을 수만도 없고 전부가 나쁠 수만도 없다. 부정 시각을 세우고 보면 안 좋음이 많아지고 긍정 시각을 세우고 보면 좋음이 많아진다. ㄴ보살님은 자신의 어떤 욕구가 좌절되어 속이 상했지만 그 상황을 여유 있게 바라보면 얼마든지

긍정점을 발견할 수 있는 것이다. ㄴ보살님이 좀 여유를 가지고,
 "여보, 솔직히 고백하자면, 사정을 알고 따라 나서기는 했으면서도, 막상 묘지에 와서 당신 비석까지, 전 부인 묘비 곁에 나란히 서 있는 것을 보니 속이 좀 상했어요. 그러나 한편 생각해 볼 때 이기적인 자식들이 세상에는 많은데, 돌아가신 어머니 묘비며 살아 계시는 아버지 묘지·묘비까지 적지 않은 돈을 들여 마련했다는 것은 큰 효도라 여겨져요. 정말 아들이 장한 일을 했어요. 또한 언젠가는 해야 할 큰 일을 하나 해결한 셈이니 잘한 일이기도 하고요. 속이 편치 못했던 것은 내 중생심인 것이고, 아들의 입장에서 생각해 보면 너무 당연한 일인 걸요. 이해가 되어요……"식으로 표현한다면 그 품격이 크게 달라질 것이다. 이쯤 되면 남편은 사랑을 넘어서서 존경까지 하게 될 것이다.
 더 나아가, 마음공부가 좀 더 깊어진다면 속상하는 국면을 접했을 때, 자신 속의 진심(瞋心)·탐심(貪心)·치심(痴心)에 직면하여 아공·법공[我法俱空]을 관하면서 주바라밀에로 회귀하곤 한다면 생활하는 그곳이 그대로 최상승 공부터가 될 것이다.
 이번에는 언어 생활을 잘할 필요가 있음을 주로 명상해 보았다. 다음에는 언어 생활의 구체적인 방안을 모색해 보고자 한다.

바른말 바라밀 2
⊕ 표현과 받아주기

나는 가끔 오계(五戒)에 대해서 명상해 본다. 오계는 불교 입문의 첫 조건이요, 사람이면 누구나 지키면 좋을 최대공약수적인 행동 윤리이다. 좀 의아하게 들릴 질문일지 모르나, 이 오계 중에서 제일 중요한 계는 무엇일까? 물론 계란 중요하지 않은 것이 없다. 이치로 보면 살생하지 않음이 제일 중요할 것이다. 일반적으로 사람은 목숨의 위해(危害)를 느낄 때 가장 두려움을 느끼기 때문이다.

한편 오계의 순서가 그 중요성의 순서일지 모른다. 그러나 현실적으로 어느 가정, 어느 직장에서 살생·투도·사음·음주가 그렇게 큰 문제가 되겠는가. 물론 특수한 경우, 그런 고충이 있는 곳이 있을 수 있겠지만 말이다.

평화의 열쇠

불망어(不忘語) 곧 정어(正語)야말로 제일 현실성 있는 덕목이다. 어느 가정, 어느 직장, 어느 공동체에서나 매일 무수한 언어가 교류되고, 그 언어로 인해 순간순간 희비가 교차된다. 주변에 언어 매너가 안 좋은 사람을 두고 산다는 것은 그만큼 불행한 일이요, 언어 매너가 좋은 사람을 두고 산다는 것은 그만큼 행복한 일이다. 무수한 경우를 경험해 보고 하는 말이다.

정어—, 어떤 말이 정어일까? 어떻게 하면 정어가 자신의 언어 인격으로 확립될 수 있을까? 제일 좋은 것은 언어에 관심을 기울이고 상황마다 최선의 말을 하려고 노력해 보는 것이다. 그러노라면 자연스레 떠오르는 답이 있다. 해야 할 말을 하고, 하지 말아야 할 말은 하지 않는 것이다. 세상에 괴로움을 빚어낼 말은 안해야 할 말이요, 즐거움을 빚어낼 말은 해야 할 말이다. 말에 관심을 가진다면 정어의 길이 점점 선명하게 보일 것이다.

나는 '마음관리' '마음 나누기'라는 주제로 17년 정도 148여 회의 수련회를 개최해 오면서(1997년 현재) 얻은 결론 몇 개가 있다. '평화의 결정적인 열쇠는 ⊕표현과 받아주기다'가 그 하나다.

인간 관계는 평화스러워야 좋다. 평화로운 인간 관계의 조건들이 많겠지만 적절하게 대화를 잘 나누는 것이 중대한 평화 요인이 될 것이요, 적절한 대화가 되려면 ⊕(십이연기의 受 중 樂受를 의미한다)표현과 받아주기 표현이 잘 되어야 한다. 이 두 가지가 빠져 있는 대화의 자리는 대체로 활기를 잃게 된다.

긍정 표현

긍정적인 표현이 잘 되고 있는 한 가정을 상상해 보자.
"아빠, 오늘 공원에 놀러갔는데 개나리꽃이 만발해 있는 걸 보고 신났어요."
"엄마, 오늘 국어 시간에 선생님께 칭찬받았어요."
"여보, 어제 당신이 퇴근길에 사다가 꽂아 놓은 저 장미 한 다발에 내내 행복해요."
"여보, 당신이 가정을 위해 고생해 주는 감사함을 어떻게 표현해야 할지 모르겠소."
"애야, 네가 가끔 설거지하는 모습을 대할 때면 아빠 마음이 여간 흐뭇한 게 아니란다."
"오빠가 어제 나한테 '안색이 안 좋아 보이는데 무슨 일이 있느냐'고 관심 보여 주었을 때 너무 기분이 좋았어."
한 가족 내에 있음직한 ⊕표현 소재는 무수하다. 이러한 ⊕가 잘 교류되고 있는 가정과 사회 집단을 그렇지 못한 경우와 비교해서 상상해 보라.

어느날 한 불자에게서 전화가 왔다. 어떤 일로 속이 상해 있다는 전화였다. 그 마음을 받아주고 난 다음, "모모님, 기분 좋았던 것 표현하는 ⊕게임 해봅시다"하고 제안을 했다. 그 분은 내가 개최하는 수련회를 경험하였으므로 쉽게 호응해 왔다.

"스님께 제 사정 이야기를 하고 나서 시원하고요, 스님 목소리 듣는 순간 기뻤고요, 아빠가 다음 일요일 63빌딩 가자 해서 기뻤고요…."

잠시 후 그렇게 ⊕를 표현하고 난 느낌이 어떠냐고 물었더니, 대단히 기쁘다고 하면서 수련회 때 약속했던 ⊕노트 쓰기를 확실히 하겠다고 다짐했다.

또 어느 분과의 전화 상담에서는 "지금 함께 계시는 가족과 15분 정도 오늘 있었던 ⊕점 나누기를 하고 나서 보고를 해달라"고 했는데, 천국이 멀리 있지 않구나 하면서 그 어머니가 무척이나 기뻐했다고 전했다. 자기도 행복을 멀리서 찾을 것이 아님을 새삼 느꼈다고 했다.

표현 방법이란 무수하다. 학교 선생님이라면 매일 세 번 이상 학생들에게 칭찬거리를 찾아 칭찬해 주기를 생활 실천 목표 하나로 정하고 실행한다면 자신의 기쁨은 물론이요, 보너스로 인기 1등 선생님이 될 것이다. 회사의 상사라면 부하 직원에게 존경받는 길도 간단한 일이다.

활력의 원천

⊕표현 생활을 해가노라면 그 공덕이 다양하게 드러날 것이다. ⊕표현은 심리학적으로 중대한 의미가 있다. 사람은 잠재의식에 욕구가 성취되지 못한 어두운 한(恨)〔불쾌, 서운함, 우울, 분노, 억울함 등〕이 서려 있기 마

련이어서 평생 동안 삶의 곳곳에서 그 힘으로 인한 피해를 여러 가지 양상으로 받게 되어 있다.

그런데 ⊕를 느끼고 표현하는 과정에서 축적된 과거의 한이 풀려나게 된다. 또한 ⊕표현은 그 자체가 행복한 순간이다. ⊕를 느끼고 표현하니 행복 아닌가. 그 ⊕표현은 밝음 토대를 도타와지게 하므로 미래에 하고자 하는 일이 더 잘 타개된다. 그리고 ⊕표현의 빼놓을 수 없는 공덕 하나는 주변 사람을 살려낸다는 점이다. 이렇게 ⊕를 느끼고 표현하는 과정에서 드러나는 공덕은 다양하게 많다.

⊕표현이 처음에는 어색할 수도 있고 힘이 들지 모른다. 그러나 그 필요성을 알고 조금 의지를 발동하여 어느 정도 탄력만 얻어 놓는다면 쉽고 재미있고 대단히 유익하다는 사실을 알게 된다.

그 자체가 행복이요, 과거의 한을 풀어내는 일이요, 미래의 구현을 위한 토대가 되며, 사람을 살려내는 등의 공덕이 있는 길이 이렇게 간단한, ⊕표현에 있다고 생각할 때, 당연히 시도해 봄직하지 않은가.

먼저 ⊕노트를 만들면 좋다. 어제 하루에 1백 번의 기쁨이 있었더라도 기억해 보려 하면 인상적인 것 몇 개밖에 떠오르지 않는다. 틈틈이 ⊕노트에다 쓴다는 것은 여러 가지 공덕이 있다. ⊕느낌이 일어난 순간 행복이요, 그것을 기억할 때 또 한 번의 행복이요, 그것을 기록할 때 또 한번의 행복이요, 그것을 기록할 때 정리되는 행복이요, 그것을 나눌 때 확산되는 행복을 체험한다. 기록하지 않고 기억되는 것을 나누더라도 물론 좋은 일이나, ⊕나눔 풍토를 조성하려면 ⊕노트 만들기를 해가는 것이 좋다. 기록해 두면 10년 전 라일락 꽃 향기에 행복했던 섬세한 느낌을 10년 후에도 나누며 행복해 할 수 있다.

이어서 여러 가지로 나누어 보는 것이다. 대화로도 나누고, 전화로도 나누고, 편지나 팩스 전보, 녹음 테이프로도 나누는 것이다. 아버지 생일 선물로 아버지께 평소 느끼고 있던 감사점들을 열 가지든 백 가지든 편지로 올려 보라. 그 가정 어느 틈으로 불행의 그림자가 들어설 수 있겠는가. 의식주 걱정은 안 해도 될 만한 가정인데 화평스럽지 못하다면 ⊕나누기가 어느 정도 되고 있는가 보라. 그것이 되고 있지 않음을 알 수 있을 것이다.

참으로 중대한 주제이다. 이 점에 자각이 없고서는 가정 천국, 공동체 평화는 기대하기 어려우리라. 혹여, ⊖표현은 안 해야 하느냐고 의문을 가질지 모르겠다. ⊕표현 풍토가 조성이 된 만큼 ⊖표현도 그 의미가 크게 살아날 것이다. ⊕표현 풍토 속에서는 ⊖는 절로 용해되겠지만 표현되더라도 ⊕화(化) 되어 버린다.

어떤 문화이든 그 가치를 느낄 때부터 개척되는 법이다. ⊕표현(나눔)의 필요성을 느낀다면 일단 조금씩 시도해 보는 것이 좋다. 그러노라면 조금씩 ⊕표현의 소재가 개척되고 재미가 더해지고 밝은 기운이 안팎으로 점점 더해진다. 보다 많은 사람이 ⊕나눔의 가치를 자각한다면 ⊕표현은 문화적으로 토대가 잡혀가고, 세상의 어두움을 삼켜버리는 빛의 원천이 될 것이다.(여담이지만 우리 승가 공동체에 이 ⊕표현 문화를 정착시킨다면 참으로 믿을 만한 세상의 귀의처가 될 것으로 확신한다.)

혹시 ⊕표현이 인생에 있어 극히 지말(枝末)적인 일로 생각되고 보다 근본(根本)적인 일이 있지 않겠느냐고 생각할지 모르겠다. 물론 그럴 수 있다. 본말(本末)은 주관적이고 상황적이다. 그러나 ⊕표현 문화는, 어느 정도만 실험해 본다면 결코 지말적인 일이 아님을 느끼게 될 줄 안다. 길은 있는데 사람이 걷지 않을 뿐이다.

행복으로 통하는 문은 도처에 있다. 발견을 못해서 못 걷고 발견했더라도 게을러서 못 걷는다. 그러나 안타까워 할 일이 아니다. 자각한 자들이 그 문화를 정착시켜 가면 될 뿐이다.

평생 남의 돈만 셀 것인가

느낌에 관심을 가지고 그것을 느껴보고 표현하는 이 일은 첫 출발을 할 때는 진주알 서너개 주워 오리라 예상했다가 돌아올 때는 황금산을 끌고 오는 것 같은 횡재적인 작업이다.

⊕표현 생활을 하다 보면 점점 ⊕느낌 영역이 넓어진다. 미세 ⊕와 자연스런 ⊕와 의지 ⊕와 살리는 ⊕ 등이다. 꽃을 봐도 덤덤하던 사람이 풀 한 포기에 신비감을 느끼고 삼라만상 곳곳에서 섬세한 느낌을 받게 된다. 흐르는 물소리에, 내리는 빗소리에서, 문틈으로 들어오는 한 줄기 바람에서, 사람들의 눈길에서, 발견되는 주차 공간에서, 백화점 쇼핑에서, 어머니의 간단한 말씨에서, 아버지의 투박한 구두 발자국 소리에서, 친구의 전화 목소리에서⋯⋯ 은밀한 행복을 느끼게 된다.

이러한 미세한 ⊕를 느끼고 나누는 생활이 될 때 사람끼리 만나는 공동체 사회는 드디어 밝음의 탄력을 얻게 될 것이다. 그것은 관념적인 것에서도 마찬가지다. 성자의 말씀이 머리에서만 놀던 것이 가슴으로 느껴지게 된다. 많은 불교인(종교인)이 관념 불교에 빠져 있는 중대한 이유 하나도 바로 ⊕느낌(가슴)이 깨어나지 못하기 때문이다. 제행무상(諸行無常)・제법무아(諸法無我)가 수긍될 때 가슴에 흐르는 느낌을 봐야 한다.

제법이 무아임을 수긍했다면 트인 기분을 체험해야 한다. 이 트인 기분이 체험되지 않는 일체의 금구 성언(金口聖言)은 관념이요 사구(死句)이다. 활구(活句)냐 사구냐 하는 것은 말씀에 있지 않고 그것을 느낌으로 체험하느냐 못하느냐에 있다. 그 트인 기분(자유로움)을 느끼기 시작할 때 제행무상이니 제법무아이니 하던 딱딱한 진리들은 그 권좌를 떠나 유연한 방편으로, 인위(因位)로, 뗏목으로 내려앉고 과위(果位)인 트인 기분이 활구(活句)로 현전하게 된다. 많은 불교인이 이 말을 유념했으면 한

다. 중대한 기로이다. 평생 남의 돈을 세는 허무함이 끝나고 신천지가 열릴지도 모른다.

　무수한 ⊕느낌(三受 중 樂受)이 자연발생적으로 일어난다. 그 자연발생적인 ⊕느낌을 표현하는 삶이 되어야 한다는 것, 특히 미세 ⊕를 소중히 느끼며 표현해야 한다는 것을 이야기해 왔다. 많은 불교인(종교인)이 어리둥절하게 느낄지 모르겠다. 어리둥절할 만큼 가까운 곳에 소중한 길을 두고도 발견하지도 못했고 걷지도 않았다. 정말 많은 공동체에서 이 실험을 해 보았으면 한다.

　그런데 자연발생적인 ⊕가 아닌, 의지적·인위적 ⊕영역이 있다. 좀 의아해할지 모르겠으나 대단히 중요한 일이다. 사람의 의식은 타성에 젖는 버릇이 있어서 부모에 대한 감사함, 남편·아내에 대한 감사함 등 무수한 감사거리가 있는데 그것을 잊고 산다. 이미 있고(旣存) 이미 이룬 것(旣成)에 대한 둔감화 현상이다.

살리는 말

기존・기성(旣存・旣成)에 대한 둔감은 인간이 갖고 있는 최대의 병폐 중 하나다. 나는 그것을 악성 사수(惡性捨受)라고 이름붙여 본다. 기존・기성에 대한 감사(知足)를 모르는 악성 사수는 사람 속의 부정 시각을 부추겨 긍정적 삶의 활로를 차단해 버린다. ⊕표현 생활이 그 악성 사수의 장막을 걷어내는 길이지만, 의지 ⊕를 증장・표현하는 생활에 이르러 의식에 혁명적인 전환을 가져온다.

하루에 15분 정도만 공을 들여 자신의 정신이 건재함에 대해, 신체의 곳곳에 대해, 자녀들에 대해, 남편・아내에 대해, 소유하고 있는 가구들, 삼라만상, 태양계・은하계의 질서에 대해 감사하는 명상(知足 瞑想)을 일주일 정도만 해 보라. 아마 일주일 후에는 존재하는 모든 것에 대해 훈훈한 행복감을 느끼게 될 것이다. 불교의 여러 관법들이 바로 의지 ⊕를 증장하는 작업이다. 내가 주최하는 수련회 과정에서 만(滿) 2일 간이나 의지 ⊕명상 작업을 수련시키는 것은 그만한 이유가 있다. 부처님의 지족 최부(知足最富)라는 말씀에서 행복문을 열 수 있다는 우뢰와 같은 웅변들을 들을 수 있어야 한다.

끝으로 '살리는 말'에 유념하자. 지금까지 말씀드린 것 중에 이미 중복되어 있겠지만 사람을 '살리는 말'이라는 말에 유념해야 살리는 말들이 개발될 것이므로 별도로 강조한다. 다시 표현한다면 이웃을 살릴 수 있는 마음이 내 속에 있는데 그것을 표현하지 않고 마음 안에 묶어 둔다는 것은 공연한 부도(不渡)이다.

"김형은 참 진실해요" 한 마디가 평생을 격려할 수가 있고, "자네 IQ가 높군" 한 마디에 나락에서 일어설 수 있으며, "난 네가 좋아" 한 마디로 종일 행복할 수 있다. 서로서로 살리는 언어를 교류할 때 가정·직장·사회·세상은 축제의 공동체가 되리라. 크게 유념할 일은, 마음에 없는 것을 살릴 목적으로 표현한다면 아부요 거짓이라는 점이다. 있는 진실로도 충분한데 거짓말을 동원해서까지 세상 좋게 하자는 것은 위험한 일이다.

평생 무수히 하고 살아야 할 '말', 잘 갈고 닦자. 해야 할 말은 하고 안 해야 할 말 안하는 것이 갈고 닦는 길이다. 무슨 말을 해야 할 것인가. 해야할 말 많겠지만 ⊕표현과 받아주기 표현이 제일(?) 중요하다.

요번에는 ⊕표현에 대해서 논의해 보았다. 우연하게도 이 글은 긍정 표현이 세상을 살리는 길이라는 신념으로 살고 있는 콜로라도 에미서리(Emissary) 공동체에서 씌어졌다. 박유진 씨 통역으로 공동체 사람들과 동사섭 법회를 갖게 되었다.

몇주일 내린 비로 콜로라도 러브랜드의 산천 초목은 싱싱하기만 하다. 유월의 하늘이 유난히 파랗다. 나의 의지⊕ 메이커 1호인 "마음은 허공과 같을새…"가 어울리는 날이다.

바른말 바라밀 3

받아주기의 여러 가지 예

공동체 평화의 결정적인 열쇠는 ⊕표현과 받아주기라 했고 앞에서 ⊕표현에 대하여 논의했다.

받아주기(받기)란 무엇인가? 표현에 대한 반응이 받아주기이다. "야호!"하면 "야호!"하고 산울림이 되돌아오듯, 이름을 부르면 "예!"하고 대답하듯, 표현에 대하여 반응을 보이는 것이 받아주기(받기)이다.

사회적 욕구 충족과 받아주기

노래를 듣고 박수를 보내는 것이 순리(順理)이듯, 상대방이 표현을 했으니 그것을 받아주는 것은 역시 순리이다. 그런데 이 순리가 부재함이 이 세상인 듯하다. 서로 노래꾼이 되고자 할 뿐 박수꾼은 되고자 하지 않는다.

다시 말해서 세상 사람의 정서 구조가 표현 에너지는 강한데, 받기 에너지는 약하다는 말이다. 이 글을 읽고 있는 독자 당신은 어떠한가? 친구와 이야기 자리를 가질 때, 말을 하고 싶어하는 욕구와 상대방 말을 경청하고 싶은 욕구는 몇 대 몇 쯤 되는가? 둘이서 한 시간 이야기 시간을 갖는데 혼자 삼사십 분 이상의 시간을 지껄여대면서도 그것을 당연하게 여기고 있지는 않은가? 표현하고 싶은 욕구 때문에 상대방 이야기가 귀에 들어오지 않는 경우는 없는가. 상대방 이야기를 들은 다음 그 이야기에 적절한 반응을 보이지 못하고 안절부절하고 있지는 않는가?

가족이나 이웃 친지들의 언어적 혹은 비(非)언어적 표현에 대하여 당신은 얼마나 관심을 기울이고 있으며 얼마나 적절하게 관심을 표현하고 사는가? '나는 공부인이야' 하는 명분으로 가족·친지의 삶의 애환(哀歡)에 무감각하고 있지는 않는가?

공부인입네 하는 분들은 어떤 자각이 있어야 한다. 어느 찻집에서 있었던 일이다. 선도(仙道)하는 거사, 그리고 모 대학 교수, 이렇게 셋이서 이야기를 나누게 되었다. 그 교수는 장인·장모를 모시고 처가살이를 하는 과정에 적지 않은 고초를 당하고 있다는 푸념을 한참 털어 놓았다. 우리 다른 두 사람은 어떤 메아리를 보내어 그 교수를 위로했어야 한다. 그런데 그 선도 거사는 의아할 만큼 담담한 침묵으로 일관하고 있었다.

며칠이 지난 어느 날 그 선도 거사에게 "그 교수님의 푸념 시간에 무엇을 하고 있었느냐"고 물으니까, "이야기를 들으며 단전 호흡을 하고 있었다"고 한다. 대화에 대한 어떤 자각이나 터득이 없다면 그럴 수도 있으리라 이해는 되지만 좀 심하다 싶었다. 마음공부 한다는 사람들이 어떤 눈뜸이 없다면 삶의 현장에서 그런 식의 국면을 빈번히 연출해 낼 것이다.

인간은 관심의 대상이 되고 싶은 존재이다. 즉 사랑 받고 싶고, 인정받고 싶고, 존중받고 싶고, 이해받고 싶어한다. 이 사회적 욕구가 성취되지 않는 사람은 정신적 성장이 이루어지기 어렵다. 서로서로 이러한 사회적 욕구를 성취시켜주고 성취받는 관계가 될 때 세상은 건실한 토대 위에 서게 될 것이다. 받기(받아주기)는 바로 이 사회적 욕구를 피차간에 성취하는 중대한 행위이다.

지음자(知音者) '종자기'가 죽자 '백아'는 거문고 줄을 끊었다. 명인은 자신의 지고한 경지를 알아주는 자가 있을 때 행복하다. 일고수(一鼓手) 이명창(二名唱)이라지 않는가. 고비마다 소리의 수준을 알아 추임새(받기)를 보내주는 고수(鼓手)의 받아주기 역할이 없이는 열두 고비를 넘어 명창이 될 수 없다 한다. 뼈마디가 욱신거릴 정도의 노고도 "고생이 너무 많제?"하는 남편의 받기(이해) 표현 한 마디로 녹아날 수 있다.

대화의 자리는 수도의 장

받기는 상대방을 살리는 역할이자 자기 자신을 살리는 역할이기도 하다. 나로부터 받기의 대상이 되었던 상대방은 언젠가는 나를 받아줄 것이다. 그것은 복을 지으면 복을 받게 되는 원리이다.

여러 나라 학자들이 참여한 국제 세미나가 있었다. A학자의 발표를 듣고 벨기에의 모 학자가 "당신의 발표 ○○부분에 대해서 감동했습니다"라고 간단한 소감을 전했다(받기). A학자는 그 소감에 대해 "감사합니다" 했다.

세월이 좀 지난 어느 날 그 벨기에 학자는 국제 전화를 받았다. 세미나장에서 간단히 교류했던 A박사였다. A박사는 중동의 모 석유 국가 왕자였다. A박사로부터 "당신 석유 장사 한 번 해 보시오"라는 제의를 받고, 가장 싼값으로 석유를 수입해 그는 벨기에의 재벌이 되었다.

"당신 발표의 ○○부분에 감동했습니다"라는 간단한 추임새(받기)는 왕자 박사를 기쁘게 했고, 왕자는 그 찬탄 받음에 대한 보은으로 "저 친구 재벌을 만들어 주어야지" 하고 결심했다. "말 한 마디로 천냥 빚 갚는다"는 속담의 구체적인 예화이다. 이러한 극단적인 일은 희귀하겠지만 복을 지으면 복을 받는다는 원리는 크고 작은 무수한 현실로 드러난다.

받기가 자기를 살리는 길이 되는 예는 많겠지만 도학적 무위(無爲)를 성취하는 데에도 받아주기는 큰 방편이 된다. 다음에 논의될 몇 가지 예시에서 받기가 상대방만 살리는 것이 아니라 받아주는 자신까지 살리는 길이라는 것을 보다 극명하게 이해하리라 본다.

다음 예시된 상황들에 봉착했다면 당신은 어떻게 받아주기를 하겠는가?

(1) 중학생인 당신의 따님이 우울한 모습으로 집에 들어오고 있는 상황: "이 좋은 여름날 왜 우거지상으로 기어들어 오느냐?"라고 신경질 내는 부모는 아니기 바란다.

(2) 당신의 남편이 귀가하여, "집안 꼴이 왜 요모양이냐?"고 화를 내는 상황. "누구는 집에서 놀고만 있는 줄 아시오?" 한다면 이것은 받아주기 반대인 되치기이다.

(3) 당신의 친지 한 사람이, "나는 열 살에 양친이 돌아가셨고, 친척집을 전전하며 자라났고, 고학으로 대학을 나왔지만 취업의 길이 여의치 않아 안정된 일을 못하고 뜨내기 돈벌이를 하고 있다"고 한다면 어떻게 받아 주겠는가? "모든 것은 인과(因果)이니 숙세의 업장부터 참회하라"고 충고하는 살인적 되치기를 하는 무모한 사람은 아닐 줄 믿는다.

(4) 당신의 친구가 "내 딸이 서울대에 합격했다"고 기뻐하는 상황. "세상에는 3류 대학도 못 가는 애들이 많으니 좀 자숙하고 있으라"고 찬물을 끼얹어 버리는 매몰찬 당신이 아니기를 바란다.

(5) 당신이 쓴 글을 읽어 본 선배로부터 "네 글 읽고 감동 받았다"고 칭찬을 받은 상황. "아이고, 왜 그러세요, 쑥스럽게……" 식으로 안절부절하지는 않으리라 믿는다.

(6) 당신보다 20년이나 연장자인 선배가 "참으로, 인욕이란 성공의 어머니야" 한 상황. "정말 그렇습니다. 인욕 없이는 성공을 기대할 수 없죠" 식으로 선배의 연륜을 무시해 버리는 건방진 대응을 하지는 않는지?

(7) 당신의 친지가 당신에게 "귀하는 대화의 장에서 너무 과묵하게 말 없이 있곤 하니까 좀 답답합니다"하고 지적해 온 경우. "당신은 말이 너무 많아 탈이야" 식의 되치기로 당혹감을 안겨 주지는 않는지?

이런 식으로 무수한 예를 상상해 볼 수 있다.

다음을 읽어가기 전에 위에 예시된 일곱 가지 표현에 대한 받기의 모범 문장을 만들어 보기바란다.

말의 아름다움

말이란 마음의 언어화이다. 따라서 말이 마음을 추월할 때 거짓말이 된다. 그러므로 말이 좋기 위해서는 먼저 마음이 바뀌어야 한다. 따라서 바른말(正語) 바라밀이란 현재 수준만큼의 마음을 가장 적절히 표현해 보는 노력의 과정이다.

정어(正語)에 대하여 관심 기울이다 보면 언어 자체의 적절성은 물론이요, 언어 이전의 태도(마음 가짐)가 학습됨을 알 수 있다.

대충 떠오르는 대로 정리해 본다면, 상대방을 부처로(불성을 가진 존재로) 영접하는 것이 좋다. 나를 없애고 상대방 입장에 서는 것이 좋다. 경청할 것, 표현에 담긴 의미와 의중, 그리고 감정을 감지하여 이들을 되돌려 줄 것, 적절한 부수적인 말로 받기의 적절도를 높일 것 등이다.

이러한 태도와 방법론을 바탕으로 위에 예시된 상황에 대하여 받기의 모범 문장을 만들어 보자.

(1) 우울하게 들어오는 따님에게……. 주스 한 잔이라도 권하면서 "우리 공주님이 좀 불편해 보이는데 아빠(엄마)랑 이야기 좀 할 수 있겠니?" 정도면 어떨까.

(2) 집안 꼴 말이 아니라고 신경질 내는 남편에게. "사정이 있어 집안 정리를 미처 못했는데, 미안해요" 식으로 대응하면서 남편의 낌새를 살핀 다음, "당신 마음이 불편해 보이는데 무슨 일이 있었어요?" 식으로 남편의 기분에 관심을 기울인다.

(3) 이 경우는 한 사람의 아픈 반 생애가 담겨 있는 이야기다. 아픔의 진폭이 클수록, 그 역사가 길수록, 받아주기도 보다 진지하고 은근하게, 말보다는 마음으로 접근함이 좋다.

"열 살에 양친을 사별하고 고아로 이집저집 전전했다면 그 고초가 장세월 이만저만이 아니었을 텐데, 당신의 암울했을 과거를 어떻게 위로해 드려야 할지 모르겠습니다. 또한 고학으로 대학을 다녔고 현재까지 안정된 직업을 갖지 못하고 있다 하시니 참으로 많은 날 우울하셨겠습니다.

그러나 그런 악조건 속에서도 대학을 나오셨고, 지금 이만큼 버티고 있으시니 가히 장한 일이라 하지 않을 수 없습니다. 쥐구멍에도 볕들 날이 있듯이 당신의 어려웠던 과거는 끝내 큰 의미로 부상할 날이 있으리라 믿습니다. 나도 당신의 미래에 어떤 도움을 줄 수 있는 길벗이 되기를 희망합니다"식으로 받아주면 어떨까?

(4) 친구가 자기 딸 명문 대학 합격을 기뻐하는 상황. 순간 질투가 일어날 수도 있다. 그러나, '이때 나의 최선은?' 하고 명상적으로 생각해 보면 미성숙한 마음을 뚫고 보다 건강한 생각과 느낌이 일어날 수 있는 것이 인간의 마음이다. 나를 떠나 친구의 입장으로 들어가 본다. '오죽 기쁘겠나, 내 자녀가 명문대에 합격하고 유명 회사에 들어갈 때 주변 사람들이 진정으로 기뻐해 주고 축하해 준다면 얼마나 좋겠는가.' 이쯤 생각이 전개되면 처음 일어났던 저급한 심리는 밀려나고 선선하게 "아! 그랬는가? 대단히 기쁘겠네. 나도 기쁘네, 축하하네"식으로 받아줄 수 있을 것이다.

(5) 칭찬받으면 쑥스러워 어쩔 줄 모르는 사람들이 많다. 평소 주고받는 표현 학습이 안 되어 있으면 그러하기 마련이다. 누가 칭찬을 해 오면 칭찬하는 분(話者) 속으로 들어가 보는 것이다. 그러면 자연히 상대를 바라보고 이해하는 데에 에너지가 쓰여지므로 자신의 감정은 완화된다.

따라서 "감사합니다. 만족스럽지 못한 작품이라 생각하는데 좋게 평가해 주시니 참 기쁘네요. 선배님 칭찬을 큰 격려로 받아들이고 보다 좋은 글을 써 보겠습니다. 감사합니다"하고 받아줄 만한 여유가 생긴다. 상대방 말을 밀쳐내지도 않고 감사히 맞아줌이 되고 나의 기쁨·감사함 등이 잘 드러나 피차 훈훈한 기분이 번질 것이다.

(6) 선배들로부터 오랜 세월을 통한 체험에서 우러나오는 지혜의 말씀을 듣는 경우가 있다. 예시된 대로 20년 연장자인 대 선배가 "정말, 인욕이란 성공의 어머니야!" 했다면 나보다 20년이나 더 경험을 해 본 말씀이니, 나 역시 꼭 같은 말을 했다 해도, 그 말에 서려 있는 기운의 깊이는 큰 차이가 있을 수 있다.

그러므로 "정말 그래요!"하고 맞장구치는 것은 맞지도 않고 결례가 되는 법이다. 따라서, "선생님의 세월이 담긴 체험의 깊이를 따를 수 있겠습니까마는 저도 일의 성공에 인욕의 불가결성을 생각해 보곤 합니다" 식으로 표현한다면, 자신의 신념을 나타냄은 물론, 대 선배를 높게 대접하고 자신의 겸허한 덕성이 드러나게 되니 서로 사이에 훈훈한 사랑이 감도는 자리가 될 것이다.

중대한 인격의 척도

(7) 제일 받기 어려운 경우는 대체로 나에게 오는 지적[충고]이 있을 때이다. 이런 경우 무수한 사람이 동물적으로 반응한다. 동물은 자기 본위로 산다.

사람은 자기 본위로 이기적인 모습을 드러낼 때 제일 추하게 보이는 법이다. 공격을 받지 않을 때는 동물도 여유를 보인다. 공격을 받으면 사람도 여유를 잃고 자기 보호 본능에 사로잡혀 변명·주장·저항·반격 등 동물적인 추한 모습을 드러낸다. 나의 결함을 지적하고 들어오는 경우에 잘 받아줄 수 있어야 믿음 가는 인격이 될 수 있다.

지적(指摘)을 잘 수용할 수 있는 극히 좋은 방편이 하나 있다. 그것은 화자(話者)에 집중하는 힘을 기르는 것이다. 즉 상대가 나에게 욕을 한다면 내가 해야 할 최우선적인 것은 동물적 반응이 아니라 욕을 하는 상대방의 마음에 관심을 두고 '욕을 하는구나, 욕을 할 만한 어떤 사정이 있겠지……' 식으로 상대를 바라보고 이해해 들어가는 것이다.

이는 상대를 위함은 물론 자신의 마음 평정을 위해 결정적으로 중요한 방편이 된다. 이런 자세로 (7)번의 경우를 대한다면 "아, 표현 않고 묵묵히 있는 내 모습을 보고 답답하셨군요. 그 답답했을 마음이 이해가 됩니다. 당신의 그런 지적을 거울 삼아 앞으로 답답한 모습으로 비치지 않도록 노력하겠습니다. 그런 지적을 해 주기가 쉽지 않는 법인데 충고 주셔서 감사합니다" 식으로 해 보면 어떨까?

예시된 표현들에 대한 모범 받아주기를 대충 정리해 보았다. 물론 상황에 따라 보다 적절한 받기 표현이 가능하다. 거듭 말하거니와 평생 하고 살 말이니 좀 더 갈고 닦음으로써 인간 관계가 보다 개선되고, 개선된 인간 관계가 개인 수도에 조도(助道)로 다가오도록 하자. 그보다, 바른말 바라밀은 관계 개선 이전에 벌써 각 개인의 내적인 수도 방편이 되니 더욱 중요한 일이다.

어떤 주제를 다루든지 제법(諸法)이 공(空)하다는 사실에 깨어 있어야 한다. 바른말(正語) 바라밀 역시 자리 이인(自利利人)의 방편으로 활용하되 말 또한 공하다는 자각을 소홀히 해서는 안 된다는 것을 노파심으로 덧붙인다.

대승(大乘)의 꽃, 보시(布施) 바라밀

 진리는 항상 평범한 곳에 숨쉬고 있다. 평범한 말씀 속에 진리는 갈무려져 있다. 평범한 것, 평범한 말씀을 소홀히 대한다면 진리는 모습을 드러내지 않는 법이다. 평범한 것 속에서, 평범한 말씀 속에서 진리를 발견하려면 명상해야 한다. 정사유(正思惟)·격물치지(格物致知)해야 한다.
 "베풀어라." 이 말씀 역시 진부하리만큼 평범한 말이다. 베푼다는 것, 준다는 것, 보시(布施)한다는 것, 좋은 줄 누구나 안다. 그러나 그 좋음을 깊게 알지 못한다. 그냥 피상적으로 안다. 그러므로 베푸는 삶을 잘 살지 못한다. 깊게 명상하지 않기 때문이다.

보시-평화의 밑거름

 원시불교의 실천 덕목은 단적으로 팔정도(八正道)였다고 보면 된다. 그런데 대승불교 시대에 들어와서 팔정도는 육바라밀(六波羅蜜)이라는 이름으로 그 실천 덕목이 재정립되었다. 나는 그 이유가 무엇일까 하고 한동안 사유해 봤다. 결론부터 말한다면 보시와 인욕(忍辱)의 덕목을 부각하기 위해서였다고 생각한다.

다른 네 가지 덕목(지계·정진·선정·지혜)은 팔정도에 그대로 혹은 더 선명히 드러나 있다. 혼자도 살 수 있었던 원시불교 시대의 단순 사회와는 달리, 더불어 살 수밖에 없는 대승불교 시대의 다원화 사회는 그 사회 상황에 부응하는 새로운 덕목을 요청하게 된 것이다.

물론 보시, 인욕 바라밀은 팔정도의 범주 밖에서 새로이 등장한 덕목이 아니다. 정어(正語)·정업(正業)·정념(正念) 등의 덕목에 포함되어 있으나 시대 상황의 요청에 따라 "주어라" "참아라" 하는 구체적인 이름을 달고 부각되어야 했다. 즉 한가한 농경 문화권에서 벗어나 상공업 등의 발달로 시장 경제 생활을 하지 않을 수 없는 현대로 내려올수록 보다 치열한 인간 관계가 형성되므로 베풂의 덕성과 참음의 덕성이 크게 요청된 것은 자명한 일이다.

"베풀어라. 하염없이 베풀어라." 이것은 윤리적인 선행(善行) 개념으로만 들릴지 모르나 종교적이고 도학적인 밀의(密意)가 들어 있는 최상 방편이요, 불 보살의 덕행(德行) 모습을 드러내는 과위(果位) 법문이다.

"보시하라. 베풀 명분만 있으면 아낌없이 주어라. 명분의 유무를 논하지 말고 하염없이 베풀어라." 이것이 뭇 성자들의 한결같은 교훈이다. 베푸는 그것이 세상의 행복에 기여하는 것이라면 조건 없이 주자. 주는 방법은 무수하다. 재보시(財布施)니 법보시(法布施)니 무외보시(無畏布施)니 하면서 베풂의 갈래를 따질 것 없다. 베풂 자체가 중요하다. 나의 존재가 세상을 유익하게 한다면 모든 것이 다 성스러운 보시이다. 얼마나 기쁜 일인가! 나의 존재, 나의 말 한 마디, 나의 행동 한 국면이 세상 사람(중생)의 행복·해탈에로 회향된다는 것이!

생활 불교인(人) 여러분은 얼마나 베풀고 사는가? 어떻게 베풀고 사는가? 반대로 당신의 존재가 주변에 부담과 불편과 불행을 주고 있지는 않는가? 생활 불교 어떻게 할 것인가? 답은 어렵지 않다. 나의 존재가 세상의 평화로움에 밑거름이 되게 하는 것이다. 곧 베푸는 것(보시)이다.

무엇을 보시할 것인가? 나의 재산, 나의 지식, 나의 기술, 나의 정성, 나의 사랑, 나의 생명, 나의 존재…… '나'로 수식되는 모든 것을 베푸는 것이다. 내가 가진 것, 내가 할 수 있는 것은 무엇이나 보시의 내용이 될 수 있다. 석존과 그 제자들은 인격 풍광과 진리 말씀을 무외보시(無畏布施)・법보시(法布施)했고 단월(신도)들은 의복・음식・의약 등을 재보시(財布施)했다. 사람마다 가진 것이 다르고 능력이 다를 것이니 자기에게 더 있는 것을 더 보시하는 것이다.

어떻게 보시할 것인가? 가장 이상(理想)적인 보시법을 말한다면 "집착하는 마음 없이 보시를 행하는 것(應無所住 行於布施『금강경』)"이다. 보시가 다만 사회학적인 윤리 차원을 말하는 것만이 아니라고 했는데 수긍이 되리라 본다. 즉 보시는 다만 이웃을 위하는 착함(善)만이 아니고 자신을 해탈시키는 길이 되는 것이다. 보시는 그것을 행함과 행함의 배경에 있는 태도에 의해 아집의 긴장을 풀고 무아의 해탈에 이르는 종교적·도학적(道學的)인 길이 된다는 말이다. 사랑이 구원의 조건이 된다고 하는 기독교의 가르침도 음미해 봄직하다.

아무튼 성불의 조건으로 보시 바라밀을 육바라밀의 벽두에 대서 특필한 대승 성자들의 지혜에 감탄하지 않을 수 없다. 또한 해탈 성자가 된 다음에 할 일은 세상을 향한 보시밖에 더할 일이 없을 것이니, 보시의 덕성은 깨달음으로 가는 인위(因位)의 방편이자, 깨달음의 결과인 과위(果位)요 구경(究竟)인 것이다.

생활 현장 전반이 보시 바라밀 장

자, 생활 불교! 보시부터 해 보자. 보시는 세상을 위함이라 했다. 세상을 거창하게 생각할 일은 아니다. 바로 서 있는 이 자리가 세상이요, 이 가정, 이 직장, 이 나라가 세상이다. 생활 현장 전반이 보시 바라밀의 장(場)이다. 집착하는 마음 없이 보시한다는 이상적인 보시에 집착할 일이 아니다. 우선 중요한 것은 일단 보시 행위 자체다.

돌려받을 것을 기대하고 베푸는 이기적인 보시도 안 하는 것보다는 나을 수 있고, 베푸는 것이 내게도 좋지 않겠느냐는 태도의 이기 이타 보시라면 더 낫고, 순수하게 상대방만을 위하는 마음으로 하는 보시라면 제법이요, 자타가 한 몸이라는 사상을 바탕에 두고 하는 일체(一體) 보시라면 우수하며, 무심(無心)히 삼륜(三輪 : 주는 자, 받는 자, 주고 받는 내용)이 공적(空寂)한 보시를 한다면 최선이다. 그러나 끝내 중요한 것은 크든 작든 보시 자체를 행하는 것이다.

밝은 미소로 식탁에 앉는다면, 그것은 가족들에게 평안함을 안겨주는 무외 보시다. 자녀에게 "우리 왕자님(공주님), 간밤에 좋은 꿈 꾸었니?"

인사한다. 역시 좋은 보시다. 운전 면허 시험을 앞두고 불안해 하는 아내에게 "잘 될거야"하고 등을 토닥여 준다. "좋은 아침!"하며 직장 동료나 부하 직원에게 인사를 한다. 동료의 업무를 도와준다. 퇴근길 버스 기사님께 감사 인사를 한다. 내 차 앞에 추월해 들어오는 차에게 공간을 열어준다. 행인의 짐을 들어준다. 덕담으로 주변 사람을 훈훈하게 해 준다. 꽃가게 앞을 지난다면 꽃 한 송이를 사들고 들어가 아내를, 아빠를 기쁘게 해준다. 아빠 구두를 닦아 드린다. 엄마 등을 주물러 피로를 풀어드린다. 고향에 있는 부모님께 편지를 쓴다. 전화로 부모님께, 친지들께 안부를 여쭙는다.

스님들 · 법사님들께 들은 법문을 가족들에게 전해 준다. 독서 중에 좋았던 귀절을 친지들과 나눈다. 제삿날 가족들이 모이면 기쁨 메이커가 되어 준다. 은혜를 입은 분께 감사 표현을 한다. 피해를 끼쳐드린 분께는 사죄 표현을 한다. 경우에 따라서는 큰 용단, 깊은 사려가 따르는 보시도 있을 것이다. 아무튼 이처럼 보시의 소재는 무한히 열려 있다.

이런 식으로 보시 바라밀을 행하다 보면 보시의 필요성을 더 깊게 깨달아가고, 보시하는 재미와 기쁨을 더 은밀하게 느끼게 되고, 보시 생활 자체가 곧 행복이로구나 하게 될 것이다.

가끔 세 가지 보시(물질적인 보시-財布施, 진리 말씀을 전해 주는 보시-法布施, 상대방을 기쁘고 평안하게 해 주는 보시-無畏布施) 중에서 어느 것이 제일 중요하냐는 질문을 받을 때가 있다. 상황에 따라 다를 것이므로 단적인 답을 내릴 수는 없지만, 세상이 전반적으로 성숙될수록 무외보시에로 회귀되리라 본다.(무외 보시에 대해서만 별도로 논의해 볼 기회가 있을지 모르겠다.)

그러나, 이 시대 이 시점에서는 재보시에 대하여 좀 더 유념토록 해야 할지 모르겠다. 물질 문명의 발달로 인해 크고 작은 모든 일이 재화(財

貨)를 통해 이루어지고 있기 때문이다. 자유 경제 사회에서 빚어지는 여러 문제들을 떠올려 볼 때에도 지상 천국의 대안인 육바라밀을 음미해 보게 되고, 특히 그 제1번인 보시 바라밀에 대하여 깊게 사유해 보게 된다.

사람은 자유롭기를 바라고 서로 평등하기를 바란다. 마찬가지로 경제적 자유와 경제적 평등도 우리 모두가 원하는 바이다. 그런데 이 두 상황은 양립하기 어려운 모순 상황이다. 이 모순 상황을 해결할 수 있는 확실한 것이 있다면, 그것은 결국 보시 바라밀 풍토이지 않을까 하고 생각해 본다.

사회 도처에서 볼 수 있는 소유 능력의 차이로 빚어지는 아픔들은 차치하고라도, 한 부모에게서 태어난 형제 자매들도 시집 장가간 다음 몇 년만 지나면 경제적 불평등에 의해 형제간에 위화감이 생기는 예는 적지 않다. 역시 보시 정신의 부족 때문이다.

보시 바라밀은 안으로는 구도의 방편이 되지만, 사회적으로는 정토(淨土)를 일구어내는 묘방(妙方)이 될 수 있다. 국가법으로 세금 제도를 만들고 종교법으로는 십일조이니 칠일조이니의 제도를 만들어 보시행을 돕는다. 좋은 일이요, 필요한 일이다. 그러나 최선은 보시 풍토에서 흘러나오는 자발성이 따르는 보시행이라야 한다.

보시 공덕의 아름다움

생활 불교 어떻게 할 것인가? 여러 가지 보시행으로 베풂의 향기를 일구어내는 것이다. 그 자연스런 연장 선상에서 재보시가 이루어진다면 자유주의 세상의 고질적인 위화감이 부드럽게 소멸돼 갈 것이다.

세상일이 문제 해결 차원에서 이룩된다면 그것은 거친 사회 운동이요, 정치 운동이다. 그것은 하나를 이루기 위해 둘·셋을 잃을 수 있다. 많은 부작용이 따르기 쉽다. 그러나 세상일이 보시 바라밀 차원에서 해결된다면 그것은 조용한 문화 혁명이요 종교 혁명이다. 봄기운이 심산(深山)의 빙설(冰雪)을 녹여내고 봄햇살이 백초의 움을 불러내듯, 보시 바라밀은 은밀히 세상의 탁류를 정화하되 상처를 남기지 않는다. 무연자비(無緣慈悲)가 그 극치요, 그 복덕의 크기를 헤아릴 수 없다는 무주상(無住相)보시가 또한 그 극치일 것이다(無住相布施 其福德 不可思量『金剛經』).

어떠한 실천 덕목이든지 그 덕목을 실천할 필요성(이유·가치성)이 뚜렷할 필요가 있다. 머무른 바 없는 보시(無住相布施)는 그 복됨이 생각으로 헤아릴 수 없을 만큼 크다(其福德 不可思量)는 식의 말씀은 밀의(密意)에 부쳐 놓더라도 우리의 사유 능력과 상상력으로 짐작할 수 있는 공덕들을 정리해 봐도 좋을 것이다.

첫째, 보시를 행하는 일은 과거(세)의 빚을 갚는 일이요, 미래를 위해 저축하는 일이 된다. 갚음이 되고 저축이 되는 사실을 과학적으로 증명해 보자고 나설 필요는 없다. 세상에 존재하는 모든 것, 일어나는 모든 사건, 인위적인 모든 행위에는 그것과 결부되는 인(因)과 과(果)가 중중(重重)하게 존재한다는 것은 누구나 안다. 보시라는 성스러운 행위에 따르는 바, 인과가 있을 것임은 자명하고 당연하다.

둘째, 보시는 탐심을 비롯한 번뇌 업장을 녹여낸다. 중생심의 본질이 욕심(貪)이요, 역사상에 나타난 무수한 죄악이 욕심으로부터 나왔다. 그렇다면 욕심을 제거할 수 있는 비방이 있어야 할 것이다. 그 좋은 비책이 베풂이다. 베풀어 보면 안다. 완고하고 빡빡하게 욕심으로 굳어 있던 마음이 유연하게 풀려나고, 이웃을 향하여 닫혀 있는 마음의 문이 열려져감을, 보시행을 해 가는 사람은 느끼게 된다. 보시는 욕심이 사라져 감

으로 해서 드러나는 결과이기도 하지만 욕심을 소멸하는 원인(요인)이 된다는 사실을 깨달아야 한다.

셋째, 보시를 좋아하면, 주변 사람들의 사랑과 인정과 존경을 받는다. 물론 받을 것을 목적으로 보시하자는 것은 아니지만 보시의 결과, 사회적으로 주변 사람들의 우호(友好) 대상이 된다는 것은 좋은 일이다. 사람은 타인들로부터 우호 대상이 되고자 하는 사회적 욕구가 있고, 이 욕구가 적절히 성취되어야 다음 단계의 여러 가지 구현이 가능한 법이다. 보시 공덕으로 손꼽지 않을 수 없는 부분이다.

넷째, 보시는 상대방을 기쁘게 한다. 지상 천국이란 기쁨이 있는 세상을 말한다. 나의 존재, 나의 행동이 세상의 한 모퉁이를 잠시라도 기쁘게 한다는 것은 좋은 일이 아닌가.

세상 도처에 주고받음의 순리(順理)가 자연스럽게 흐르고 흘러 따사로운 온정이 향기로 피어난다면 그것이 지상 천국의 조짐 아니겠는가.

다섯째, 보시는 성자 학습(聖者學習)이요, 만큼의 성자 모습을 드러냄이다. 성자가 무여열반(無餘涅槃)에 들지 않고 세상에 존재한다면, 그것은 세상에 대한 자비 때문이다. 그 자비가 용(用)으로 드러난 모습이 보시이다. 아직 해탈 성자가 되지 못한 중생이 보시를 행함은 성자가 되고자 하는 인위(因位)의 정진(精進)이기도 하지만 또한 그만큼의 성자적 삶을 사는 모습이다. 그 한 행동이 해탈을 향한 몸부림이자 해탈자의 몸짓이라면 그 한 행동의 미학적 가치는 어떠하겠는가.

끝으로, 보시를 행하면 바로 보시하는 자 스스로 기뻐진다. 즉 보시행을 하는 생활 자체가 행복한 삶이라는 의미이다. 아마 세상에 발을 붙였던 모든 사람은, 베풀었을 때 따르는 행복감을 다 체험해 봤을 것이다. 다만 인격적인 체득이 어려웠을 것이다. 그 이유는 보시의 필요성에 대한 자각이 부족했고 보시의 방법론을 어렵고 특수하게 생각했기 때문이라고 보면 어떨까 한다. 이 글을 통해 보시에 대한 자각과 방법론의 평이성에 어떤 귀띔이 되리라 믿는다.

생활 불교 어떻게 할 것인가? 베풂이다. 첫 출발은 이기적인 베풂이어도 좋다. 베풂에는 한계가 없다. 무한 베풂이다. 무한 보시라는 좌우명을 벽에 걸고 살아도 좋을 것이다. 그리하여 질(質)에 있어서는 집착하는 바 없는(無所住) 무심 공적(無心空寂)한 경지에 이르고, 그 양(量)에 있어서는 시방 법계에 이르지 않은 곳이 없게 하되, 무량겁을 쉬지 않아야 할 것이다.

겁에 질릴 필요는 없다. 천 리 길도 한 걸음부터이다. 방긋한 미소 한 커트에, "안녕하세요" 인사 한 마디에 보시는 시작되고 무한 보시의 마당은 열리는 것이다.

마음관리 1
마음공부는 왜 필요한가

생활 불교의 핵심 과제는 마음관리다. 물론 마음관리란 모든 불교의 핵심 과제요 모든 인간, 모든 문화의 기본 과제여야 한다. 생활 불교, 어떻게 할 것인가의 뒷부분을 마음관리 어떻게 할 것인가로 메꾸어 볼까 한다.

체계가 정연한 얘기도 듣는 사람 쪽에는 대체로 체계없이 단편적인 말의 집합으로 들리기 쉽다. 체계적으로 들렸다 해도 스스로의 가치관으로 체계화되기까지는 재통합의 과정을 거듭거듭 거쳐야 하는 법이다. 따라서 기승전결의 체계를 무시하고 그냥 떠오르는 대로 번호를 달아가며 논의할까 한다.

동기(動機)

배가 차서 더 먹고 싶은 마음이 없는 사람 앞에 놓인 진수성찬은 한갓 쓰레기에 불과하고, 배가 고파 음식을 찾고 있는 사람 앞에 놓인 밥 한 그릇은 그대로 진수성찬이다. 평생 마음공부와 마음공부 지도에 관심을 기울여 오면서 깨달음처럼 절감되고 있는 것은 동기의 중요성이다. 아들 명문 대학 보내고자 가정 교사를 붙여주고 사방 벽을 도서로 채워주더라도 아들에게 공부를 하고싶은 마음(동기)이 없으면 소용없는 일이다.

마음공부야말로 더욱 그러하다. 여타의 많은 일들은 한 만큼 결과가 눈앞에 나타난다. 그러므로 해봄직하다는 동기 유발이 된다. 그러나 마음공부 성과는 얼른 눈에 띄지 않으므로 마음공부를 하고 싶은 동기가 높아지기 어렵다.

나는 나의 마음공부 동기를 위해 다음과 같은 명상들을 해 본다.

(1) 나의 생명은 하늘 끝까지 자유로워지고 싶다고 절규하고 있다. 게으름은 내 생명의 절규를 외면하는 일이다.

(2) 죽어서 삼악도(三惡道)에 안 떨어진다는 보장이 없다.

(3) 마음관리, 혼 관리, 이것이 생의 마지막 사업이다.

(4) 마음은 마치 정원과 같다. 정원을 아름답게 다듬어가듯 마음이라는 뜰을 아름답게 가꾸어 간다는 것은 신나는 오락이다.

(5) 우주가 다 사라져도 사라지지 않는 하나의 실체가 있다면 그것은 이 마음일 것이다. 이 마음을 소재로 하여 무언가 만들어 본다는 것은 비밀스런 재미가 있다.

(6) 마음 밖에 부처가 없고 마음 밖에 천국이 없다고 하지 않던가! 이 부처를, 이 천국을 가꾸지 않고 관리하지 않는다면 중대한 책임 유기이다.

(7) 세상에 구경거리가 많지만 최고로 절묘한 구경거리가 하나 있으니 그것은 내 자신의 마음이다. 마음은 눈을 통해 무언가를 보고, 귀를 통해 들으며 기타 감각 기관을 통해 향(香)·미(味)·촉(觸)·법(法) 등을 각지(覺知)한다.

욕구라는 고슴도치가 있어 성취되지 않으면 불쾌(불행)라는 독가스를 뿜어내고 성취되면 유쾌(행복)라는 향기를 뿜어낸다. 고슴도치 자체가 사라지면 해탈이라는 청량한 바람이 분다.

의지(意志)라는 불도저가 있어서 온갖 목적을 향해 돌진하고, 신출귀몰하는 상상력이 있어서 우주를 모래알 속에 갈무리하고 티끌을 확대시켜 우주를 만든다. 한 마음이 천태만상(千態萬像)의 모습으로 드러나고 천변만화(千變萬化)의 조화를 부리고 있으니 참으로 이 마음은 신묘한 놈이다. 어떤 자는 그 마음을 소홀히 다루다가 지옥 속에서 아우성을 치는가 하면, 어떤 분은 그 마음 잘 다스려 독수리가 고공을 날듯 툭 트인 해탈을 산다.

(8) 공부길 안다는 것이 천재일우(千載一遇)요, 맹구우목(盲龜遇木)이라

하지 않던가. 천만 다행으로 마음공부 문화에 인연되었으니 만 겁에 쌓아온 업장을 이 한 생에 소탕해 보자.

(9) 일체유심조(一切唯心造)이다. 이 마음이 맑으면 맑은 세상을 만들고, 이 마음이 탁하면 탁한 세상을 만든다. 이 마음 하나 잘 가꾸는 것이 세상을 위한 중대한 자선이다.

(10) 백 겁으로 구름이 가리고 있더라도 태양은 변함 없이 빛나고 있듯, 이 마음이 백팔 번뇌로 시달리고 있더라도 마음 자체는 초차원(超次元)으로 빛나고 있다.

신심(信心)

화엄(華嚴) 사상에 사대(四大) 덕목(德目)이 있다. 신(信)·해(解)·행(行)·증(證)이 그것이다. 신(信:믿음), 무엇을 믿는단 말인가? 물론 불교에서의 믿음은 무량(無量)한 불조(佛祖)의 말씀에 대한 믿음이다. 그러나 극히 중요한 믿음 두어 개를 든다면, 첫째는 이 마음이 부처라는 사실을 믿는 것이요, 둘째는 이 마음 부처가 일체의 번뇌를 제껴내고 완전히 불광(佛光)으로 드러날 수 있다는 사실을 믿는 것이다. 비유컨대, 하늘이 구름으로 가리어 있을지라도 태양은 빛나고 있다는 사실, 구름을 제껴내면 태양볕이 천지에 드러날 수 있다는 것이다.

모름지기, 마음공부에는 이 두 가지 신심이 기초가 되어야 한다. 이 두 가지 신심 중에서 어느 하나가 누락되어도 안 된다. 『육조단경』(六祖壇經)에 있는 혜능(慧能)과 신수(神秀)의 두 게송을 떠올릴 필요가 있다.

선종(禪宗)의 제 5조(五祖) 홍인(弘忍)은 깨달음의 깊은 경지를 지어 보인 사람에게 보리달마(菩提達磨) 이래로 계승되어 온 가사와 법을 잇게 하고 제 6조로 삼겠다고 했다. 박학다식하던 신수가 나서서 게송을 짓는다.

몸은 보리수
마음은 맑은 거울 받침
때때로 부지런히 털고 닦아
먼지 끼는 일이 없게 하리라.

혜능은 다음 게송을 짓는다.

보리에는 원래 나무가 없고
맑은 거울에는 본래 받침이 없다
불성은 항상 청정한데
어느 곳에 먼지 낄까

이 두 게송의 조화로운 조합 속에 마음공부 길이 원융하게 열려질 수 있다.

평화로움

나는 늘 자신이나 주변 사람에게 "지금, 마음은 얼마나 평화로운가?"를 묵시(默示)적으로 묻곤 한다. 마음의 평화로움, 그것은 삶의 목적이라고 생각하기 때문이다. "안녕하세요? How are you?"라는 인사 문화가 왜 보편화되어 있는가를 사유해 봐도 좋을 것이다.

부처님이나 예수님 등 성자들은 1백 도 수위의 지고(至高)한 평화로움〔해탈〕을 사셨다고 보자. 즐거움과 괴로움이 반반(半半)인 수위를 50도 수위의 평화로움이라 해 보자. 당신은 지금 몇 도(度) 수위의 평화로움을 살고 있는가?

자신의 평화로움 정도를 순간순간 안으로 감지할 수 있다면 두 가지 중대한 공덕이 따를 것이다. 누림과 지향이니, 현재 만큼의 평화로움〔해탈〕을 누리는 공덕과, 보다 높은 평화로움을 향하여 지향 정진해 가는 공덕이다.

욕구와 해탈의 함수 관계

욕구가 좌절되면(좌절됐다고 생각하면) 불행〔⊖ : 苦受〕이요, 성취되면(성취됐다고 생각하면) 행복〔⊕ : 樂受〕이요, 욕구를 놓아버리면 해탈〔# : 捨受〕이다. 자신의 마음을 물건 담는 자루에 비유해서 그 마음 자루에 ⊖, ⊕, #가 각각 어떤 비율로 담겨져 있는가를 살펴볼 필요가 있다. 성자들은 욕구가 사라져 버렸을 터이니 성취니 좌절이니가 없을 것이다. 오직 #만이 꽉 차 있어서 투욱 트인 기분으로만 살 것이다.

느낌〔기분, 감정, 정서〕

기분! 기분〔감정, 정서〕에 눈떠야 한다. 사람은 누구나 행복을 지향한다. 행복이란 무엇인가? 좋은 감정, 좋은 기분이다. 세상 무슨 일이나 행복하

자고(기분 좋자고) 한다. 기분(감정, 정서, 느낌)을 고려하지 않는 행동은 맹목(盲目)이다. 마음관리 또한 행복하기 위해, 기분 좋기 위해 마음을 요모조모 다스리는 과정이다. 마음을 다스리지 않아도 기분만 좋으면 되지 않겠느냐고 생각할지 모르나 마음을 다스리지 않는 여타의 방법으로는 기분 수위(水位)를 지극한 평화로움에로 끌어 올릴 수 없고, 좋은 기분을 시간적으로 지속시킬 수가 없다.

오늘날 많은 종교들이 관념주의에 떨어져 있는 가장 큰 이유가 기분에 대한 어떤 자각들이 되어 있지 않기 때문이다. 부처님이나 하나님에 대하여 지적인 작업만 하고 있을 때 종교는 관념주의를 면치 못한다. 부처님·하나님을 믿을 때 어떤 기분(감정)인가 하고 접근하면 관념 종교에서 벗어나 체험 종교, 사는 종교로 전환할 수 있다.

삼법인(三法印 : 제행무상, 제법무아, 열반적정)은 만고의 진리라 한다. 무상(無常)에 대해 갑론 을박으로 지적 토론을 하는 것은 학문적으로 의미가 있을 뿐이다. 무상·무아를 관조할 때 어떤 기분이 따르는가에 관심 둘 때에야 종교로서, 도학(道學)으로서 의미를 갖게 된다. 무상·무아가 진리이기 때문에 중요하기보다는 그것들로 인해 집착이 놓여 마음이, 기분이 툭 트여 시원한 희열을 체험하기 때문이다. 중대한 이야기이다.

나의 경우, 인간의 모든 행위와 기분(感情) 사이의 함수 관계에 눈뜸으로써 내 의식의 발달사에 새 지평을 열었고 관념 불교에서 깨끗이 벗어나 체험 불교, 활불교로 전환할 수 있었다. 부처님, 부처님 할 때 기분이 상해 버린다면 아무도 부처를 찾지 않을 것이요, 진리 한 톨 두 톨 터득할 때마다 기분이 상한다면 역시 진리 찾을 자 없을 것이다.

기분과 진리 중 어떤 것이 목적인가? 불문가지(不問可知)이다. 기분이 목적이다. 욕구가 좌절되면 기분이 상한다. 욕구가 성취되면 기분이 좋다. 그래서 욕구 성취를 지향하는 문화가 꾸준히 발달해 왔다. 그러나 욕구 성취란 무상하고 기약할 수 없음을 누구나 안다. 여기에서 종교적 천재들은 새로운 실험을 해 보았다. 욕구 자체를 버려보는 실험이었다. 그 실험 결과 우리의 마음을 지극히 평화로운 기분으로 성숙시킬 수 있는 문화를 구축하기에 이른 것이다. 즉 욕구를 놓음(放下)으로써 마음은 지극한 기분으로 현전하여 일체의 것에 걸림 없이 자유롭고 환희롭고 자비롭고 자재로워진 것이다. 욕구는 어떻게 놓을 것인가? 진리를 깨달아야 한다. 진리를 깨달으면 욕구가 놓이고, 욕구가 놓이면 기분이 좋아진다. 곧, 진리는 좋은 기분을 위한 수단이다.

나는 한때, 해탈이란 감정이 없는 어떤 상태라고 생각한 나머지 인간적인 일체의 마음을 부정(不淨)하다고 흑백적으로 부인했었다. 석가모니나 도인들은 바늘에 찔려도 아프지 않고 제자들이 죄를 짓거나 깨달음을 얻어도 안타까워하거나 기뻐하지 않는다고 믿었다. 성자라고 할지라도 감정의 순화가 있을지언정 감정 자체가 사라지는 것은 아니라는 직관을 맞이하고서 지옥에서 해탈까지를 이분법(二分法)이 아닌, 점층적 무한분법(漸層的無限分法)으로 통합할 수 있었다. 지금 이 마음이 바로 불성 자체요, 지금 이 마음의 이 기분이 바로 그만큼의 해탈임을 의심하지 않는다.

삶의 두 가지 축(軸)

역사를 이끌어가는 두 가지 축이 있다. 하나는 앎이요, 다른 하나는 그 실천이다. 지행합일(知行合一)이다. 특히 불교에서는 지목행족(智目行足), 돈오점수(頓悟漸修), 선오후수(先悟後修), 정혜쌍수(定慧雙修) 등등 두 가지 축을 꾸준히 거론하고 강조한다. 눈을 뜨고 보니 앞길이 보인다, 길이 보이니 그 길을 걸어간다. 삶의 원리를 안다, 알았으니 그 원리를 잘 활용하며 산다.

우리들 마음공부인들은 팔정도·삼학·육바라밀 등을 잘 이해하고, 그것을 잘 실천한다. 모두 그 두 가지 축 놀음이다.

이 두 축은 수레의 두 바퀴와 같다. 어느 하나가 없어도 되지 않는다. 어느 것이 더 중요할까? 다 중요하다. 오직 경우에 따라 강조가 달라질 뿐이다. 잘 깨닫지만 실천이 부족한 자에게는 실천이 중요함을 더 강조해야 하고, 실천력은 강하지만 깨달음이 약한 자에게는 앎의 중요성을 더 강조해야 할 뿐이다.

그러나 이 시대는, 앎은 풍부하나 실천이 부족한 것이 대세를 이루고 있지 않나 여겨진다. "길은 있다. 걷지 않을 뿐이다"라는 말을 나는 자주 써본다.

그러나 끝내는 "앎이 선명하다면 어찌 실천이 안 따를까 보냐"고 왕양명(王陽明)은 말할 것이요, "깨달음이 없는 닦음은 모래를 삶아 밥을 지으려는 것과 같다"고 원효(元曉) 스님은 경고하실 것이다.

아무튼, 오(悟)와 수(修)는 필수 불가결의 양대(兩大) 축이다.

다음부터는 내가 5박 6일 과정으로 148여 회 개최해 온 동사섭 법회에서 수련시키고 있는 프로그램 마음관리 방법론을 구체적으로 소개하고자 하지만, 그것을 얼마나 잘 실천하며 체득한 바 공덕이 어느 정도일지는 나도 모르겠다. "중생을 이롭게 하고자 허공 가득히 보배비가 쏟아지고 있지만, 중생들은 자신들의 그릇만큼만 이익을 얻는다"는 의상 조사의 법성게(法性偈)가 떠오른다.

지식의 홍수 속에서 살고 있는 이 시대 사람들이 자신이 알고 있는 것만을 잘 실천한다면 누가 불보살이 될 수 없으랴 하고 늘 생각해본다.

아무튼 지행합일이요 오수일여라야 한다. 오(悟)는 수(修)를 통해 여물어가고 수는 오를 통해 빛을 발한다. 역사를 이끌어가고 있는 이 양대 축이 그대로 우리들의 마음관리에 실질적인 기틀이 되었으면 한다.

마음관리 2
마음관리, 어떻게 할 것인가

"마음관리 어떻게 할 것인가?"라고 누가 묻는다면 많은 사람이 막연한 느낌이 들 줄 안다. 그렇지만 이 주제로 어느 정도 정사유(正思惟)와 정정진(正精進)을 해온 사람이라면 자기 나름의 확신에 찬 답이 있을 것이다. 필자 역시 나름의 답이 있다.

마음관리의 목적지는 지극히 평화로운 정서 상태를 체험하면서 사는 경지이다(물론 이러한 경지는 세상에 대한 자비로움과 자비가 드러나는 행동이 따를 것임은 당연하다). ⊖정서 상태보다는 ⊕정서 상태가 좋고, ⊕보다는 ♯(초월) 정서 상태가 좋고, ♯도 지극한 ♯정서 상태를 가능한 한 긴 세월 체험하고 사는 경지가 마음관리(수도, 마음공부)의 목적이다. 그것도 자기 자신만으로 그치는 것이 아니고 우리 모두 중생이 그런 경지에 이르는 것이다. 그것을 위해 전 인류의 모든 행위, 모든 문화·문명은 집중되어야 한다.

자, 마음관리 어떻게 할 것인가?

해탈을 가로막고 있는 것은 집착(욕구)이라는 것, 집착의 원인은 세상(我·法)에 대한 실체 의식(實體意識-痴)이라는 것은 불교인의 기본 지식이다.(집착으로 인해 분노 — 瞋心 — 가 파생되어 나온다는 것도 익히 아는 사실이다.) 이러한 앎을 보다 명상적으로 이해하는 것이 바람직하다. 해탈스럽지 못한 순간마다 가만히 명상해서 집착과 실체 의식(貪·痴)이 얼마나 뿌리 깊은 번뇌인가를 깨달아야 한다. 마음관리란 이 고질적인 치(痴)·탐(貪)의 번뇌덩이를 제거하는 작업이기도 한 것이다.

지금까지 다루어 온 생활 불교 어떻게 할 것인가는 결국 우리 모두의 마음관리를 어떻게 할 것인가이다. 우리 모두의 마음관리는 삼학(三學)·육바라밀(六波羅蜜)·팔정도(八正道)를 의미하지만 여기서는 마음 깊은 속으로 들어와 그 속에서 이루어져야 할 직접적 마음관리는 어떻게 하는 것이 좋은가를 다루고 있다. 이것 역시 여러 가지 접근법들이 있겠지만, 가장 근본 불교적이되 이 시대 사람들이 누구나 탐·진·치 삼독(三毒)을 직면하면서 바로 그 자리에서 실천할 수 있는 방편을 택해 보기로 한다.

어느 날 내게서 5박 6일의 동사섭 수련을 하고 간 아주머니 한 분을 만났다.

"○○님, D수련을 하시고 세월이 지나면서 생활에 도움 받은 것이 있습니까?"

"있고 말고요. 옛날 같으면 속상하는 것은 당연한 일로 알고 끝없이 밖에 있는 문제들에 신경질적으로 매달리곤 했는데 지금은 속이 상하는 순간, '아하 기대를 심하게 걸고 있구나, 집착하고 있구나' 하면서 성찰이 시작되자마자 벌써 마음은 평정을 얻고 있는 것이 그 한 예이지요……"

이런 식의 좋은 메아리들을 많이 접하게 된다.

속이 정서적으로 상(瞋)하는 순간은 어김없이 그 배경에 집착 심리(貪)

가 도사리고 있고, 집착의 배경에는 어김없이 '나'와 '대상'을 실체시하는 심리(痴)가 놓여 있는 것이다.

지향과 집착의 혼동

많은 분들이 수도(修道)의 정의를 어떻게 내릴 수 있느냐고 묻는다. 나는 늘 "일체의 상황에서 불쾌해지지 않는 것이 첫단계 수도"라고 대답한다. 정말이지, 행복이나 해탈은 차치하고라도 우선 어떤 경우에 처하든 속이 상하지 않을 수 있다면 얼마나 좋을까? 어떤 의미에서는 그것이면 전부이지 않을까 생각될 정도이다.

우리는 상황상황에 왜 속이 상할까? 여기에 콜럼버스의 달걀 세우기 같은, 알고 보면 간단한 답이 있다. '집착'과 '지향'의 혼동에서 벗어나는 것, 그것이 답이다. 이는 굉장히 중요한 해탈의 원리이다. 70점 받아온 자식의 성적표를 보고 속이 상한다. 왜 그러한가? 90점, 100점을 집착하고 있기 때문이다. 100점이란 꾸준히 노력해서 도달해야 할 행동 목표요, '지향' 목표인 것이지, 감정적 '집착' 목표가 아니다.

불교인이라면 『금강경』의 "걸림 없이 살아라(應無所住 而生其心)"라는 석존의 비밀스런 가르침을 깊이 명상하며 체득해야 한다. 혹자는 집착 없이 행동이 나올 수 있느냐고 반문한다.

아내가 복통으로 쓰러졌다. 아내가 죽으면 어찌할꼬, 아내 없이 애들은 어찌될꼬 하며 허둥대는 마음으로 갈팡질팡하는 것(집착)이 좋겠는가, 아니면 아내의 고통과 위급함을 이해하고 병원에 가야겠다는 판단이 냉정히 서는 것(지향)이 바람직하겠는가. 물론 지향과 집착은 논리적 이분법(二分法)일 뿐, 현실적으로는 지향에 정서가 붙기 마련이다.

지향 의식에 가능한 한 정서가 끼지 않아야 좋을 일이지만 끼더라도 '스트레스' 선을 넘지 않는 것이 좋다. 아마 모든 부처님과 보살님들은 무량한 해탈심과 자비심으로 온 중생을 제도하는 지혜로운 행동이 있을 뿐 집착적 감정은 붙을 자리가 없으리라고 상상해 본다.

구나·겠지·감사

이미 욕심꾸러기가 되어 있는 중생들이 어떻게 집착 없이 지향 의식만으로 상황에 대응할 것인가? 답은 간단하다. 훈련이다. 과거부터 잘못 길들여진 태도(습관성·패턴·고정 관념 등)를 훈련(수련)으로 바꾸어야 한다. 즉 70점 성적표를 보는 순간, 길들여진 태도에 휘둘림당하기 전에, 혹은 이미 당해 버렸더라도 얼른 정신을 차리고 새로운 삶의 원리를 학습함으로써 기존의 패턴(집착 심리 등)을 물러나게 해야 한다. 그 좋은 길이 있다. 수용(받아주기)이다. 많은 사람이 수용이란 말을 좋아 하지만 그 의미를 잘 알고 있는지는 의문이 간다.

수용이란 두 가지 의미가 복합되어 있다고 봐야 한다. 즉 존재론적 기초에 가치론적 긍정 분위기가 스며 있는 개념이 수용인 것이다. 존재론적 인지(認知) 과정에는 시비(是非)·선악(善惡)·미추(美醜) 등의 가치론적인 평가·판단이 들어가지 않는다. 그냥 사실을 받아들인다. 여기에 긍정적인 분위기(긍정적 평가, 우호 감정 등)가 가미되어 수용은 진행된다. "응, 그래. 내 아들이 70점을 받아왔구나. 70점을 받아올 때는 그럴 만한 어떤 사정이 있겠지. 70점도 아주 낮은 성적은 아니지 않는가. 특별히 문제를 일으키지 않고 건강하게 잘 자라 주는 것만으로도 너무 감사하다." 이런 식이 수용이다.

모든 상황은 일단 그냥 그것일 뿐이니 '… 구나' 하고 그대로 받아들이는 것이다. 또한 모든 상황(사물·사건 등)은 그것일 수밖에 없는 인연(사정)이 배경에 복합적으로 중중(重重)하게 얽혀 있는 것이니, 그 상황이 긍정적으로 느껴지든 부정적으로 느껴지든 '…구나' 한 다음에 '그럴 만한 사정이 있겠지' 하고 이해(격물치지(格物致知), 정사유(正思惟)]하는 것이다. 그리고 그 상황에 어김없이 긍정적인 요소들이 얼마든지 있는 법이니 최소한 이상의 공을 들여 긍정 영역을 떠올리며 감사하게 여기고, 부정적인 부분이라 하더라도 그보다 못한 것에 비하면서 그만하니 감사하지 않는가 하는 것이다.

이 '나-지-사(구나·겠지·감사)'는 억지 논리가 아니고 상황을 조금만 명상적으로 바라보면 당연히 그렇게 관조되는 순리적 이론 구조이다. 나는 늘 수련생들에게 생활 중 경험한 상황들(특히 체험 상황)을 주제로 선택하여 나-지-사 명상을 100건만 해 보라고 권해 왔다. 이 글을 읽는 독자들에게 권장한다. "길은 있다. 오직 걷지 않아 유감일 뿐이다"라는 말이 다시 떠오른다.

나-지-사로 현재의 모든 상황을 수용하면서(기존·기성을 누리면서) 바라다보이는 목표에 집착하지 않고 지향해 간다면 집착심 등의 번뇌를 소탕함은 물론, 이대로 '행복'이요 지향해가니 더 높은 행복이 따르게 된다.

놓을 수 있는가〔放下〕

나-지-사(구나·겠지·감사)가 쉽게 된다면 오죽 좋으랴. 노력한 만큼 될 것이다. 나-지-사 중 어느 하나만이라도 철저히 하다 보면 실체의식〔痴〕 등 삼독(三毒 : 집착·분노·무지)으로부터 풀려나게 되어 있다. 나-지-사는 그 자체로 적극적인 삶이자 번뇌를 녹여내는 방편이 된다. 그러나, 경계 상황과 접하지 않고 있을 때 조용히 자기 안으로 명상 산책을 즐기면서 은밀히 잠재되어 있는 삼독을 끊을 수 있는 좋은 길이 있다. 그것은 방하(放下) 명상이다.

방하의 길은 인류 역사가 만들어 낸 문화 중 가장 뛰어난 도구일 것이다. 그런데 세상 사람은 이 도구를 만나지 못한다. 왜냐하면 방하의 반대쪽에 길들여져 있고 그 길에서 제법 재미를 보기 때문이다. 방하의 반대 길에서는 무엇인가를 생각하고 무엇인가를 추구한다. 그리고 그것이 재미있다. 그런데 방하의 길에서는 놓으라 한다. 버리라 한다. 아니라 한다. 어찌 보면 아주 소극적으로 보일지 모른다. 1백 만 명 중에서 99만9천9백99명이 무엇인가를 잡고 사는 데서 재미를 보는데 나머지 한 명 꼴이 놓음을 통해 재미를 본다. 이 재미는 참으로 하염없이 크다.

방하란 놓음이다. 방하의 길에서는 자신의 의식 속에 그림자를 드리우고 있는 일체의 심소(心所 : 마음 작용)를 몰아내는 일을 한다. 크게 두 단계로 작업을 해볼 수 있다. 첫 단계는 집착하고 있는 것을 놓음이요, 둘째 단계는 일체의 사념〔생각〕을 놓음이다. 아끼고 있는 모든 것, 즉 생명, 재산, 소유물, 사랑하는 사람들, 책임, 의무, 명예, 권력, 하고 싶은 것들, 갖고 싶은 것들 등등 일체의 관심 가는 모든 것들을 놓기〔끊기〕 쉬운 것부터 놓아보는 것이다. 그 다음, 떠오르는 일체의 생각·일체의 신념을 놓는 것이다. 특히 '나는 존재한다'라는 생각, '나'라는 개념이 가장 뿌리 깊은 번뇌이니 철저히 다스려 끊어야 한다.

  이 방하 명상이 깊어지는 정도에 비례해서 마음은 점점 마치 허공같이 비워진다. 비워지는 것에 비례해서 느낌은 보다 개운하고 시원해진다. 완전히 비웠다면 순수 의식·순수 느낌을 체험할 것이다. 이때 이 순수 의식·순수 느낌에 어떤 사념이 붙으려 하면 이 의식·이 느낌도 버린다. 이 방하 작업[버리고 비우기 작업]이 영원히 계속된다 해도 도리어 사라지지 않고 드러나는 묘한 체험이 있을 것이다. 집착과 사념이 보다 철저히 비워질수록 하염없는 환희로움이 현전하기 때문에 중생의 본 바탕을 불성(佛性)이며, 신성(神性)이라는 대 긍정어로 해석함직하다.

  몇 번 실험해 보고 잘 안 된다고 포기할 일이 아니다. 100% 순수한 상태가 못 될 것이라고 흑백적 체념도 할 일이 아니다. 첫 술에 배 부르는 법 아니다. 천재란 반복이 낳는 법이다. 거듭할수록 요령이 발달되고 쉬워짐을 알게 된다.

  수련회에서 보면 많은 분들이 방하 명상에서 상당한 체험들을 하는 것을 본다. 방하를 통한 초월 의식 체험을 전문 수도인에게만 양보해 버리기로는 너무 억울한 일 아니겠는가. 억만 장자는 아니더라도 백만 장자는 되어야 할 게 아닌가. 반대로 기막힌 절정 체험을 했다고 한 통(通) 한 냥, 자만에 빠질 일도 아니다. 삼명(三明)·육통(六通)에 자재(自

在)한 성자가 될 때까지 겸허하게 정진해야 한다.

무한 부정(眞空)과 무한 현전(妙有)을, 나름대로 노력한 만큼 체험해 간다면 불법(佛法) 만난 고마움을 지우지 못할 것이다. 만큼 지복(至福)을 체험해 가기 때문에 스스로를 비하하지 않을 것이요, 삼명·육통에 자신이 없을 것이니 겸허하게 정진을 게을리 하지 않을 것이다.

방하 명상(초월 명상, 비우기 명상)을 "참 나라고 할 만한 것은 무엇일까?"라고 물으면서, "세상은 내가 아니다. 몸도 내가 아니다. 느끼고 생각하고 행동하는 마음도 내가 아니다. 아니다를 반복하고 있는 이 인식 주체도 기능이 있을 뿐 실체가 아니다……"라고 답하면서 명상하는 것도 좋은 접근법이다.

나는 한때 공(空)의 이치를 해오(解悟)로라도 깨달아야 방하가 가능하다고 믿고 공리(空理)를 심히 강조하던 시절이 있었다. 공리도 결국 집착과 실체 의식을 제거하기 위한 방편일 뿐이다. 그것은 해탈을 위한 필요 조건일 뿐이지 그 자체가 목적은 아니다. 공리를 터득하면이야 물론 좋겠지만, 어떤 수단으로든 마음 속 사념들을 증발만 시켜버리면 된다. 상상력! 상상력은 누구에게나 있다. 방하는 상상력을 통해서 얼마든지 가능하다.

이와 같이 진지한 명상의 반복이 진행됨에 따라 순수 느낌은 은밀한 '부정과 현전'의 교차를 통해 밀도 높은 체험을 거듭하면서 숙세의 미세 번뇌들을 녹여낼 것임에 틀림이 없다.

주(主)바라밀

미세 번뇌를 완전히 소탕하기 위해 순수 의식의 밀도를 최대로 강화

해야 할 것이요, 그러기 위한 비결은, 화두든 염불이든 주력이든 간경이든 주바라밀에 사무치는 길밖에 없다고 나는 믿는다. 곧 "이것밖에는 길이 없고 이것밖에는 문이 없다(離此無路離此無門)"라는 선정(禪定)의 길이다.

  지혜의 검(劍)과 선정의 열기로 의식권의 번뇌와 무의식권의 미세 번뇌를 방하하고 섬멸하는 길이 이 지상에, 우리의 불교 문화에 있다는 것은 참으로 다행한 일이다. 평생 테마인 주바라밀을 인연 닿는 선지식에게 결택받아 쉬엄쉬엄 사무침의 길에 들어서기를 바라 마지않는다.

  마음관리 어떻게 할 것인가에 대한 답으로 은밀한 내적 작업을 이렇게 해 봄직하지 않느냐고 반체험·반가설적 사변을 늘어놓았지만 다양한 기초 작업 없이는 참으로 될 일이 아니라는 말을 덧붙인다. 기초 작업이란 사람에 따라 각양각색일 것이다. 업장 참회, 기도, 절, 복짓기, 보시, 감사·사과·용서 등으로 인간 관계 잘하기, 체력 관리, 건강 관리, 바람직한 식생활, 여러 가지 계율 지키기, 경전 읽기, 선지식 친견, 불사 동참, 법회 동참, 만행, 발원 등등을 자신의 사정에 따라 적절히 활용해야 한다.

  마음공부란 모름지기 주바라밀만에 편중되어 폐쇄되어도 안 좋고, 번다한 조바라밀로 산만해져도 안 좋다. 주바라밀과 조바라밀의 적절한 조화! 그것이 길이다.

마음관리 3
공(空)의 교학적 의미와 그 실제

　생활이 곧 불교가 되고 수도가 되려면 생활 전반이 불교적 가치관으로 뒷받침되어야 한다. 생각하고 말하고 행동하는, 모든 삶의 구석구석이 육바라밀(삼학·팔정도)스럽게 되고 있는가. 사람은 업(業)의 존재이므로 자연스럽게 방치해 두면 하염없이 업대로 흘러가기 마련이다. 그 결과 업은 강화되고 불행의 골은 깊어진다.
　나는 긴 세월 붓글씨를 써왔다. 십 수년 전 서도원 선생님이 내 글씨들을 보시고 어느 부분의 획처리 기법이 안 좋게 습관되어 있다고 지적해 주신 일이 있다. 그 순간 '아하!' 하고 깨달았고 한동안 바로잡아 썼던 것 같다.
　그런데 엊그제 써서 벽에 걸어놓은 글씨를 보니 다시 그 버릇이 글씨에 드러나 있었다. 이것은 한 예에 불과하지만 이렇듯 무수한 악습관, 악패턴이 우리의 몸과 마음에, 우리의 생각과 말·행동(思言行)에 은밀하게 달라붙어 있는 것이다. 내장되어 있는 악습(업장)을 세척해 내고자 하는 결심이 또렷이 서야 하고, 그에 따른 정진이 있어야 한다.

촉(觸) · 수(受)!

첫 단추가 잘못 걸리면 다음 단추도 당연히 잘못 걸린다. 우리 삶에 첫 단추는 어디에 있는가. 촉(觸) · 수(受)에 있다. 십이연기(十二緣起)를 떠올리기 바란다. 촉 · 수! 촉 · 수 부근에서 정신 차리지 못하면 "제 버릇 개 주랴"가 된다. 즉(卽)한 순간에 깨어 있으라는 말이 귀에 익을 것이다. '즉'은 많은 경우 '촉'을 의미한다.

지금 책상 위에 공책이 놓여 있다. 문득 그것이 보인다. 이때 내 눈은 그 공책과 마주쳤다. '공책'이라고 개념화(槪念化)하기 이전 순간의 생명 작용이 촉이다. 이 촉(마주침) 순간에 곧장 느낌(受)이 따라 일어난다. 촉과 느낌 사이는 시간적으로 앞뒤이기는 하지만 거의 동시라 할 만큼 짧은 시간이다.

길을 걷다가 구렁이를 만났다(마주침 · 촉). 마주치자마자 소름이 끼쳤다(수 · 느낌). 뱀을 봄(촉)과 소름끼침(수) 사이가 시간적으로 찰나이다. 그 찰나인 촉과 수 사이에 '촉'에 의해 '수'가 체험되도록 기능하는 존재가 있다. 그 기능자를 업장이라 한다.

기억이야 되든 안 되든, 과거에 뱀에게 물려 고생을 해 보았거나, 뱀에 물려 고생한 사람 혹은 죽은 사람을 보았거나, 소문으로 들었거나 하는 경험을 통해 '뱀이란 독이 있다, 물리면 자칫 죽는다 고로 뱀이란 위험한 동물이니 멀리 해야 한다' 식의 고정 관념(업장)이 우리들 속에 의식적이든 무의식적이든 형성되어 있으므로, 뱀을 마주치자마자 우리의 생명 에너지가 여여(如如)하게 직진(直進)하지 못하고 고정 관념 등의 업장

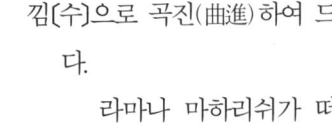

에 걸려 소름끼쳐지는 식의 미성숙한 느낌(수)으로 곡진(曲進)하여 드러난다.

라마나 마하리쉬가 떠오른다. 어느 날 제자들과 담소를 나누고 있는데, 구렁이 한 마리가 마하리쉬의 몸을 스쳐 지나가게 되었다. 제자 왈, "선생님, 느낌이 어떠세요?" 마하리쉬 왈, "축축하고 차디차다"라는 문답이 있었다. 업장이 투명해져 버린 한 인간의 아름다운 심성을 감상할 수 있다.

삶의 현실은 촉·수로 끝나지 않고, 애(愛)·취(取)·유(有)·생(生)·노사(老死)로 곤두박질쳐 전락하곤 한다. 돈이 보인다(觸) → 기분이 좋다(愛) → 갖고 싶다(愛)→ 갖는 행위(取) → 업장 강화(有) → 괴로운 과보(生·老死). 이것이 곧 깨어 있지 못한 중생의 현실이다.

여기에 우리의 거룩한 스승 석가모니의 빛나는 교훈이 있다. "즉한 순간에 공리(空理)로 깨어 있으라"이다. 우리는 무수히 즉한 순간(촉)을 맞이한다. 그 무수한 즉한 순간들이 자신들의 업장(三毒)에 의해 휘둘림당해 버린다.

촉한 순간에 공리(空理)로 바리케이드를 쳐라. 이것은 인류가 행복을 위해 창조해낸 계발품 중 최고일 것이다. 수천 종의 해설서가 있는 『반야심경』은 대장경의 대표 경전으로 불교인은 누구나 익히 알고 있고 수지 독송 한다. 그 『반야심경』의 요체가 오온개공(五蘊皆空)이다. 존재하는 모든 것이 공(空)하다는 뜻이다.

무수히 촉(觸)되어지는 색·성·향·미·촉·법들이 습관적인 업장으로 대응되지 않고 공이라는 새로운 시각(도구)으로 대응된다면 무량세에 퇴적되어 온 숙명 같은 업장은 점점 녹아내릴 것이다. 빙설로 뒤덮여진 엄동의 산이 봄기운으로 인해 녹아나듯……

원 뿌리

공(空)! 공이란 무엇인가. 비실체(非實體) 논리의 결론적 개념이다. 아담이 선악과를 따먹은 심리의 첫 단추가 실체시(視)요, 인류 역사의 갖은 고뇌의 원뿌리가 실체시이기 때문에, 그 실체 의식이 바른 것인가 타진해 봐야 할 것이고, 타진해 보니 실체가 아니라는 결론이 나온 것이다. 그것이 불교의 특색 중 특색이요 역사적인 공헌 중 공헌인 것이다.

많은 불교인이 색즉시공(色卽是空)이라 할 때 색을 제껴놓고 공이라는 새로운 개념을 상상하고 있을지 모른다. 그러한 공은 새로운 색이요 새로운 실체일 뿐이다. 색이라는 함정, 실체라는 함정에 빠지지 않고자 '공'이라는 경고판을 세워 놓았는데 그 공이라는 경고판에 걸려 넘어져 피해를 입는다면 어찌 하겠는가. 그러하니 '공'이라는 말의 뜻을, 색을 떠난 어떤 다른 것으로 여기지 않고 바로 그 '색' 자체 내에서 진행되고 있는 어떤 각성 과정으로 이해해야 한다.

"공도 공하다"는 사족이 만들어진 것은 바로 그런 어리석음을 지우기 위해서이다.

따라서 색즉시공의 우리말 해석에 있어서도, '공'이 실체시되는 어감으로 들리는 "색은 공이다"로 하지 않고, "색은 공하다"식의 형용사적 주격 보어로 기술하는 것이 바람직한 경우가 많다.

모든 괴로움은 욕구에서 나오고 ← 모든 욕구는 가치 부여에서 나오며 ← 모든 가치 부여는 실체 의식에서 나오니, 실체 의식만 사라져 버리면 모든 괴로움은 사라져 버린다는 것이 석가모니의 해탈 논리이다.

사실 이것은 고급 철학이 아니고 누구나 수긍할 수 있는 상식이다. 성적표를 보고 괴롭다 ← 1등이고 싶은, 100점이고 싶은 욕구 때문이다 ← 이 욕구는 1등이나 100점이 가치 있다고 여기기 때문이다 ← 이 가치 부여는 내가 존재한다는, 나를 사랑해 주고 인정해 주고 찬탄해 주는 사람들이 존재한다는 실체 의식이 전제된다. 이 대전제인 원뿌리〔실체 의식〕를 무너뜨려 버린다면 잇따라 가치 의식이나 욕구가 사라져 버림으로써 괴로움 자체가 일어날 근거가 없는 것이다.

그러므로 『반야심경』의 오온개공 도리를 활불교적으로 살려내어 순간 순간 즉한 상황에 공리(空理)가 살아 숨쉬게 해야 한다. 인식 주체(認識主體)가 어떤 객체(我·法)에 대하여 한 생각 일으키는 순간 대체로 자기의 습관적인 인식 패턴으로 실체시하기 시작한다. 그러하니, 한 생각 일어난 순간에 "그것! 이 아님(非)"이라는 논리를 정사유(正思惟)해 보면 "일체가 비실체적 존재다" "일체가 공하다"라는 바른 견해〔正見〕가 정립된다.

예컨대 여기에 사과가 하나 있다. 습관대로는 곧장 '있다 → 좋다 → (먹고)싶다 → 행동 → 괴로움' 식으로 전락해 버리지만, 사과(?)라는 존재를 정사유(正思惟, 格物致知)해 보면 "응, 저것은 성주괴공(成住壞空)적인 존재이므로 '사과'라는 실체가 없어, 곧 공(空)한 거야"하면서 사과로부터 자유로워져 버린다(해탈).

물론 이것은 머리로 이해하는 정도로 되는 것이 아니다. 조용히 명상〔정사유〕해 보아야 한다. 놀라웁게도 산과 들과 같은 항구적 실체인 듯한 것도 "저건 성주괴공이라"하고 명상하고 있노라면 산·들, 그것이 이미 공겁 속에 흩어져버린 양 상상되면서, 산·들에 대한 느낌이 느슨해지고 가벼워짐을 바로 느끼게 된다. 이와 같은 방법으로, 우리들이 접근해 봄직한 존재 법칙 측면들은 얼마든지 있다.

존재의 공성(空性)

사과는 무상하므로 공(空)하다. 바로 이 순간도 사과는 무상하게 변해 가고 있으므로 "이 사과!"라고 지적할 만한 사과의 실체는 없다. 역시 명상 속에서 무상관을 해 보면 명상 전에 확고한 실체로 존재하는 것 같던 사과는 느슨하게 부정되면서, 마음이 사과로부터 시원하게 자유로워짐을 체험하게 된다.

어떤 정견(正見)이든 일회적(一回的)으로 이해하는 것은 약효가 미약하다. 시간을 통해 명상하면서 "그래, 그래, 과연 그렇구나"를 더 깊게 더 은근히 더 선명하게 반복·점두해야 한다. 화두나 염불 같은 주제에도 치열히 몰입하지 않고 무상·무아 등의 관행(觀行)도 게을리 한다면 정작 무엇으로 불법 수행을 하고 있다고 할 것인가. 자칫 양무제처럼 수천만 금의 불사를 해 놓고도 달마로부터 공덕된 바 없다고, 무색당한 꼴이 되기 쉬울 것이다.

사과는 삼시(三時) 불가득(不可得)이므로 공하다. 조금 풀어본다면 사과를 바라다보니 방금까지의 사과는 과거의 일이니 존재하지 않고, 미래의 사과는 아직 시간이 도래하지 않았으니 존재하지 않고, 현재의 사과는 무상하게 찰나에 지나가 버리니 존재하지 않고, 존재한다고 착각되는 것은, 오직 내 눈의 망막 속에 나타난 잔상(殘像)의 흐름일 뿐이니, 사과가 존재한다고 실체시하여 집착하겠는가. 역시 명상만큼 체험이 따를 것이다.

사과는 여러 요소가 가합(假合)된 것이므로 공하다. 『미린다왕문경』,

일명 『나선비구경』의 수레 비유 가르침이 그것이다.

사과는 연기(緣起)이므로 공하다. 사과만 생각할 때는 버릇대로 '아! 사과' 하면서 실체에 집착하였는데 그 존재 법칙 하나인 연기 측면으로 사과를 관찰하니, "사과는 공기요, 물이요, 태양이요, 토양이요, 거름이요, 씨앗이요, 등등 무수한 자연의 인연체일 뿐이로다" 하면서 사과로부터 자유로워진다.

사과는 중중연기(重重緣起)하므로 공하다. 이것은 연기의 확장 개념으로서 세상에 존재하는 모든 것은 다른 모든 것과 관계 맺음을 통해서만 존재한다는 화엄 사상의 중대한 철학이다. 화엄의 안목으로 보면 우주에 존재하는 일체의 것들은 그 하나가 다른 전체 속에 들어 있고 다른 전체가 이 하나 속에 들어 있다. 이 하나는 다른 전체의 존재 이유가 되고, 다른 전체는 이 하나의 존재 근거가 된다. 이 사과는 스스로 실체가 아니고 다른 전체 속으로 환원을 거듭하고 있는 존재인 것이다.

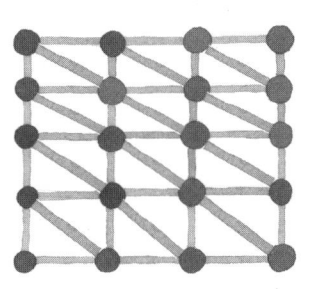

사과는 바라다보는 자의 안근(眼根)[눈]에 의존하는 모습이므로 공하다. 바라다 보이는 저 모습, 저 크기, 저 색깔의 것이 저기에 실재하는 것이 아니다. 이것은 필자가 생활 중 가장 많이 활용하는 관법이다. '의근소작(依根所作)인 것을!' 하면 벌써 자유로워져 있곤 한다.

사과는, 바라다보는 안근이 작용을 그침으로써 그 모습이 초월되어 버리니 공하다. 필자가 삼매 중 가장 많이 활용하는 관법이다. '파근현공(破根顯空)'이라! 이 관법 수련 하나만으로 며칠간 수련회를 가져 보았으면 한다.

사과는 유심소조(唯心所造)이니 공하다. 이것은 6근(根) 중 의근(意根) 중심의 의근소작(意根所作)이다. 일체유심조(一切唯心造)·만법유식(萬法唯識)에 이르러 불교 관념론의 극치를 장식하였는데, 칸트(Kant)의 지적 사항이 있을 지는 모르나 집착에서 벗어나는 행법(行法)으로서는 참으로 선교 방편(善巧方便)이 아닐 수 없다.

사과는 전자현미경으로 바라다보면 그 모습은 비어 버리니 공하다. 분석적 관찰을 통해서 공(空)한 모습을 보여주는 불교의 석공관(析空觀)이 소립자 물리학에서 극명하게 현대화되었다.

사과는 좀 멀리 바라다보면 보이지 않는 존재이니 공하다(遠視故空). 우스개 소리로 들릴지 모르나 명상해 보면 뛰어난 논리임을 알 수 있고, 방편으로 약효가 있음을 알 수 있다. 왜 사과를 2미터나 5미터 거리에 두고 그 실체성을 강조해야 한단 말인가. 조선 땅덩이를 미국에서만 바라다봐도 해탈감이 적지 않다. 이 태양계를 1광년 쯤 거리에 두고 바라다보면 심리적으로 어떤 현상이 일어나겠는가.

사과는 사과가 아니요, 사과가 아님도 아니니 공하다. 어떤 무엇이 유(有)이던가, 어떤 무엇이 무(無)이던가, 일체 존재하는 모든 것은 있음과 없음, 이것과 저것, 시와 비의 양변을 떠난 초차원적인 중도적 존재인 것이니 진공이자 묘유(眞空妙有)인 것이다.

이렇게 무수한 공리(空理)가 도출될 수 있다. 공리를 신비하게 여겨 도통을 해야 알 수 있는 진리인 양 생각하는 불교인이 있을지 모르겠다. 그것은 방편과 구경의 혼동이다. 공리는 도통의 수단이다. 조견오온개공(照見五蘊皆空)은 인위(因位, 방편)요, 도일체고액(度一切苦厄)은 과위(果位, 구경)다.(경우에 따라서는 문자 반야나 방편 반야가 아닌 실상 반야로서의 공리를 말할 때도 있다는 전제는 해 두고 하는 말이다.)

아무튼, 중요한 것은 공리의 이해가 아니고 그 명상(正思惟, 格物致知)이다. 명상을 통해 공리가 머리를 관통하여 가슴과 팔다리로 스며들어, 일체가 탐심의 대상이 되지 않고(應無所住) 필요한 것으로 활용되는(而生其心) 삶이 보살의 삶일 터이다. 불립문자 가풍의 선종에서도 『금강경』을 소의경전으로 삼았던 의미가 어디 있는가 유념해 봐야 한다.

이번에는 염불선(念佛禪)을 소개할까도 생각해 보았으나, 문중의 주바라밀을 지상에 올리려면 스승의 감수를 받아야 할 것 같고, 스승(淸자 華자 큰스님)께서는 3년 묵언 정진 중이시라, 염불선 대신 공리(空理)를 다루어 보았다.

생활 불교, 어떻게 할 것인가. 무수한 측면으로 무수히 다루어져야 할 주제이다. 열 번 정도로 논의해 본 '생활 불교', 미흡한 감 적지 않으나 정리해 본 필자나, 읽어주신 독자나 '만큼은 도움이 되었겠지' 하며 자위한다. 편집진 여러분, 읽어주신 여러분, 더러 좋다고 박수를 보내준 여러분, 감사, 감사한 마음이다.

이번 미국 여행에서는 미네소타의 겨울눈을 느끼고 가게 되어 기쁘다.

안으로의 산책

안으로의 산책

아름다운 산길 들길이 있어 산책을 한다는 것은 즐거운 일이다. 산책이란 적당한 운동이 되어서 좋지만 또한 단조로운 걸음걸이의 반복으로 심신에 쌓인 스트레스를 정화시켜 주는 역할을 해 주어 더 좋다.

명상은 안으로의 산책이다. 안으로의 산책, 명상은 그 공덕이 무량하다. 사람이 동물과 다른 점이 많겠지만 사람은 명상할 수 있다는 점에서 동물과 크게 다르다. 그러나 그 가능성을 잘 개발하면서 사는 사람이 썩 많지 않은 듯하다. 이런 명상 칼럼이 설정된 연유도 그러함 때문일 것이다.

세상에는 뛰어난 명상가들이 적지 않다. 그들의 명상 세계가 말씀으로 세상에 나와 준다는 것은 고마운 일이다. 나는 명상(冥想, 瞑想)이 좋다. 명상이란 고요히 생각함이다. 정관(靜觀)이 그것이요, 정사유(正思惟)가 그것이요, 사색(思索)이 그것이요, 격물(格物)이 그것이요, 그리고 일체의 사량 분별(思量分別)을 떠나 고요히 선정(禪定)에 머무는 과정까지를 아우르는 개념이 명상이다.

　인생이란 상황에 대응하는 과정이다. 많은 경우 그 상황 대응이 명상적으로 되지를 않고, 습관적으로 동물적으로 되기 쉽다. 상황은 괴로운 경우(苦境)일 수도 있고, 즐거운 경우(樂境)일 수도 있고, 고도 낙도 아닌 경우(捨境)일 수도 있다. 그 상황이 어떠하든 우리는 어떤 대응을 하게 되어 있다.
　나는 즉한 순간에 깨어 있고자 한다. 즉한 상황에 습관적·즉흥적으로 대응하지 않고 명상하고자 한다. 그렇지 않는 한 습관적인 업놀음을 반복해 버리기 때문이다.
　사경(捨境)일 경우 특별한 일이 없는 한 나의 은밀한 속살림인 염불(念佛)을 한다. 염불은 그 자체로 좋은 명상이 된다. "아미타부-ㄹ" "관세음보사-ㄹ" 칭명 염불만으로도 좋기만 하다. 뭇 성자, 뭇 진리의 대명사인 불보살(佛菩薩)의 명호(名號)! 그것은 이미 우연한 소리의 열거가 아님을 느낌으로 안다. 역사를 통해 극히 순수하고 성스러운 어떤 무엇으로 뜻 부여를 해온 소리이기 때문일 수도 있고, 칭명하는 자 스스로 성스러운 뜻 매김을 하기 때문일 수도 있고 혹은 부사의한 사량(思量) 저편의 신비한 밀의(密意) 때문일 수도 있으리라.

또한 허공 같은 자성불(自性佛·本覺佛)을 하염없이 관(觀)하며 해탈감을 체험한다.

낙경(樂境)일 경우 일단 누린다. 누리면서 그 근원을 살펴 명상한다(누리며 나아감. 수용과 지향의 조화가 그것이다). 그 근원은 대체로 탐·진·치 삼독과 연루되어 있음을 본다. 명상을 통해 삼독의 첫 단추인 치독(痴毒)의 해결과 동시에 주바라밀(염불선)로 회귀한다.

고경(苦境)일 경우 역시 거부하지 않고 받아들인다. 나에게 있어 특히 고경은 좋은 명상 소재이다. 고경이야말로 좋은 선지식이다. 특히 고경으로 느껴지는(苦受) 순간 내 자신의 미성숙을 시인한다. 역시 그 뿌리는 삼독임이 확연하다. 삼독의 첫 단추인 치독(痴毒)을 공리(空理) 등의 보조 방편으로 대처함으로써 의식의 툭 트임을 체험하면서 역시 주바라밀로 회귀한다.

내 명상 생활의 기본 과정을 단숨에 열거했거니와 나의 명상의 기초는 무주상(無住相)이요 무소주(無所住)이다. 어떤 법집에 기초한 명상 과정은 그것이 아무리 찬란하더라도 공덕될 게 전혀 없다(所無功德). 달마와 양무제의 거량이 떠오른다.

즉한 순간에 걸림 없는 해탈심과 훈훈한 자비심으로 그 상황에 적절한 행동을 민첩하게 해내는 사람을 보살이라 하리라. 그러나 즉한 순간에 걸리고 짜증나고 적절한 행동이 되지 않는 것은 명상하지 않는 사람들의 모습일 것이다.

매 상황에 걸림 없는 해탈심과 훈훈한 자애로움으로 적절하게 언행하는 비결이 무엇이겠는가. 명상이 그 비결 중 으뜸 방편이다. 상황을 명상적으로 받아들이지 않는다면 습관적으로 대응하게 되어 있는 것이 인간 구조다.

    습관은 그릇된 삶의 잔재이다. 그릇된 삶의 잔재가 아닌 좋은 습관이라 하더라도 그것이 굳어지고 정형화될 때 마음은 부드러움과 개방성을 잃어간다. 나는 가능한 한 즉한 모든 상황 앞에서 "이 순간 나의 최선은 무엇인가?"하고 묻는다.

    팔정도의 제1·제2 덕목이 바른 견해(正見)와 바른 사유(正思惟) 아니던가. 나는 가끔 팔정도가 나온 역사성을 짚어보고 그 기이함에 감탄을 한다. 문자나 논리적 사고 체계가 없는 3천 년 전 인도 사람을 대상으로 "바른 견해를 가져라" "바르게 사유하라"고 가르침을 폈다는 사실 때문이다. 그렇게 대조해 볼 때 문화 문명이 발달할 대로 발달한 이 시대에는 더욱 '명상'과 같은 덕목이 지극하고도 당연하게 받아져야 하리라.

인지 · 느낌 · 표현의 비밀

상준이가 방문했다. 원광대학교 한의대 본과 2학년생으로 속가 누님의 아들이다.

"요즈음 행복하냐?" 나의 인사였다. 그의 대답은 "별 재미 없이 살아요"였다.

많은 사람들에게 요즈음 행복하시냐고 묻는다면 별 재미 없이 산다고 대답하지 않을까 생각해 본다. "그냥 그렇고 그래요, 산다는 게 그런 거 아니겠어요?" 하는 식이라면 중대한 자기 점검이 필요할 것이다. 긴 세월 많은 사람을 겪어 오면서 깨달은 것 하나는 무수한 사람이 이미 하루하루를 상당히 행복한 삶을 살고 있으면서도, 행복하다고 느끼지 못한다는 사실이다. 마치 이미 부처이면서 부처임을 모르는 것과 같이.

별 재미 없이 산다고 한 상준이에게 "그래, 별 재미 없다고? 그러나, 뭔가 조금이라도 재미 있는 일이 없었을 리 없는 법이니 기억해 봐라" 했다. 상준이는 기억을 더듬어 몇 가지 재미 있었던 일을 찾아내고 있었다.

깊은 겨울밤에 어떤 정감을 느낀 일, 앙상한 나뭇가지를 보면서 쓸쓸하였지만 야릇한 환희로움을 느낀 일, 다른 사람과 만날 때 상대의 감정에 관심 두고 대화 나누는 즐거움, 근본불교에서 중국 선불교까지 독파해 갈 때 가졌던 기쁨, 라디오를 통해 영어 공부하는 재미, 중국 역사책을 읽어 가는 재미, 여자 친구들에게 연하장을 받은 일, 눈 내리던 밤 가로등 불빛 밑에서 친구들과 게임하던 일 등을 열거하고 있었다.

나는 상준이에게 지금 뭔가 깨달아지는 것이 없느냐고 물었다. "저는 별 재미 없이 살고 있는 줄 알았는데 상당히 의미 있고 행복한 삶을 살고 있음을 깨달았습니다"라는 대답이었다. 원래 영특한 아이였는데 기대에 맞는 말이어서 기뻤다.

이미 상당히 신나는 삶을 살고 있는데 왜 스스로를 별 재미 없이 사는 것으로 인식하는 것일까. 이러한 어두운 늪에서 벗어나는 길은 무엇일까 생각해 본다.

(1) 사람은 행복을 위해 성취하고자 하는 것이 많고, 성취할 때까지 성취에 대한 불안·긴장과 현재 성취하지 못한 상태라는 궁핍감을 지닌다. (2) 바야흐로 성취를 하면 성취의 행복감을 느끼지만 이 행복감은 일시적일 뿐 곧 새로운 성취 목표가 설정되어 불안·긴장·궁핍감으로 이어지는 심리적 과정은 계속된다. (3) 제일 큰 문제는 좌절의 역사이다.

좌절의 역사는 똥오줌을 가려주고자 하는 부모의 교육으로부터 시작한다. 아무 곳에서나 똥오줌을 배설해도 "내 강아지 이바지하는구나!" "내 공주 쉬야하는구나!"하고 환영만 받던 것이, 교육이라는 이름 아래 똥도 오줌도 시원하고 자유롭게 배설하지 못하게 된다. 즉 욕구는 좌절을 당해야 한다. 동생이 생기면서 어머니 젖꼭지 하나는 동생에게 빼앗겨야 하는 뼈아픈 좌절을 당해야 하고 급기야 "다 큰 것이 엄마 젖꼭지야"하고 버림받는 단계에서 하늘이 무너지는 좌절을 맛보아야 한다.

형제 자매들 사이에 누룽지를 독차지 못하고 분배를 당해야 하고 약탈을 당하게 된다. 엄마랑 혹은 아빠랑 함께 있고 싶은데 엄마·아빠 방에서 축출을 당해야 한다. 엄한(?) 아버지, 신경질적인(?) 어머니는 편안한 날을 갖지 못하게 한다. 학교를 다닌다. 공부 공부, 시험 시험, 경쟁 경쟁…… 이렇게 긴장과 좌절의 역사는 도도한 강물 같이 마음에 생채기를 내며 거듭된다.

그 결과는 무엇이겠는가. 세상을 보는 마음의 눈이 굴절되고 흐려진다. 나는 못났어, 나는 틀렸어, 나는 가망이 없어, 남자는 도둑놈, 여자는 백여우, 세상은 개판…….

이와 같이 세상을 보는 눈이 부정적으로 오염된다. 이따금 다가오는 밝은 불빛은 공기와 물이 당연히 느껴지듯 당연으로 처리되어 버리고, 어두움에 익숙해진 눈은 어두움을 찾아 어두움을 확인하며 어두움을 탄식한다. 이처럼 부정 시각으로 길들어져 간다. 그렇기 때문에 어두움과 함께 공존하고 있는 밝음은 배경(背景)으로 물러나 버리고 재미없는 삶이 전경(前景)으로 드러나서 "그대의 삶은 회색 빛깔이니라"하고 최면적 확인을 시켜버리는 꼴이 된다.

그런데 사실은 어떠한가. 태양은 여전히 찬란하고, 지구는 자전과 공전의 질서를 어김없이 지키고 있고, 공기와 물과 대지와 삼라만상은 우리의 생존을 위해 충실히 뒷받침해 주고 있으니 기뻐하고 감사할 일이 아닌가!

세상의 무지(無知)와 질병과 가난도 많이 극복되어 있고 이 몸뚱이 이마하면 큰 병 없이 건강할 만큼 건강하다 소학교·중학교·고등학교 등의 교육을 통해 마음도 이만큼 트인 채로 살고 있으니, 이만하면 내 인생 괜찮지 않은가. 이것이 지족(知足)의 삶이다. 어떤 문제 해결, 어떤 구현, 어떤 지향도 이 지족의 바탕 위에서 되어야 함을 깨달음처럼 강조해

본다.

사실상 이상과 같은 이야기는 진부하리만큼 흔한 소리요, 기독교든 불교든 어느 법석에서나 접해왔던 일반화된 법설이다. 누구나 수긍하는 바요, 이야기 자리에서는 그러한 덕담을 쉽게 할 수 있다. 문제는 신증(身證)이다. 심오(心悟)는 담박 할 수 있지만 신증은 시간을 통해 익혀야 한다.

결론적으로 생각해 본다면, 세상에 존재하는 물질적·정신적인 일체의 사물·사건·사상들 중 긍정적으로 인지할 수 있는 영역의 것들은, 가능하다면 심도 있게 발견하고, 느끼고, 표현하는 작업을 하는 것이다.

"발견(인지)하고, 느끼고, 표현함!" 이것은 자신과 주변을 행복·해탈케 하는 비밀스런 원리이다. "긍정적인 시각이 발달되어야 한다"는 원리를 깨닫는 것, 대단히 중요하다.

그러나 그것은 십분의 일, 의미의 중요일 뿐이다. 그 원리는 실천의 논리로 승화될 때 나머지 아홉을 메우게 되는 것이다. 세상에 주옥같은 삶의 원리들은 많다. 오직 그것들이 앎의 명제에 머무르고 행동의 논리로 승화되지 않음에 유감이 있다. 긍정적 사실을 인지(발견)하고, 느끼고, 표현한다는 행복·해탈의 실천 논리를 가장 구체적으로 궁행하기 위해 나는 '⊕잔치 공책'을 쓴다. 그리고 그 일을 권장한다. 일기쓰기보다는 부담이 훨씬 적어 좋다. 그때그때 느꼈던 점들을 그날그날 번호를 붙여서 간단간단하게 쓰며, 생각해 보니 감사한 것들과 깨달아 좋은 것들을 써내려 간다.

그리고! 주변 사람과 그것을 나눈다. 꼭 초등학생들이나 해야 함직한 이 유치한(?) 짓이 정녕 나의 혼을 건지고 내 주변을 화평스럽게 살려내고 있음을 나는 확연히 안다.

우리 상준이가 깨달을 대목에서마다 잘 깨닫고 기뻐하는 모습을 보고 기뻤다. 물을 기다리는 호남에 겨울비가 내리니 반갑다. 맑은 공기, 솟는 지하수는 생각할수록 감사하다. 이런 기쁨과 감사의 축제를 어느 때라도 펼치는 나의 초차원적인 주인공이 경이롭다.

성찰(省察)

얼마전 주지 스님께서 월부로 새 차를 사주셨다. 엊그제까지 '89년산 소형차를 타다가 갑자기 중형 새 차를 타게 되니 행복감과 쑥스러움이 엇갈리곤 한다.

오늘 오전에 볼 일이 있어 전주에 나갔다. 좁은 사거리에서 북적거리는 차들을 피하다가 돌담에 '내 새 차'를 들이받고 말았다. 순간, "아야!" 하는 아픔과 "제기랄 새 차를!"하는 불쾌감이 일어났다. 나의 주 무기중 하나인 "-구나" 관법이 눈을 떴을 때는, 이미 도둑은 일을 마치고 바람처럼 사라져 버렸다. 솔직하게 흑백적 해설을 붙이자면 "30년 넘은 수도(修道), 별 볼일 없다"는 평가서를 들고 뭇 시주(施主)로부터 밥 값 추궁을 당해야 하는 부끄러운 사태였던 것이다.

한 때는 자신의 미성숙을 발견하는 순간 지나치리만치 엄격하게 다스렸다. 곧 화살 하나가 꽂힌 자리에 "자신에게는 엄격"이라는 명분으로 제2, 제3의 화살을 꽂아대는 것이었다. "타인에게는 너그럽고 자신에게는 엄격해야 한다"라는 생활 신조가 그처럼 자학적 삶을 종용하곤 했다.

그러던 내가 언제부터인가 "과거는 다 옳다"라는 말을 격언처럼 쓰게 되었고 지나간 과거에 대고 욕지검을 하는 대신, 홍미로운 마음으로 그냥 바라보며 명상하는 재미를 갖게 되었으며, 제2 제3의 화살을 꽂지 않게 되었다. 돌멩이에 걸려 들고 가던 항아리를 깨뜨렸을 때, 돌멩이를 향해 야단치는 투사 놀음을 하는 것은 유치한 일이요, 내가 왜 그런 실수를 했느냐고 자책에 빠지는 것 또한 유치한 자격지심이다. 항아리가 깨져버린 이 순간 내가 해야 할 일은 무엇인가.

마음공부가 무엇인지 모르고 사는 나였더라면 "쌍놈의 차들이 왜 이렇게 교통 질서를 안 지킨단 말이야"하고 투사를 했든지, "돌담인지 물담인지도 모르고 핸들을 꺾는 이 무지렁이 천치야"하고 자신의 잘못을 한탄했든지, "기껏해야 1천5백 만원 짜리 물건에 수행자답지 않게 소심증을 떨다니!" 하면서 자신의 한심스런 행위를 자책했을 것이다.

"아야!"하는 아픔을 느낀 것은 차에 대한 연민의 마음이었으니 통과시키기로 하고 "제기랄, 새 차를!"하는 불쾌감이 일어난 것은 삼독(三毒 : 탐·진·치)이 드러나는 순간이다.

주객(我·法)에 대한 공(空)의 지혜가 인격에 육화(肉化)되지 못하고 "내 새 차(我·法)!"하고 주객을 실체시하였으니 부정할 수 없는 어리석음(痴毒)이요, 차에 대한 아까운 마음이 일어났으니 탐(貪毒)이요, 불쾌감정이 일어났으니 진(瞋毒)의 드러남이다. 이처럼 쾌·불쾌가 난무하는 많은 순간들이 자신의 번뇌(탐진치 三毒)를 직면시켜 주고 있다는 것을 사무치게 깨닫는다.

나는 성찰(省察)이라는 것을 특별하게 생각하지 않는다. 평소 주바라밀에 몰입하며 살아가다가 경계에 걸렸을 때 마음을 들여다보고 불성(佛性)의 빛을 굴절시키는 탐심·진심·치심(삼독)을 밝혀내는 작업이 성찰이요, 이미 지은 미성숙을 한탄만 하고 있지 않고(제2의 화살을 쏘지 않

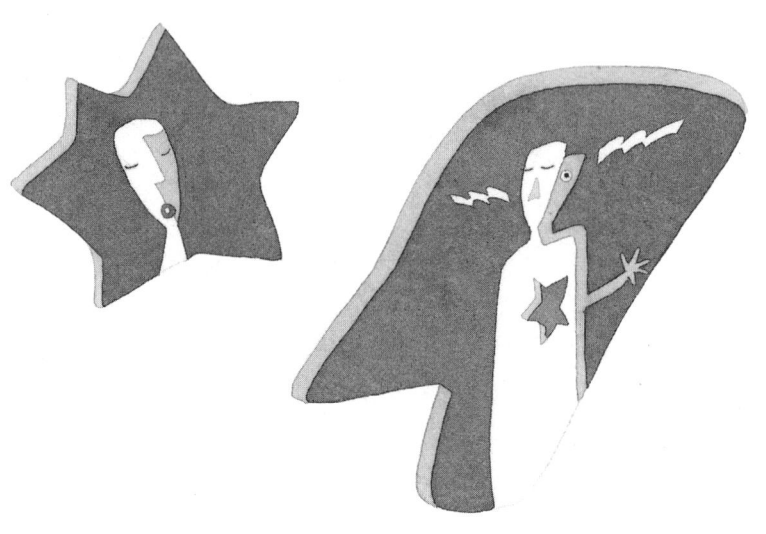

고) 계(戒)·정(定)·혜(慧) 삼학의 대응을 민첩하게 해내는 과정이 성찰이다.

사람은 사회적 동물이기 이전에, 환경으로부터 이미 독립해 있는 존재이다. 사회적인 인간 관계에서 사랑과 인정을 아무리 잘 받더라도 큰 인격이라 할 수는 없는 법, 도리어 심리적인 내면 과정에 욕심이 사라지고 성내는 마음이 정화되고 존재하는 것들을 실체시(實體視)하는 어리석음이 사라질 때 위대한 인격이다. 그럴싸한 말과 행동으로 세인의 마음을 사로잡더라도 내면에 크고 작은 번뇌가 나부끼고 있다면 부끄러운 일이다.

젊은 수도인 보조 스님께서 한 철 나시고자 지리산 상무주암에 들어가시기 전 자신의 심정 한 마디를 도반들에게 고백한 일이 있었다.

"내 마음에 이따금 비치는 실낱같은 한 자락의 번뇌는 마치 흉악한 원수를 내 집에 기르고 있는 것 같다."

스치는 번뇌 한 자락을 자기 집안에 끼고 있는 원수에 비유한 보조 스님의 서릿발같은 성찰 자세는 만고의 교훈이 된다. 옷깃이 여며진다.(그해 상무주암에서 한 철 정진을 마치신 보조 스님은 드디어 원수가 사라졌다고 기뻐하셨다.)

차가 돌담에 부딪쳐 불쾌해짐을 느끼는 순간, 이미 나는 불쾌에서 빠져나와 불쾌와 그 불쾌의 원인인 삼독을 흥미롭게 음미하고 있었고 "그래, 좁은 사거리이니 차가 붐빌 수밖에 없는 일이요, 그 상황에 핸들을 꺾는 것 또한 당연한 일이요, 꺾은 방향에 돌담이 있었으니 부딪혀야 순리이지. 그 좁은 공간에서 차들이 충돌 않고 잘 지나가니 신기한 일이요, 사람에 부딪치지 않고 담에 부딪혔으니 천행이지 아니한가. 새차를 타면서 묘하게 달라붙어 있는 '새 차 집착증' 떨쳐내라는 불보살의 정문일침(頂門一鍼)일지니 얼마나 감사한가."

어디 그뿐인가. 관점을 달리할 때 "나니, 너니, 차니, 좁은 거리니 하는 실체가 어디 있단 말인가"하고 읊조리는 동안 마음은 벌써 평화로와졌고 주바라밀로 돌아와 허공 같은 마음을 관(觀)하면서 아미타불(阿彌陀佛)을 염(念)하고 있지만, 촉(觸) 순간에 첫째 화살도 안 맞을 수 있는 도인(道人)이 언제 될 것이냐 하는 일말의 자조적인 마음이 들기도 한다.

그러나 어쩔 것이냐. 죽은 자식 시체를 붙들어 안고 천날을 통곡한들 무슨 소용이 있을 것이냐. 오직 하나의 길이 있다면 '이미 일어난 일은 수용, 그러면서 나아감' 그것이 있을 뿐이다.

나의 주바라밀, 염불선(念佛禪)! 초차원저인 법계 일신(法界一心)을 관하면서 '아미타불(阿彌陀佛)'을 염한다. 그러다가 문득 경계에 걸려 넘어질 때는 그 경계를 배척하지 않고 수용·성찰·해탈하면서 다시 주바라밀에로 회귀한다. 주바라밀은 유일하지만 조바라밀은 다양한 법이다.

넓은 의미로는 공기를 마시고 물을 마시는 것도 조바라밀 아니겠는가. 성찰이야말로 조바라밀의 극치이지 않을까. 주바라밀과 조바라밀의 적절한 조화! 누군가의 삶이 그러하다고 볼 때 화려하지도 단순하지도 않은 조촐한 그림 같다.

화합(和合)의 삼요(三要)

내가 불교의 문턱에 들어서자마자 만난 것은 불·법·승 삼보(三寶)였고, 그 중 승(僧)의 의미는 '화합하는 무리'였다. 즉 승보라는 것은 '화합'이라는 조건이 전제되는 개념인 것이다. 더 정확히 말하면 세상 사람으로부터 삼보의 하나로 대접을 받으려면 화합할 줄 아는 인격을 갖추어야 한다는 말이다.

"승보(僧寶)란 좁은 뜻으로는 스님들이요, 넓은 뜻으로는 불법(佛法)을 가르치는 법사(法師), 신행 깊은 거사·보살, 그리고 불교 학자들이요, 더 넓은 뜻으로는 불교 신도들, 세상 사람들 등이다."

동심원(同心圓)을 그려 도식화한다면, 원 속 한가운데에 드는 무리가 스님들일 것이니 스님들이야말로 화합으로는 도사급이 되어야 할 것이다. 그런데 나는 승려가 된 후 놀라운 사실을 무수히 접하게 되었는데, 화합의 본보기가 되어야 할 스님들이 화합을 잘 못하고 산다는 점이었다.

화합에 관심을 두면서부터 세상 사람들의 인간 관계를 유심히 관찰하곤 했다. 기준에 따라 평가는 달리 되겠지만 젊은 날의 내 기준으로는 세상이 온통 불화의 수라장이었다.

　세상 사람들의 불화의 이유가 대체로 사소한 것들이다. 물론 살아가다 보면 불화를 빚는 일이 있더라도 다투어야 할 큰 쟁점이 있을 것이다. 그러나 내가 관찰한 바로는 관계를 깨뜨려도 될 만한 큰 사안은 거의 보지 못했다.

　불화란 상대방에 대한 불유쾌 감정을 의미한다. 일방적이든 상호간이든 상대방에 대한 불만 감정이 불화이다. 불화를 해결하려면 서로의 속에 있는 상대방에 대한 감정을 정리해야 한다. 그 길이 무엇일까?

화합의 삼요

　세상에 존재하는 모든 것은, 그것이 유형이든 무형이든, 일체의 것들은 그 존재 질서[이치]가 있는 법이다. 정사유(正思惟)의 자세로 존재를 음미해 보면 그 존재 이치가 드러나게 되어 있다. 철학이니 과학이니 격물치지니 하는 큰 부담은 갖지 않더라도 조금 깊게 사색한다는 자세로 존재에 접근하다 보면 존재는 한겹 두겹 베일을 벗으면서 내장하고 있던 질서나 이치를 드러내게 되어 있다.

　10여 년 불화의 장면을 관찰해 본 결과 불화의 구조가 환히 보였고, 이어서 화합의 길이 확연히 내다 보였다. 그 결과 얻어진 결론이 화합(和合)의 삼요(三要)이다.

　불화(不和)의 구조는 눈과 모습이다. 즉 상대방의 모습[얼굴·말·행동 등]을 내 눈[마음의 눈]으로 보고 내 기대에 미달되면 속이 상한다. 이것이 불화이다. 마찬가지로 상대방은 나의 모습을 그의 눈으로 보고 기대에 미달된 만큼 불화를 경험한다. 눈과 모습, 이것이 화(和)·불화의 기초이다.

화(和)·불화의 구조가 그렇다면 화합의 원리는 다음과 같이 도출된다.

보는 눈을 책임진다 — 제1원리

보여지는 모습을 책임진다 — 제2원리

'보는 눈'을 책임짐으로써 내 마음이 평화롭고, '보여지는 모습'을 책임짐으로써 상대방의 마음을 편케한다. 참으로 명료·간단·확연한 원리 아닌가. 나는 이 두 원리를 도출해 놓고 역사상에 제법 큰 기여를 한 것 같이 기뻤다.

그러나, 시간이 흘러가면서 현실적으로 문제가 되는 점을 발견하게 되었다. 그 원리 자체는 대단히 좋지만 인간 관계에서 수준 높게 눈과 모습을 책임진다는 것이 쉬운 일이 아님을 깨닫게 되었다.

한동안의 탐색 끝에, 여기에 첨부해야 할 중대한 원리를 발견했다. 교류(대화)이다.

교류(대화)한다. — 제3원리

교류가 위의 두 원리에 보완됨으로써 세 원리가 어우러져 묘하게 현실성 있는 덕목으로 드러나게 되었다.

눈 · 모습 · 나눔

눈 책임, 모습 책임, 그리고 교류! 대상을 받아들이는 내 눈을 불안(佛眼)에 접근시켜 감으로 상대에 대해 보다 우호 감정을 갖게 된다. 상대에게 비쳐지는 내 모습을 부처의 덕상(德相)에 접근시켜가니 상대방이 나에게 가질 수 있는 불쾌감을 지양시켜 우호감을 높여 준다. 그러한 과정에 역부족으로 풀리지 않는 매듭이나 잘 풀려 트여 가는 마음을 서로 나누니(교류 · 대화) 드높아 가는 우정의 관계가 확인된다. 드디어 만족할 만한 원리가 정립되었다.

이 화합(和合)의 삼요(三要)는 15여 년 개척해 온 동사섭 법회의 근간을 형성하고 있는 중대한 강령(綱領)이 된 셈이다. 아마 가정이나 직장 등 어떤 공동체가 화합의 흐름을 타고 있다면 그 세 가지 원리는 어떤 식으로든 벌써 그 공동체의 맥을 형성하고 있을 것이다.

사람은 더불어 사는 존재이다. 더불어 사는 공동체에 화합이 있고자 한다면 이 세 가지 원리는 기본 척도로 활용되어야 할 것이다.

처해 있는 내 가정, 내 직장, 내 공동체에 생기가 없다면 분명 이 세 원리에 있어 수준이 미달일 것이다.

보는 눈을 책임지고자 하니 세상 사람이 점점 더 부처로 보이고 그들의 장점이 하염없이 많아 보이며 단점이 보이더라도 그것이 이해된다. 보여지는 모습을 책임지고자 하니 어떠한 충고도 감사히 수용되며, 자자(自恣)를 청해서라도 그들의 마음을 풀어 주고 내 사회적인 모습을 다듬어 간다. 교류함으로 얽히고 억압되는 마음의 먹구름을 극소화시킬 수 있고, 밝고 맑은 마음은 교류를 통해 밝음과 맑음은 더해 간다.

보는 눈을 책임지고 보여지는 모습을 책임진다. 그리고 교류한다.

원시고공(遠視故空)

사람이 세상에 태어나서 해 봄직한 것이 많겠지만 최고로 해 봄직한 것은 우리 모두의 마음을 지극히 평화롭게 하는 일일 것이다. 물론 가치관 여하에 따라 다른 견해가 있으리라는 것을 전제하고 말이다.

평화로움을 결정하는 요인이 많겠지만 궁극의 요인은 인식 주체가 인식 객체에 대해 집착하지 않는 것이다. 집착하지 않는 것이 큰 행복, 큰 평화, 큰 해탈을 가져오는 요인이라는 것을 확연히 인식하는 것만도 한 도위(道位)일 것이다.

집착이 해탈을 방해하는 걸림돌임을 깨닫고 있다면 집착을 역전시키는 전환 논리가 나와야 하는데 공리(空理 : 공의 이치)가 바로 그것이다. 집착이란 주(主)와 객(客) 사이에 흐르는 불편한 긴장 에너지다. 집착의 정도에 따라 팔한(八寒)・팔열(八熱) 지옥고(地獄苦)까지도 당하는 것이 중생 놀음이다. 이처럼 집착이 문제가 되니 집착의 근간이 되는 주와 객에 대해 살펴봐야 할 것임은 당연하다. 뭇 성자들은 주와 객의 존재성을 깊게 사유하여[正思惟・格物致知] 그 주・객(主・客, 我・法)이란 공(空)한 것이므로 전혀 집착할 바가 아니라는 사실을 깨달았다.

존재하는 모든 것은 유형이든, 무형이든, 천지신명이든, 부처님이든, 하나님이든 다 공(空)하다. 이 이치(理致)를 통해 버리면 마음이 지복(至福)의 경지에 이른다. 『반야심경(般若心經)』이 갈파하고 있는 "존재하는 모든 것이 공(空)함을 환히 알고 모든 고뇌에서 벗어났다"함이 바로 그것이다.

나는 대학 1학년 때 『반야심경』과 인연이 된 것이 불교와의 첫 만남이었고, 『반야심경』의 한 구절인 "색즉시공(色卽是空)"을 붙들고 씨름하다가 종교적인 첫 체험을 하였다. 그것을 계기로 공(空)에 대한 접근을 여러 측면으로 해 보게 되었다. 해공 십조(解空十條)라는 이름 하에 공을 요해(了解)할 수 있는 길을 다양하게 정리·명상하면서 적지 않은 체험을 해왔다.

성멸고공(成滅故空), 무상고공(無常故空), 불가득공(不可得空), 인과고공(因果故空), 연기고공(緣起故空), 중연고공(重緣故空), 가합고공(假合故空), 분석고공(分析故空), 미시고공(微視故空), 영시고공(永時故空), 원시고공(遠視故空), 의근고공(依根故空), 파근현공(破根顯空), 심조고공(心造故空), 성기고공(性起故空), 중도고공(中道故空) 등이 그것이다.

공을 요해할 수 있는 길은 무수히 개발될 수 있다. 그러나 공을 체험하기 위해서는 한두 개의 방편에 깊게 몰입하는 것이 좋다. 공 자체가 목적이 아니고 집착을 여의고 해탈을 하기 위한 방편으로서의 공일 뿐이기 때문이다.

요즈음 내가 주로 관하고 있는 것은 해공 십조 중 원시고공(遠視故空)이다. 멀리 바라다보니 공하다는 의미이다. 앞에 놓인 금덩이를 어떤 거리에서 바라다보는 것이 옳은가? 옳고 그름을 논한다면 다 옳다. 그러나 어떤 거리에서 바라다보는 것이 바람직하겠느냐고 묻는다면 집착을 일

으키지 않을 수 있는 거리라야 바람직하다 할 것이다. 집착은 곧 지옥고(地獄苦)로 통하는 문이니까……. 어떤 거리라도 다 옳다면 집착을 일으키지 않고 마음을 보다 크게 자유롭게 할 수 있는 거리를 취함이 바람직하리라.

　법회차 몇 차례 외국 여행을 하면서 느낀 것이 있다. 한반도에서 이러저러한 진지·심각했던 것들이 아스라히 가물거리는 흙먼지처럼 느껴졌다. 한반도에 묶여 있으면서 5년, 10년 노력해도 해결 안 되는 번뇌가 외국 살이 일 년 정도만 해도 자연히 해결된다고 했던 어떤 스님의 말씀이 공감되고도 남았다.

　무엇이든 멀리 바라다보면(遠視) 그것에 대한 실체 의식이 희박해지면서(空) 집착이 사라져감을 체험한다. 골치 아픈 일거리가 있으면 잠시라도 여행을 떠나보라. 집착심이 빠지면서 이성적으로 관조되고 해결의 실마리가 잡힐 것이다. 멀리 바라다보는 공덕 때문이다.

인간에게 상상력이 있다는 것은 축복 중 축복이다. 상상력을 이용하여 지구를 멀리 바라다보라. 지구에서 달을 구경하듯 달 거리 쯤에서 지구를 구경하는 것이다. 내가 살아온 인생, 내가 현재 살고 있는 모습, 50억이 넘는 인류가 분주하게 살고 있는 모습 등이 구슬 만한 물건 속에서 준동하고 있다.

자신이 한 생 살아온 모든 것은 물론, 지구 위의 전 역사가 나와는 무관한 일로 느껴진다. 돈, 명예, 권력, 사랑, 우정 등 일체의 부귀 영화가, 크게는 상구보리(上求菩提)니 하화중생(下化衆生)이니 하는 것까지도 몽환포영(夢幻泡影)으로 느껴진다. 지구라는 땅을 하필 따-ㄱ 붙어서만 느껴보란 법이 없지 않은가.

그 빠른 빛의 속도로도 태양계를 벗어나려면 몇 시간이 걸리겠지만, 상상력으로는 우주를 벗어나는 일이 일 초도 안 걸린다. 원시(遠視) 방편을 잘 활용할 필요가 있다. 태양계를 벗어나고 은하계를 벗어나고 대은하계와 삼천대천 세계를 벗어나 아예 우주를 몇 억만 광년 저쪽 거리에 두고 바라다본다. 콩알만하던 우주가 깨알만하게 작아 보인다. 그때 나의 식(識)은 우주보다 몇 백만 배 더 큰, 광대 무변(廣大無邊) 자체이다. 우리의 식 공간은 사실상 초차원(超次元)적인 것이다. 그렇다면 우주쯤이야 모래알 정도로 여기고 살 수 있어야 석존의 제자요, 장자·달마의 벗이라 이를 수 있지 않겠는가.

우주 놀이는 계속된다. 먼지처럼 가물거리던 우주가 사라진다. 호호 탕탕한 무한 의식 공간만 하염없이 텅빈 진공으로 자적한다. 텅빈 진공의 식(識) 공간에 하염없는 환희로움이, 하염없는 자유로움이 묘유(妙有)로 현전(現前)한다. 일러 진공묘유(眞空妙有)인가!

나는 아미타불을 만트라로 하여 광대 무변한 허공심계(虛空心界)를 사무쳐 관해 들어간다.(만트라를 동반해야 할 중대한 이유가 있음을 언급한다.)

첫술에 배부르랴! 하면 한 만큼 된다. 모든 결실은 공들인 자의 것이다.

불해(不害)의 덕

　내가 대인 관계에서 자주 쓰는 말 하나가 '불해의 덕'이다. 해치지 않는 것만으로도 미덕이 된다는 뜻이다. 이 말을 문득문득 떠올리므로 해서 얻은 이익은 적지 않다.

　무수한 사람들의 입에서 자기 주변 사람들에 대해 서운해하는 말이 흘러나오고 있다. 그런 말을 들을 때마다, 한편으로는 다 이해되고 공감이 되면서도, 다른 한편으로는 '그 상황에서의 최선은 무엇일까' 하고 생각해 보게 된다. 그 맥락에서 떠오른 한 생각이 '불해의 덕'이었다.

　인생이란 타인과 더불어 사는 길이요, 더불다 보면 은혜도 주고받고, 해침도 주고받는다. 주고받는 과정에서 인간은 상대방에게 기대를 걸게 되고 기대에 부응해 주지 않으면 실망을 하게 된다. 불해의 덕이 부재한 심리 현상이다.

　은혜를 주고받음은 훈훈한 일이다. 세상이 그러했으면 좋겠다. 해침을 주고받는다는 것은 안타까운 일이다. 그러나 그것도 인생의 일부이거니 하고 수용·대응하는 길밖에 없다.

지금 명상해 보고자 하는 것은 '기대 미달의 실망'에 대해서이다. 사람의 어리석음은 동물보다 더 한 경우가 많다. 동물은 배가 차면 더 먹지 않고 자기를 해치지 않으면 대들지 않는다고 한다. 그런데, 사람은 배가 차도 더 먹고자 하고 해침을 받지 않았음에도 속이 상한다.

은혜를 받으면 감사함을 표하고 해침을 받으면 관용과 적절한 대응을 하면 된다. 그러나 해침을 받지도 않은 대상을 향하여 어떤 기대선을 주관적으로 그어놓고 그것에 미달된다고 서운해하고, 안타까워하고, 불평불만을 터뜨리는 것은 병리(病理)적인 집착 행위이다. 내 자신도 과거에는 그러했고 현재도 다소는 그러하다.

주변의 무수한 사람이 빈번하게 기대 미달 푸념의 병리적 모습을 보이곤 한다. 불해의 덕이 부재한 현상이다.

해침을 당하더라도 마땅히 자기 몫으로 수용해야 할 터. 해침을 받지 않은 경우까지 속상해하는 것은 과민한 일이다.

특히, 종교인들이나 수행자들은 이 부분에 깨어 있을 필요가 있다.

설날 아들이 세배를 오지 않는 것에 서운해하는 것은 이해할 수 있지만, 팔촌이 넘는 후손이 세배 안 온다고 괘씸하게 여기고 있는 정도는 좀 심한 '기대 미달 푸념'이지 않겠는가? 연필 한 자루라도 빼앗기고 속이 상하는 것은 그래도 통과시킬 수 있다 하더라도, 자기에게 털 끝 하나 건드리지 않는 상황에 대해 시비·분별·비평·비난·서운·실망 등 갖가지 미성숙으로 스스로 휘둘림을 당하고, 나아가 주변과 세상의 정적을 깨뜨림에는 어느 방편으로 처방을 해야 할지…….

이 '기대 미달 푸념'이 혼을 좀먹는 막대한 원수라는 것을 안다는 것만도 중대한 깨달음이다. 해탈·열반의 본질이 무엇이겠는가? 투-ㄱ 트인 마음이다. 툭 트인 마음을 가로막는 것이 무엇이겠는가? 집착(탐)심이다. 기대란 집착 심리 중 가장 흔한 유형이다.

기대 수위가 높은 정도만큼 중증(重症) 병리 현상을 보인다.

많은 불교인이 탐·진·치 삼독에서 벗어나는 것이 해탈이라고 말은 하지만 세상에 대해 '기대 미달 푸념'을 함에 있어서는 자각이 못 미치기 쉽다.

금생은 물론이요, 많은 생에 걸쳐 욕구 좌절의 역사를 밟아오면서 욕구 불만의 한(恨)과, 세상에 대한 두려움과, 타인에 대한 경쟁 심리와 적대 감정 등이 먼지 쌓이듯 알게 모르게 퇴적되는데, 이것들을 통틀어 공격성(瞋心, 분노)이라 한다. 이 공격성을 지니고 있다는 것은 불편한 일이다. 그렇기 때문에 어딘가에 대하여 그 편치 않은 공격성이라는 짐을 내려놓고 싶은 것이다. 그것이, 방법은 좋지 않으나 살인·방화·절도·폭력·분노·푸념 등으로 나타난다.

혹 "나는 그게 아니야"하고 이 범주에서 빠지고 싶은 사람이라 하더라도 잘 살펴보면 수긍이 가리라 본다. 인지 아닌지의 진단은 간단하다. 자기가 누군가에게 푸념이나 비난을 하고 있다면 "내가 마음이 허공과 같이 자유롭고 바다 같이 자비로워 공격성이 아예 없다 해도 이 푸념, 이 비난을 하겠는가"하고 자문(自問)해 보면 된다.

아무튼, 해침을 받지 않은 대상에게까지 어떤 기대를 스스로 걸고, 기대에 미달된다고 서운해 함·불평·불만·푸념을 해대는 미성숙에서는 속히 벗어나야 하리라. 곧 상대의 불해(不害)의 덕에 깨어 있음이다.

주변 사람이 인사치례가 좀 없다 해도, 좀 게으르다 해도, 좀 무례하다 해도, 좀 수다스럽다 해도, 좀 칠칠맞다 해도, 약속을 좀 어긴다 해도 그렇게 속상할 필요가 없다. 불해의 덕으로 만족할 수 있기 때문이요, 그들에게도 긍정점이 많기 때문이다. 설혹 불해의 선을 좀 넘어온다 해도 그럴 만한 사정이 있는 것이니 이해가 될 뿐이요, 그만하니 감사할 것밖에 없는 법, 어찌 해치지 않고 있는 모습에까지 시비를 붙이랴.

세상에 대해서, 대상에 대해서 무책임하게 아무 할 일이 없다는 뜻이 아니다. 그처럼 응무소주(應無所住)의 길을 단계적으로, 구체적으로 닦아 가는 바탕 위에 밝고 맑은 마음으로 적절한 반응을 하고, 문제를 해결하고, 상황을 지양시켜 나가는 것이다. 이것이 보살도이지 않을까.

불해의 덕! 떠올리며 살아 봄직하다.

깨어 있음 1
깨어 있기란

요즈음 '깨어 있다'는 말이 많이 쓰여지고 있다. 쓰는 분마다 나름의 뜻을 지니리라 본다.

깨어 있음의 의미는 무엇일까. 뜻의 발견을 넘어서서 명상적으로 뜻을 부여해 보자. 깨어 있음은 자고 있음의 반대말이다. 자고 있으면 무언가 알아야 할 것에 대해 알지 못한다. 깨어 있음은 알아야 할 것을 아는 것이다.

깨어 있으라고 호소하는 이유는 무엇일까? 깨어 있는 것이 좋기 때문이다. 즉 이고득락(離苦得樂)에 도움이 되기 때문이다. 당연한 이야기이다. 삶이란 순간순간 지각하고 느끼고 욕구하고 행동하는 것을 뜻하는데 그 첫과정이 지각(知覺)이라면 바로 그 지각을 바르게 하여야 될 것임은 자명한 일이다. 깨어 있으라는 말은 바로 삶의 첫 순간을 바르게 하라는 것이다.

구체적으로 깨어 있어야 할 것들은 무엇일까?

그 정답은 세상에 존재하는 무수한 것들에 대하여 깨어 있어야 할 것이다. 깨어 있어야 할 무수한 것들을 동심원 두 개 혹은 세 개, 또는 다섯·여섯·일곱 개 등을 그려 범주화해 볼 필요가 있겠다.(이럴 때마다 인간이 개념화 내지 일반화 할 수 있는 직관력을 지니고 있음에 대해 감사하지 않을 수 없다.)

6분법(六分法)으로 동심원 여섯 개를 그려 놓고 깨어 있음에 대한 명상을 전개해 나가기로 한다. 동심원 가장 밖이 세상이다. 첫째 세상에 대해 깨어 있기이다. 세상은 자연 환경적 세상, 천문학적 세상, 물리학적·생물학적·정치학적·경제학적 세상, 여러 문화 측면으로 접근되는 세상 등 다방면으로 조명되는 세상이 있을 것이다. 삶을 살아감에 있어서 우리는 그때그때 필요한 측면의 세상에 대해 깨어 있을 필요가 있다.

좀 안으로 다가와서 깨어 있어야 할 것은 바로 자기 자신이 처해 있는 직접적인 현실 상황이다. 곧 상황에 깨어 있어야 한다. 상황에 잘 깨어 있는 분은 주변 사람을 행복하게 해 준다. 상황에 깨어 있지 못하는 사람은 상황이 요청하는 소리를 보고도, 듣지 못하므로 적절한 역할을 못한다. 결과적으로 그는 주변 사람으로부터 안타까움과 미움의 대상으로 소외되는 비운을 맞게 된다.

다음은 몸에 깨어 있기이다. 몸에 잘 깨어 있는 분은 우선 자신의 건강과 체력 관리에 깨어 있어서 활력 넘치는 삶을 산다. 또한 모습에 깨어 있어서 모습을 적절히 관리하므로 주변 사람에게 아름다움을 느끼게 하는 대상이 된다. 또한 표정과 언어와 행동에 깨어 있어서 도덕적으로 방정한 삶을 살게 된다.

이제 마음에 깨어 있기이다. 마음에 깨어 있지 못하는 사람은 의식(意識)에 혼란을 겪으며 살아야 한다. 마음에 깨어 있는 사람은 자신의 속을 들여다봄이, 마치 어항 속에 놀고 있는 고기들을 확연히 관찰할 수 있듯

한다. 마음 속 구경을 하다보면 대체로 지(知)적 과정, 정(情)적 과정, 의지적 과정(Kant의 분류?)으로 구별되어 복합적으로 진행되고 있음을 알 수 있다. 이렇게 마음에 깨어 있어서 마음의 진행 과정을 관찰할 수 있다는 것은 신나는 일이다.

그리고 느낌에 깨어 있기이다. 느낌은 마음의 핵심 부위이다. 느낌에 깨어 있다는 것은 대단히 중요하다. 신체적·정서적 느낌에 깨어 있는 자는 지금 여기 순간순간을 온전히 누린다. 느낌에 둔감한 사람은 지적 작업 내지 과업 지향으로 숱한 스트레스를 받으며 마음의 그윽한 평화로움으로부터 멀어지게 된다. 느낌에 잘 깨어 있는 생활을 하는 사람은 느낌의 원인을 잘 살펴 느낌을 조율할 줄 알고 최고의 느낌인 해탈에까지 효과적으로 이르러 갈 수 있을 것이다.

끝으로 깨어 있음의 극치인 깨어 있음 자체이다.

깨어 있음 자체는 주객(主客)이 없다. 주객 일체가 개념 이전에 머무른다. 내 표현으로는 각성점두(覺性点頭)라, 혹은 '옴'이라 한다. '옴'은 보여질 뿐 보지 않음이요 들려질 뿐 듣지 않음이요 의식되어질 뿐 능동적 의식 작업을 하지 않는다. 근(根)·경(境)·식(識識) 삼사(三事)의 화합임에는 어김없으나 일체[三事]가 개념 이전에 있으므로 사량 분별(思量分別) 없이 깨어 있을 뿐이다. 이를 체험할 줄 아는 분에게는 당연하고 자연스러운 일이지만 체험을 하지 못하는 분에게는, 정확한 표현으로는 이미 체험을 하고 있으면서도 체험하고 있는 줄을 모르는 사람에게는 꿀맛을 보지 못한 사람이 꿀 강의를 듣고 있는 것과 같다. 이미 '옴'을 살고 있으면서도 '옴'을 알지 못하니 안타까울 수밖에 없다.

'옴'으로서의 깨어 있음, 그것은 그 자체로 극히 좋다. 이 각성점두(覺性点頭), '옴'은 인위(因位)이자 동시에 과위(果位)이다. 인위 측면으로 볼 때는 적당한 긴장이 요청되고 과위 측면으로 볼 때는 하염없는 성성적적(惺惺寂寂)의 평화로움이다.

깨어 있음, 주객의 개념이 사라진 자리에 '깨어 있음 자체'가 현전(現前)할 때 드디어 그 이름 값을 다하게 된다.

깨어 있음 2
각성점두(覺性点頭)

'무엇인가에 깨어 있음'이 깨어 있기이다. 대상으로서의 그 '무엇인가'가 사라지고, '깨어 있음' 자체가 깨어 있기의 대상이 되는 것, 그것이 마지막 깨어 있음이요, 가장 본질적인 구경의 깨어 있음이다. 마치 고양이가 먹이를 찾아다니지 않고 자신의 꼬리를 물고 맴도는 것과 같다.

즉, 잠시라도 육근(六根)에 들어오는 다양한 객체[대상·六境]에 주의(注意)가 가는 심리 과정에서 주의를 몰수해 버리는 심리 과정으로 전환해 보라. 다시 말해서, 대상을 보는 능동적 행위를 그치고 대상이 의식되기는 할지라도 대상에 에너지[관심·주의]가 가지 않는 수동적 행위에로 전환하는 것이다. 이때 대상의 존재는 개념성을 잃고 오직 어떤 '깨어 있음성(性)'만 체험된다.

이것이 가장 순수하게 깨어 있음이요, 각성 점두의 전부이다. 이 각성 점두가 되었으면 그 명징성(明澄性)과 지속성(持續性)을 확장시키는 일이 있을 뿐이다.

그런데 그 에너지 전환, 곧 주의의 몰수가 쉽지 않고, 잠시 점두되었다고 해도 에너지는 다시 과거에 길들여진 대상들에게로(의지적으로가 아닌 습관대로) 달아나 버리는 것이 중생 놀음의 현실이다. 즉 찾아 헤매던 아이를 이미 자신의 등에 업고 있었음을 문득 깨달은 자가, 다시 "내 아이 찾노라"하는 격이 된다는 말이다.

그러나 끝내 유념할 것은, 각성이 없는 사람은 없고, 그 각성을 지금 바로 살고 있지 않는 사람은 없다는 점이다. 오직 유감인 점은, 이미 그리고 이 순간 바로 살고 있는 그 각성을 의식(점두)하지 못함으로 인하여 에너지(관심·주의)의 방향이 우주의 중심인 각성을 떠나 무수한 타방에 방황하고 있는 것이다. 그것이 중생 놀음이요, 비극이라면 큰 비극이다.

각성이란, 모든 것에 대한 끌림의 에너지(貪)가 끊기고, 모든 것에 대한 저항의 에너지(瞋)가 끊기고 모든 것에 대한 개념화(痴)가 쉬어버릴 때에는 자연히 체험적으로 현전할 것이지만, 몇 겁을 닦아서 그 현전을 기대할 것인가.

여기서 말하고자 하는 것은 삼독이라는 먹구름의 정도나 유무와는 상관없이 이미 각성은 현전해 있다는 점이요, 현전해 있는 그 각성을 현재진행형으로 현전하고 있다고 의식(체험·점두)하기만 하면 된다는 점이요, 그 일이 결코 어렵지 않다는 점이다. 각성을 체험하고 있는 분상에서는(한 번만이라도 확 체험해 본 분상에서는) 실로 아무것도 아니라 할만큼 당연한 것이요 직접적인 것이다. 마치 공기가 코를 통해 이미 나들이하고 있음을 문득 발견하는 것과 같다.

어떤 사람이 아이를 등에 업고 "내 아이 못 보셨소? 내 아이를 찾아주시오"하고 있는 모습을 본다면 안타까운 일이요, 어떤 사람이 구름 낀 날 신문을 보고 있다가 이미 태양의 빛에 의해 신문을 읽고 있으면서도

그 빛을 깨닫고 즐기지 못하고 "저 빌어먹을 구름 좀 벗겨 주시오"하고만 있다면 역시 안타까운 일이다.

이미 고향에 살고 있으면서도 그 고향을 느끼지 못하고 있으니 안타까운 일이지 않는가. 스스로를 돌아보고 잘 점검해 볼 일이다.

각성 체험(점두·의식)은 삼학(戒定慧)이 깊어질수록 그 가능성이 높아지겠지만, 삼학이 각성 점두(체험)의 필요 조건은 될지언정 절대 조건은 아니다. 물론 삼학의 수준이 완전 제로일 때는 각성점두는 고사하고 인간으로 탄생하는 자체가 불가능할 것이다. 인간 정도의 중생이라면 새로이 삼학을 세월 잡아 닦지 않더라도 효과적인 인연만 만나면 내가 말하는 각성점두는 단박 가능하다.

각성점두의 명징성(明澄性;一相三昧의 정도)과 지속성(持續性;一行三昧의 정도)에는 범부지(凡夫地)에서 불지(佛地)까지 무수 단계가 있을 것이므로 각성 체험 정도와 바라밀(삼학·팔정도·육바라밀)의 함수관계는 당연히 성립되겠지만 끝내 말하고자 하는 점은 "아, 이것이 각성이구나!"하고 각성을 점두하는 일은 극히 중요하되 또한 극히 어렵지 않다는 것이다.

마치, 양 새끼로 오인하고 살던 사자 새끼가 밀림의 왕으로서 완전한 군림을 하기 위해서는 "나는 밀림의 왕, 사자다"라는 확고한 정체감이 서야 하고, 왕으로서의 경륜을 쌓는 데는 세월이 필요하지만 "나는 양 새끼가 아니고 사자 새끼이구나"하고 깨닫는 점두(點頭)는 양(量)적인 단계가 필요 없고 단박 질(質)적인 사고(思考) 전환만으로 O.K라는 말이다.(어미 사자를 잃은 새끼 사자는 양떼의 틈에서 자라게 된다. 새끼 사자는 양의 울음 소리를 내며 야들야들한 풀을 뜯는 등 그 하는 품이 영락없는 양이었다. 사자는 양처럼 나약한 동물로 변해 갔다. 어린 사자의 행동은 틀림없는 양의 짓거리였다. 어느 날, 이 어린 사자는 한 늙은 사자와 상봉하게 되었고, 늙은 사자는 그 어린 사자에게 자신의 용맹스러운 모습을 보여주는 등 이 새끼 사자에게 다시 야성의 참모습을 찾게끔 노력을 기울이게 된 결과, 어린 사자는 드디어 자신의 진정한 모습을 발견하게 됐다는 이야기가 있다. 이 우화는 아트만이즘에 떨어지지 않는다면 아주 적절한 비유이다.)

어떤 것(六境)에도 주의(注意, 관심 에너지)를 두지 않고 있을 때에도 절대로 사라지지 않고 현전해 있는 '살아 있음성!' 그것을 체험해 보려고 시도해 보라. 문득 "아, 이제 내가 팔만 사천의 벡터(Vector) 놀음을 그치고 쉬어도 될 고향을 확실히 찾았구나"하고 탄성을 올리게 될 것이다. 그리고도 다시 벡터 놀음이 지속되면 "이것이 숙겁에 쌓아온 습관성(업장)이구나!"하고 깨달으면서 다시 각성의 바다에서 유유히 자적하면 된다. 물론 연기법 등 다양한 바라밀에도 의지해야겠지만 말이다.

　이 '깨어 있음성'을 살지 못하는 한 영원히 진리를 찾아 헤맬 것이요, 고단한 당위(當爲) 놀음을 그치지 못할 것이다.

상품(上品) 불교인의 활로(活路)

"저는 불교에 입문한 지 10여 년이 되었습니다. 학교 선생을 하면서 단기 불교 대학도 이수했습니다. 불교 서적도 상당히 읽었습니다. 별 욕심 같은 것 없이 항상 만족하고 감사해하며 행복한 삶을 삽니다. 매일 삼사십 분 정도 좌선을 하는 것도 적지 않은 즐거움입니다. 그러면서도 마음 깊은 곳에 흐르는 은근한 공허감을 떨쳐낼 수 없고 무언가 제대로 해야 할 것이 있을 것 같이 느껴집니다. 이러한 저에게 불교 공부를 어떻게 해야 할 것인지 지도해 주십시오."

최근에 접한 질문이다. 많은 불교인들이 불교 수행을 제법 해가는 과정에 필히 그러한 심리 상태에 이르리라고 생각한다. 종교적, 도학적 생활을 통해 상당히 수준 높은 행복을 누린다 해도 "어떤 새로운 돌파구 없이는 내면 깊이 흐르는 공허감을 완전히 제거 못하겠다"는 자각에 이를 터이다. 역시 해탈이 아니면 근본적인 고뇌 해결은 불가능하다는 자각과 같은 의미이다.

좀 관념적인 듯하고 진부한 듯한 말 같지만 단도 직입으로 위 질문에 대한 적절한 답 하나를 제시한다면 "존재의 실상(實相)을 깨닫는 것"이다. 존재의 실상을 환히 비춰보신(照見五蘊皆空) 관자재 보살님은 일체의 고뇌로부터 벗어나셨다지 않은가.

인생이란 '마음'이라는 존재가 '나'라는 존재를 근거지로 삼고 '세상'이라는 존재를 누비며 동분서주하는 과정이다. 삶의 모든 소재는 존재이며 존재 때문에 행·불행의 희비가 엇갈린다.

따라서 삶의 소재인 존재의 참모습(實相)을 알아버리지 않는 한, 존재라는 걸림돌에 채이고 살 수밖에 없는 것이 중생의 삶이다.

그렇다면 존재의 참모습은 무엇인가? 부처님께서 초기 경전에 누누이 밝히셨듯이 일체의 존재 속에는 연기(緣起, 因緣生起)라는 절대적 원리가 종횡(縱橫, 시간적 공간적)으로 흐르고 있다.

우리가 일반적으로 어떤 존재에 대해 '그것'이라고 실체시(實體視)하는 모든 것은 연기적 존재이므로 '그것'은 그것이 아닌 것(非그것)이다. 고정된 실체가 아니므로(非實體, 無我, 空) 이 세상에 집착할 근거는 찾을 길이 없다.(이런 말이 난해하고 아리송하게 들릴지 모르나, 근본불교의 핵심 개념인 연기고공(緣起故空)에 다소의 깊은 관심을 가지고 접근한다면 너무도 당연한 논리요, 해탈의 비결임을 알게 될 것이다.)

곧 존재의 실상을 깨닫는다 함은 존재를 즉하되 연기이므로 무아(공)라는 이치를 사무쳐 깨닫고 존재에 대해 집착하는 마음(사량·분별)이 끊겨 타-ㄱ 트인 각성(覺性)을 느낀다는 뜻이다.

'느낀다'는 말을 크게 유념해야 한다. 대체로 많은 불교인이 무상·무아 등의 진리 말씀을 지적(知的)으로는 이해하더라도 그 이해에 따라오는 느낌을 느끼지 않고 있는지 모른다. 이것이 학문과 수행의 거리다. 이해(관념)에 깊은 명상적 사유가 뒤따르지 않으면 느낌을 제대로 알지 못한다.(누리지 못한다. 느낌을 느끼지 못하는 앎만이라면 로봇과 다를 바가

없다.)

 한 일 자(一)를 그을 줄 알기로는 순간의 일이지만 그 한 일 자를 백 번, 천 번 쓰기 연습을 할 때 품격 높은 혼이 서리고 명필로서의 향기를 발할 것임은 자명한 이치이다. 천재란 반복이 낳는 법, 정작 연기의 이치가 이해되었거든 연기를 무수히 반추하면서 명상해야 한다. 그렇지 않는 한 연기는 느낌으로 살아지지 못하고 머리끝에서만 놀고, 정작 삶은 존재를 실체시하며 집착하던 과거의 업 놀음에서 벗어나기 어렵다.

 존재의 참모습(實相)이란 그 존재를 떠나서 별도로 있는 게 아니라 그 존재 속에 이미 흐르고 있는 존재 질서(원리·법칙)를 "아하!"하고 이해한 다음 그 존재 원리로 존재가 관조될 때 그 존재는 그 모습 그대로가 실상인 것이다.

 일체의 존재(諸法)가, 실상(實相)인 비상(非相, 無常의 相, 無我의 相, 空의 相, 즉 緣起의 相)으로 관조됨으로써(照見五蘊皆空) 유상(有相)으로 보고 집착하던 에너지가 회수될 때 의식의 저변에 흐르는 뿌리깊은 공허감은 증발해 버리게 된다.

이 관조가 실효를 거두려면 여타 바라밀들이 필요하다. 그것은 마음을 고요히 가라앉히는 작업(定)과 방정한 언행(戒) 등의 생활이다. 서두의 질문자는 질문 내용이나 질문 분위기로 보아 계(戒)·정(定) 등의 바라밀이 상당히 자리잡혀 있는 듯했다. 그러나 계·정 등의 바라밀 수준에 한계란 없는 법이다. 굳이 있다면 그 한계는 불지(佛地)이다. 오직 겸허하게 보다 방정한 언행 생활을 가꾸어 갈 일이요(戒), 화두를 들든, 염불을 하든, 주력(呪力)을 하든 보다 그윽하게 마음을 가라 앉혀가야 한다 (定).

여기 한 사람이 있어, 그의 언행이 흠잡을 바 없이 바르고 그의 마음이 새벽의 정적처럼 고요하고, 공리(空理, 緣起故空)에의 사무침이 맑은 햇살 같을 때 어디에 공허의 아지랑이가 서릴 수 있으랴.

불교사를 통틀어 볼 때는 연기가 해탈의 절대 조건은 아니라 할지라도, 역시 불교의 대동맥(大動脈)은 연기를 떠나 논할 수 없다. 유감스러운 것은, 연기가 명상되지 않고 너무 쉽게 회자(膾炙)되고만 있는 점이다. 부처님의 설법을 매일 듣던 상수 제자 사리불 존자님과 목갈라나 존자님은 보름·일주일만에야 연기가 이해됐고, 이어서 피나는 명상으로 체득의 과정을 가짐으로써 아라한과를 이루게 되었음을 귀감삼아야 한다.

근본불교에 눈이 밝은 많은 선지식들이 나오셔서 연기(空理) 프로그램으로 아라한들을 배출해낸다면, 이는 말세의 탁류를 여과시키는 크나큰 장치가 될 것이다.

느낌과 표현

당신이 방에 들어와 책상 앞에 앉았을 때, 당신의 책상 위에 놓인 화병의 꽃 한 송이에 보일 수 있는 대응은 여러 가지다.(그 꽃은 당신 가족 중의 누군가가 당신에게 배려한 마음의 표시였다.)

당신은 어떤 대응을 취하는 유형일 것 같은가? 많은 유형이 예상되지만 다음 다섯 가지로 정리해 본다.

첫째, 보지도 못하는 경우가 그 하나이다. 그는 책상 위에 놓인 꽃이 보일 만큼 심리적 여유를 가지고 사는 것이 아니다. 그의 두뇌는 쉬지 않고 무엇인가를 생각하고 있고, 해야 할 일거리가 끊임없이 앞에 다가서고 있다. 자신의 목적과 무관한 것은 눈에 들어오지 않는다. 그런 사람에게 정서 생활을 기대하기는 어렵다. 말하자면 가장 불행한 유형의 사람이다.

둘째, 보았지만 느끼지 못하는 유형이다. 첫째 유형보다는 진일보하였지만 아직 그의 의식은 경화 과정에서 풀려나지 못하고 있다. 첫째 유형이 꽁꽁 얼어붙어 있는 한겨울의 빙산이라면, 둘째 유형은 입춘이 지나고 빙산이 녹아 내릴 조짐을 보이고 있는 것이다. 첫째 유형이 죽어 있는 시체라면, 이 둘째 유형은 다소 온기가 있는 식물 인간이다. 아무튼 꽃을 보고도 느낌이 있지 않으니 안타까운 일이다.

셋째, 보고 느끼는 경우다. "응? 웬 꽃이야!"하면서 좋은 기분을 느낀다. 이 사람은 이제 사람이다. 사람은 기계와 다르다. 느끼는 존재이다. 무언가를 인지하고 느낀다. 그것이 사람이다. 이 셋째 유형은 이 삼월이 지나면서 얼음이 녹아 내리고 파릇파릇 봄색을 드러내고 있는 셈이다. 산천에 따사로운 기운이 감돌고, 초목이 아름답게 각양 각색으로 자태를 드러낸다. 꽃을 보고 행복감을 체험하니 완연한 사람 노릇이다. 그 사람은 생각할 때 생각하고, 일할 때는 일하지만 산수(山水)를 즐기고 베토벤을 감상할 수 있다. 의식 공간에 휴식의 자리가 있어 지(知)·정(情)·의(意)가 균형잡혀가고 있다. 여기에 이르러 예술이 기지개를 켜고 눈을 뜬다.

그러나 일 보 더 나아가야 한다. 느낌에서 그치지 않고 표현까지 하는 것이다. 이것이 넷째 유형이다. 꽃을 보았다. 앙증스런 꽃의 아름다움에, 가족 누군가의 섬세한 사랑에 행복함을 느꼈다. 나아가 밥상 머리에서 "책상 위에 놓인 꽃 한 송이에 한 순간 행복했는데 내가 어느 천사님께 감사의 절을 해야지?" 식으로 표현하는 것이다.

이 표현의 주인공이 가장(家長)이신 아버지라면 얼마나 멋있는 아버지이신가! 한 가족의 행복감이 표현을 통해 가족들에게 번져나갈 때 그 가정 어느 공간에 불행의 기운이 서릴 수 있으랴. 한 사람의 기운은 은밀하게 가정 공간, 사회 공간, 법계 공간에 번져가는 법. 세상을 구하고자 한다면 행복의 기운을 창출하고 표현할 일이다.

끝으로 느끼고 표현함에서 한 발 더 나아가 깨닫고 행하는 것이다. 꽃 한 송이의 배려 '만큼'의 행복감을 느꼈다면 "아하! 이 적은 듯한 한 배

려가 상대방에게 이만한 영향을 일으키는구나! 그가 나에게 그러했듯 나도 타인에게 그러하리!"라고 하는 깨달음이 따를 것이다. 그러한 깨달음이 행동으로 발전함에 따라 천파만파(千波萬波) 중중(重重)하게 청복(淸福)이 누벼짐으로써 세상은 보다 급진적 진화를 거듭하게 될 것임은 자명한 일이다.

명상코자 한 핵심은 느낌과 표현이다. 느낌이라는 것, 표현이라는 것에 눈뜨는 일은 삶에서 참으로 중대한 사건이다. 동사섭 법회에 한 불교 학자이신 스님이 동참하셨는데, 불교학에 매진하면서도 느낌 부분에 눈뜨지 못하고 해온 과거를 크게 돌아보시면서 동사섭 법회에서 느낌에 눈뜬 것은 마치 화룡점정(畵龍點睛)과 같은 큰 사건이었다고 고백하다 그 정도로 느낌에 눈뜨는 일은 상당히 중대한 의미를 띠고 있다. 그것은 한 불교학자의 고백이었지만 모든 불교인, 모든 사람으로 하여금 자신을 돌아보게 하는 시사점을 지니고 있다.

책상 위의 꽃송이를 부처님의 말씀 한 마디로 대치해 보면 같은 논의가 된다. "존재하는 모든 것들은 다른 모든 것들과 관계 맺음을 통해서만 존재할 수 있다"는 중중연기(重重緣起)의 이치를 머리로 이해하는 수준에서 끝나고 가슴으로 느끼는 것이 없다면, 그 진리 말씀이 무슨 의미가 있겠는가. 많은 불교인이 부처님의 여러 말씀을 느낌 수준으로까지 융해해 내지 못하고 있다면 그 소중한 연기의 이치가 지식 체계 하나로 대뇌에 저장되어 도리어 스트레스를 가중시킬 것이다.

그러나 가슴을 열어온 사람은 다르다. 관계 맺음을 통해서만 존재한다는 이치를 명상하는 과정에 "아하!"하고 존재하는 것들의 비실체성을 감동적으로 느끼면서 집착에서 놓여나는 시원한 해탈감을 느낄 것이다. 또한 더불어 한몸이라는 이치를 깨닫게 됨으로써 동체대비(同體大悲)의 사랑을 일체의 것들에서 느끼면서 보살의 원력을 저버릴 수 없을 것이다.

이처럼 느낌이 중요하다면 평소 자신의 가슴에 깨어 있는 삶을 산다는 것은 중요하다. 거친 느낌을 부추길 일은 아니지만, 이미 일어난 느낌은 그것이 섬세하든 거칠든 그것을 감지한다는 것은 너무도 중요하다.

9월 3일, 창문 밖에 하늘거리는 파초 잎이며, 막바지 노홍(老紅)을 뿜어내는 백일홍, 짙은 녹색의 감나무, 의젓한 자목련 나무, 하염없이 단조로운 운곡(韻曲)을 뽑아내는 매미들의 노래…. 나는 그윽한 환희로움을 만끽하고 있다.

속살림

　나는 사람을 대하면 그분의 마음이 얼마나 평화로울까에 주된 관심이 있고, 바로 이어서 무슨 방편으로 마음의 평화로움을 관리하실까로 관심이 연결되곤 한다.
　명상 제목인 '속살림'이란 마음을 평화롭게 하는 수단, 그 방편을 의미한다.
　내가 관찰해 온 바로는 거개의 많은 사람이 별 속살림 없이 사는 듯했다. 그냥 일어난 욕구나 주어진 일에 반사적으로 반응하며 살아간다. 물론 마음에 다소 흙먼지가 묻어 있어서 그 빛을 온전히는 발휘하지 못한다 해도 어김없는 진주요 보석이라는 것을 의심치는 않는다.
　몇 생 게으름을 피워 그 진주, 그 불성이 삼악도(三惡道) 서행을 한다손 치더라도 어느 생엔가 시절 인연이 오면 불성 광명이 온전히 드러날 것임은 자명하다. 나는 그것을 확고히 믿으므로 크게 초조하지는 않는다. 그러나 문제는 고통이다. 많은 중생이 과거의 게으름이나 악연(惡緣) 등에 의해 괴로움을 당하고 있다. 괴로움의 원인은 결국 허술한 속살림 때문이다. 그래서 만인에게 속살림이 어떠한가 묻게 된다.

일체유심조(一切唯心造)이다. 자신의 마음이 모든 것을 빚어낸다. 자신의 마음이 자신의 건강 여하, 자신의 환경, 자신의 인생, 자신의 우주를 빚어내는 법. 세상의 어떠한 일보다도 자신의 마음 다루는 일을 극히 중요하게 여겨야 한다.

나는 늘 내 자신을 첫번째로 문제 삼는다. 요통으로 가끔 고생을 한다. 내 마음속의 무엇이 요통으로 드러나는가 명상해 본다. 전주 어느 서점에서 책 한 권을 사 가지고 나오다가 입구에서 미끄러져 오른 팔을 삐었는데 6개월이 지나도 완치가 안 된다.

내 마음의 어떤 것이 드러나고 있는 과정인가 정사유(正思惟)해 본다. 해가 묵어갈수록 모든 것이 내 마음의 투영(投影)임을 알 것 같다. 현실적으로 상대방에게 책임을 물어야 할 때는 책임을 물어야 하고, 상황을 문제 삼아야 할 것이다. 그러나, 정작 보다 은밀히 자신에게 책임을 묻고 자신의 마음을 문제 삼아야 한다.

얼마 전에 있었던 일이다. 본사 주지 스님과 상의하여, 평소 원하고 있는 수련관 터로 알맞다고 보아왔던 안심사(安心寺)로 이사할 것을 결정하였다. 결정 직후부터 일이 이리 꼬이고 저리 꼬이면서 옮기지 못하게 되었다. 잠시 실망감으로 쓸쓸했지만 결국 내 속에 이사를 하지 못할 만한 원인이 들어 있음을 알았다.

수련중 내가 강의를 할 때 가끔 강의에 저항하는 사람을 본다. 그들이 책임져야 할 부분도 있겠지만 강의자인 내 자신 속에 그 근본적인 이유가 있음을 나는 본다. 나는 그에게 잘못을 범한 것 같지 않은데 그는 나를 미워한다. 역시 잘 성찰해 보면 그 표적이 될 만한 구겨진 모습이 내게 있고, 이 모습을 자아내는 미성숙한 심소(心所)가 내 마음 안에 있음

을 알 수 있다.

　결론적으로 이 모든 갈등을 해결할 수 있는 비결은 내 마음을 성숙시켜 나가는 것이다. 그 성숙을 결정짓는 것은 속살림이다. 곧 삼학, 팔정도, 육바라밀 등의 방편이다.

　속살림이 없는 사람은 속살림을 차려야 할 것이요, 속살림이 있는 사람은 거듭거듭 그것을 확인하고, 점검하고, 심화시켜야 할 것이다. 속살림은 주(主)바라밀과 조(助)바라밀이 조화됨으로써 그 안전도를 높일 수 있다.

　내 주바라밀은 염불선(念佛禪)이다. 염불선은 많은 염불 중에서 실상염불(實相念佛)을 뜻한다. 내가 하는 염불선은 실상염불 중에서도 금타(金陀) 대화상께서 체계세우신 보리 방편문(菩提方便門)이다. 언젠가는 염불선을 명상 주제로 논의해 보겠지만, 금타 대화상의 염불선과의 만남은 내 생(生)에 있어서 참으로 귀하고 은혜로운 만남임을 거듭 느끼곤 한다.

　보리 방편문의 '아미타불(阿彌陀佛)'은 일심법계(一心法界)를 훼-ㅇ

빔(空)과 꽈-ㄱ 참(性相)으로 관조(觀照)하도록 되어 있다. 진공묘유(眞空妙有)가 그것이다. 우주는 온통 진리의 바다이다. 아트만과 브라마로부터 초월되어 있는 실체 없는 주인공이 그윽한 트임 속에 성성적적(惺惺寂寂)을 향유하도록 인도하는 최상승 도구(最上乘道具)의 하나가 보리 방편문이다.(염불선에 인연될 불제자들을 위하여 한 말씀 붙이자면, 염불이 아닌 염불선(念佛禪)의 세계적 선지식 한 분을 모신다면 필자의 스승이신 청(淸)자 화(華)자 대선사님이지 않을까 생각한다.)

속살림의 한 예로 염불선을 들었지만, 무슨 방편이든 첫술에 배부를 수는 없는 법이다. 우공이산(愚公移山)을 떠올릴 필요가 있다.

어찌 수도승(修道僧)만이겠는가! 효과적인 속살림 운영으로 마음에 욕심이 사라져가고 분노가 사라져가는 어떤 공부인들을 상상해 본다. '나'라고 하는, '내 것'이라고 하는 사념(邪念)들이 사라져가는, 마치 물과 같고 공기와 같이 담박해져가는 한 아저씨, 한 아주머니를 상상해 본다. 옷깃이 여며지고 울먹여지지 아니한가! 그들은 우기지 않을 것 같고, 수다스럽지 않을 것 같다. 그들은 가을 공기 같은 법열(法悅) 속에 살 것만 같다. 그들은 우리가 귀의할 곳이요, 우주를 우주이도록 지탱해 주는 힘일 것 같다.

법열은 성(聖)스러운 기운이다. 법열은 법계(法界)를 성화(聖化)시키는 최선의 도구이다. 효과적인 속살림은 바로 법열의 모태이다.

속살림은 일정한 어떤 것이어야 하는 것이 아니다. 근기에 따라, 유형에 따라 복합적인 인연에 의해 채택되는 것이 속살림이다. 염불선이든, 묵조선이든, 간화선이든, 관법이든, 주력이든, 송경이든, 간경이든, 어떠한 것이든, 무수한 바라밀 중에서 인연 따라 간택하면 된다.

우주를 정화(淨化)해 내고 성화시키는 가장 결정적인 일주향(一柱香)은 개개인 속에 시설(施設)되는 바라밀임을 거듭 명상해 본다.

나의 주바라밀은 어떠한가?

나의 조바라밀은 어떠한가?

명상 음악을 들으며 야산 길을 즐기는 이 행복한 가을, 나에게 하염없는 한가로움을 선택할 수 있도록 허락하신 일심법계에 지심으로 귀명(歸命)한다.

있고 없음의 차이

나는 문득문득 '있고 없음의 차이'라는 말을 떠올림으로 해서 행복해지곤 한다.

내 혼(불성)의 있고 없음의 차이는 어떠한가? 그것은 형언할 길이 없다. 이 불성은 '없음'에 비해 그냥 '있다'는 그 자체로 일체의 허무와 무의미를 지워준다. 혼이 있음! 그것은 의미의 열림이요 일체 우주의 변화무쌍한 파노라마의 모태이다. 혼이 있음은 그 자체로 의미요 축복이요 감사이다.

내 몸이 있음, 눈이 있음, 귀가 있음, 심장이 있음, 위장이 있음, 있음, 있음, 있음들……. 그것들의 없음과 비교해 볼 때 어떠한가? 그것은 경이로움이다. 역시 감사요 기쁨이요 축복이다.

혹자는 벌써 진부한(?) 소리에 하품을 시작했을지 모르겠다. 조과(鳥窠)선사와 백낙천(白樂天)의 회우를 떠올려 보라.

고을의 태수인 백낙천이 항상 나무 위에서 선에 든다 하여 조과(鳥窠:

새둥지)라는 별명을 가진 도림(道林) 선사에게 법을 청한다. 그날도 나무 위에서 선정(禪定)에 들어 계시는 도림 선사에게 백낙천은 묻는다.
"불법의 대의가 뭡니까?"
자못 심각한 질문이다. 그런데 선사의 대답은 평범하기 그지없었다.
"악한 짓은 하지 말고 착한 일을 하고 살라 이것이 불교이니라."
백낙천이 시시하다는 듯 대꾸한다.
"그런 말은 세 살 먹은 아이도 아오."
"진리란, 세 살 먹은 아이도 알 수는 있지만, 여든 살 먹은 노인도 실천하기 어려운 법이오."
백낙천은 겸허하게 몸을 굽혀 제자로서의 절을 올렸다.

이 얼마나 인상적인 교류인가. 백낙천은 그 후 훌륭한 재가 불자(在家佛子)가 되었다.
수 년 전 지리산 백장암 시절, 신선대 산책길에서 '있고 없음의 차이를 보는 눈'이라는 내면의 말씀을 발견한 것은 내 의식의 진화사(進化史)에 중대한 전환점을 마련해 주었다.
앎과 익힘을 구별할 줄 알아야 한다. 앎은 문득 일어나지만 그것이 몸에 익혀지기 위해서는 깊은 명상과 세월을 통한 실행이 요청된다. 그래서 도림 선사는 세 살 먹은 아이도 알지 모르나 여든 살 먹은 노인도 그 도리를 실천하기 어렵다고 했던 것이다. '있고 없음의 차이'라는 앎은 문득 일어날 수 있으나 그것이 인격에 배이려면 역시 관행(觀行)이 따라야 한다.
한 원리는 만 가지 활용 가능 영역을 지니고 있는 법, '있고 없음의 차이'라는 원리 역시 그 쓰임새는 깊고 다양하다. 존재하는 거의 모든 것들을 "만일 그것이 없(있)다면……"하고 명상해 볼 필요가 있다. 나의

의식은 감사와 환희로움으로 가득해질 것이다.

'있고 없음의 차이를 보는 눈'의 열림은 세상 사람의 불행을 대폭 줄일 수 있거나 어쩌면 행복으로 이끄는 중대한 열쇠가 되리라고 믿는다. 우리네 아버지·어머니를 있고 없음의 차이로 깊게 명상해 본 적이 있는가? 최소한의 깨달음, 최소한의 명상이 부족해서 하염없이 불행한 삶들을 살고 있지는 않는가?

살펴보는 마음이 깊은 정도만큼 '있음'의 의미는 보다 긍정적으로 드러나는 법이다. 공기나 물의 있고 없음의 차이를 느껴본다. 단순한 공기, 단순한 물이 그 자체로 하나님이나 부처님 같이 감사하지 아니한가! 흐르는 강물, 푸르른 산야(山野), 탁 트인 하늘, 떠도는 구름, 나는 새, 어느 것 하나 그 있음이 감사 아닌 것 없다. 지구의 자전과 공전, 태양계의 존재와 질서, 천체의 중중한 조화 역시 그 있고 없음의 차이는 크고 크다.

사람에, 사회에, 세상에 부정적(?) 문제점이 보이는 순간 우리 시각의 질적 전환을 가져 보자. 이해의 대상, 자비의 대상으로 살펴 관조한다면 얼마든지 긍정적 요소가 드러나게 될 것이며 우리 삶을 질적으로 향상시켜 줄 것이 틀림없다. 세상을 온통 지혜롭고 자비롭게 최선점을 찾아 지향해 가는 행동의 소재로 삼을지언정 마음이 걸려 넘어져야 할 걸림돌은 되지 않게 하자. 전 불교사에 걸쳐 관통하고 있는 불조의 가르침이 '걸림 없는 삶'이지 않던가! '있고 없음의 차이'라는 좌우명적 말씀을 한 도구로 활용함직 아니한가!

토굴에서 정진하는 수행승들, 사찰의 살림을 관장하는 소임자 스님들, 교학을 연구하는 학자들, 포교 전선의 포교사들, 불교 문화·세계 문화 문명의 여러 모퉁이에서 원(願)에 따라, 분(分)에 따라 다양하게 기여하는 모든 분들, 그들의 있고 없음을 비교해 볼 때, 그들 존재는 일단 대긍정이다. 이것은 긍정 일변도의 낙관론이 아니고 정사유를 바탕으로 한 지혜이다.

대상을 향해 아쉬워하거나 안타까워하는 감정적 투사를 용납하지 말자. 물론 상황에 따라 부정의 방편이 요청되는 경우를 부정하는 것은 아니다. 경계(세상)를 안타까워하고, 비난하고 공격하는 경우, 자신의 미성숙(탐심·진심)이 드러나고 있는 경우가 아닌지 엄정히 살펴보자.

일체 경계(色)는 연기(緣起)일 뿐이다. 즉 공(空)이다. 공한 경계가 비난의 표적이 되겠는가. 일체 경계는 이해와 행동의 대상일 뿐, 나의 미성숙(탐·진)을 투사할 대상이 아님은 자명하다. 자신의 정화(淨化)를 위해 공격을 해야 할 경우 방편으로 그러함은 바람직하다. 그러나 끝내는, 일체 대상이 있고 없음의 차이라는 대긍정의 발전 선상에 있음을 알고 부정적 투사 놀음을 그쳐야 한다.

많은 겁 동안 중생은 일단 가치론적으로 길들여져 오면서 부정 시각이 발달돼 왔다. 초월 과정에 진입하기 위해 부정 시각의 긍정 시각화가 요청되는데, 있고 없음의 차이를 보는 것이 단계적인 한 묘방(妙方)이 된다.

'긍정(肯定) 지평 위에 초월(超越)'이라 했다. 초월[해탈]을 원하거든 두터운 긍정 바탕 위에 서라.

무상(無常)

　며칠 전 추석날 상지명 보살님(속가 누님)으로부터 전화가 왔다. 누님이 국제 전화로 안부를 물어 온 것은 처음이다. 문득 오랜 세월 동안 잊은 듯 무심하게 지내 온 혈연의 정(情)이 살폿 일어났다.
　두 살 위인 누님은 유독 나를 사랑해 주었다. 그리고 독특한 분이었다. 국민학교 때 마라톤을 하면 반에서 늘 일등을 했다. 여름이면 감(柿)을 우려 보자기에 담아 학교에 가지고 가서 반 아이들에게 나누어주곤 했으며, 과일을 사도 제일 상한 것부터 사주던 어린 누나의 여러 행동들은 내게 산 교훈들이었다. 인정이 많고 의리가 강하며, 유난히 활동적이고 긍정적이어서 스스로의 기를 살리고 주변 사람의 기를 살려주며 살아온 분이다.
　2남 3녀의 어머니로서 애들을 잘 길러 내었고, 결혼을 하고서도 친정 일을 당신일 같이 배려하여 우리 형제 자매들은 누구나 그 분을 사랑하고 의지하고 존경했다. 몇 년 전 남편이 60세로 죽었다. 그 씩씩하던 누님은 의기가 소침해 보였고 전화 목소리도 옛처럼 밝고 당당하지 못하

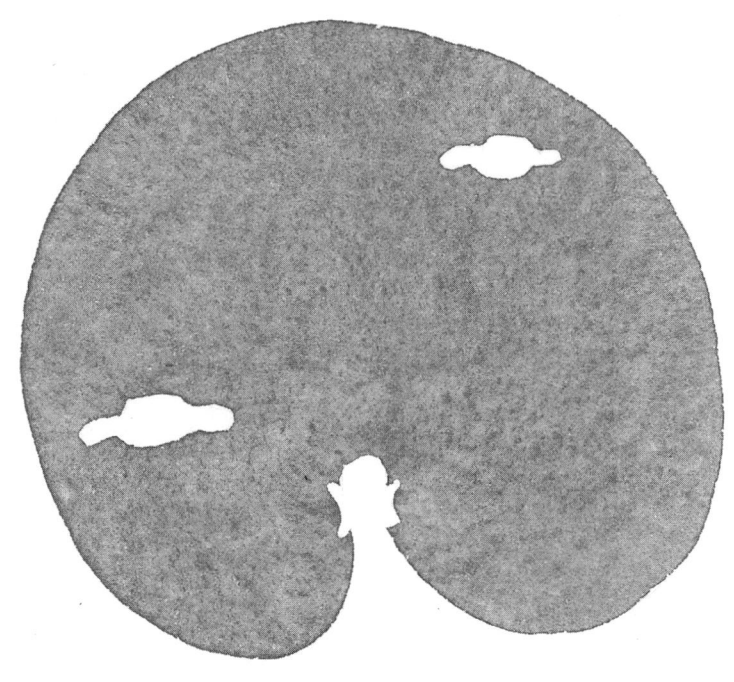

고 쓸쓸한 듯 들려 왔다. '누님을 사랑하고 존경해 왔노라'고 고백하며 위로와 격려를 드리고 싶었다. 그러면서 깨달음처럼 고요히 한 생각이 일어났다. '59세의 저 누님도 57세의 나도 내일이나 모레쯤 사라져갈 무상(無常)이다.'

세상에 존재하는 것은 꾸준히 변하고 있다. 무정물(無情物)은 성(成)·주(住)·괴(壞)·공(空)의 순환을, 유정물(有情物)은 생(生)·주(住)·이(異)·멸(滅)의 순환을 어김없이 밟아 간다. 매형이 무상을 따랐듯 저 누님도 언젠가는 무상을 따른다. 무상은 은근하되 가장 확실하고 엄숙한 원리이다. 무상 중에서 가장 실존적인 무상은 죽음이다. 죽음이라는 무상은 사람에게 많은 것을 말해 준다.

나는 유독 죽음을 많이 생각했던 것 같다. 7세 무렵 할아버님 수염을 만지작거리며 말했다.

"할아버지 눈물 안 나와?"

"왜야?"

"곧 죽을 것 아냐?"

할아버님과 나누었던 가장 확실한 대화 한 토막이다. "허허 그 녀석!" 하고 할아버님은 금새 코를 골고 주무셨고, 나는 한참을 뒤척이면서 '죽으면 얼마나 깜깜하고 답답할까?'로 근심하곤 했다.

그러다가 어느새 잠이 들었던지, 할아버님의 유가 경전(사서삼경) 암송하는 송경소리를 들으며 평화로운 기상으로 아침 맞이를 하였다. 내 어린 시절의 한 자락이다. 그 할아버님이 내 나이 열 살에 돌아가시고 열네 살에는 어머님이 넷째 동생 현철이 낳은 날, 태가 잘 나오지 않는 신고(辛苦)를 하시다가 그 날을 넘기지 못하고 가셨다. 할아버지·어머니의 죽음은 내게 큰 상실의 슬픔도 안겨주었지만 철학적 고뇌로 무척 고심하게 만들었다.

나이가 들어갈수록 주변에 많은 사람이 사라져 갔다. 할머니·아버지·동생 훈륜이·사촌 동생 남철이·이웃집 세실 할머니·친구 제대의 아버지·학동 양반·화방 할아버지… 등등. 60여호 되는 고향 마을에서 사라져간 사람이 60명이 넘는다. 대학 때 은사 서동익 교수님·박종홍 박사님·정종구 교수님, 구양순 필법을 권해 주신 근원 구철우 선생님, 맹자를 강의해 주신 나주 박동철 거사님… 등등. 내 인생에 직접 간접 영향을 준 많은 사람이 그렇게 사라져 갔다. 무상은 무심히 엄격하게 자신의 흐름을 지킨다.

무상은 우리가 사랑하는 모든 것을 확실하고 엄정하게 앗아간다. 존재하는 모든 것은 무상 앞에 할 말을 잊고 무릎을 꿇는다. 무상은 아무리 회자(膾炙)돼도 진부할 수 없다. 사람에게 죽음이라는 무상이 그토록 문제되는 것은 생 긍정(生肯定)적인 사고 때문이다. 죽음 무상이 그토록 두려운 것은 생 집착(生執着) 심리 때문이다.

생 긍정·생 집착의 심리가 없다면 누가 그토록 사(死) 무상(無常)을 문제삼으랴! 우주의 모든 무상 중 자기 자신의 무상이 제일 심각하고 진지한 과제다. 자신의 무상이 심각한 만큼 부처님의 가르침에 더욱 감사한다. 부처님은 말씀하신다.

"여기에 한 사실(존재 : something)이 있다. 그 사실을 실체시(實體視)함으로써 집착이 생기고 집착이 심한 정도만큼 무상에 대한 아(我) 고통은 심하니라. 고통이 싫거든 사실을 실체시 말고 바로 무상시(無常視)하라. 실체시와 고통이 함수 관계이듯 무상시와 해탈이 함수 관계이니라. 얻을 [得·生] 때 사라짐[滅·死]을 본다면 어찌 잃음을 슬퍼하랴."

사실[존재] - 실체시 - 집착 - 고통, 사실[존재] - 무상시 - 해탈의 논리 구조를 명상해서 육화(肉化)해야 한다. 즉한 순간에 깨어 있는 자는 즉한 찰나에 실체시않고 무상시한다. 즉한 그것에서 무상을 봄으로 그것에 매이지 않고 자유롭다.

모든 존재는 우리에게 선택의 기회를 준다. 존재는 우리에게 묻는다. "나는 불변의 실체인가? 나는 변화하는 무상인가?"

피상적으로 보는 자는 변화가 보이지 않는다. 그래서 불변하는 실체로 보고 가치 부여를 해서 집착한다. 집착에 따른 긴장과 좌절의 고통을 그 인과로 받는다. 통찰의 안목이 있는 자는 존재의 변화 속성을 꿰뚫어 보고 실체시의 함정에 빠지지 않으므로 집착을 불러오지 않아 자유로움을 인과로 받게 된다.

　결코 현학적이지 않은 이 간단한 이치를 말세의 중생들은 복잡하다 여기고 사유하지 않는다.

　새삼 부처님의 기본 교훈이신 삼법인(三法印) 중 제행무상인(諸行無常印)을 떠올려 봤다. 아! 무상(無常)적 관점에서 보면 삼천대천 세계도 찰나 생멸임을 관조하며 느끼며 사는 석존의 제자됨이여, "제법종연생 역종인연멸(諸法從緣生 亦從因緣滅)"이라는 게송 한 귀절을 듣고 개종을 단행한 사리불과 목건련의 심정을 다소는 이해할 것같다.

　진정 바라옵나니, 석가모니의 기본 가르침에 복귀해야 한다. 석가모니의 근본 교설을 이 시대에 재연시켜야 한다. 문문 가입(門門可入)이요 무수 방편(無數方便)이라고 하나 석존의 근본 설법은 최대 공약수적으로 경청하고 봉행해야 한다.

명상 잡기(冥想雜記)

명상 잡기 1

명상 잡기라는 이름 아래 문득 문득 독자들과 나누고 싶은 명상 주제들을 단편적으로 한동안 엮어 볼까 한다.

옴, 각성점두(覺性点頭), 깨어 있으라

밖으로 오경(五境 : 색·성·향·미·촉)에 마음을 두지 않고, 안으로 법경(法境)에 마음을 두지 않을 때, 체험되는 상태가 '옴'이요, 각성점두요, 순수 깨어 있음이다. 이것을 이론이 아니고 경험으로 체험하게 될 때 인간으로 세상에 태어난 보상을 제대로 받는 바가 된다. 옴의 힘을 기를 필요가 있다.

구나

육경(六境)을 단지 수용만 하는 것. 가능한 한 주관적인 가치 판단, 주관적인 개념화를 하지 않으면서 그냥 보여지되 보지 않고, 들려지되 듣지 않는 수동적 감각 행위를 의도적으로 하는 것, 그것이 '구나'의 삶이다. 구나의 힘이 길러지는 정도만큼 일체의 감정적 휘둘림을 당하지 않고 고요한 평화로움을 살 수 있다.

"너 밉다" "너 예쁘다"라는 소리에 지옥이나 천당에 떨어질 필요가 없다. "너 밉다 하는구나—." "너 예쁘다 하는구나—" 하고 깨어 있는 마음으로 읊조려 보라. '바람이 부는구나.' '해가 뜨는구나'처럼 평정한 마음으로 일체 경계를 수용할 수 있는 경지에 이를 것이다. '구나'의 힘을 기를 필요가 있다.

겠지

일체의 경계에 대해서, 특히 불쾌 감정을 유발하는 경계에 대해서 "무슨 사정이 있겠지—" 해 보라. 이해와 자비의 대상이 있을 뿐, 아쉽고 안타까와해야 할 대상이란 확실히 없다는 자각이 투명해질 것이다. 정말이지 과거 속상했던 많은 상황을 떠올려 '겠지' 해 보면 자신이 얼마나 기단(氣短)했고 이해가 부족했던가를 알 것이다.

감사

삶의 모든 장(場)은 결론적으로 대긍정(大肯定)이다. 범사에 감사할 수밖에 없고, 불성 광명(佛性光明)이 아닌 자리가 없다는 것이 성자들의 세계관이다. 명상하는 정도만큼 대긍정은 현전할 것이다.

옴-구나-겠지-감사, 모든 삶의 장이 옴-나-지-사로 살아진다면 좋을 것이다. 일체에 응무소주(應無所住)한 마음으로 이생기심(而生其心)하라고 하셨다. 일체 상황에 '옴-나-지-사' 하면서 그 상황에 가장 적절한 반응을 보이는 것이 깨어 있는 삶일 것 같다. 반복 관행함이 길이다. 천재란 반복이 낳는다.

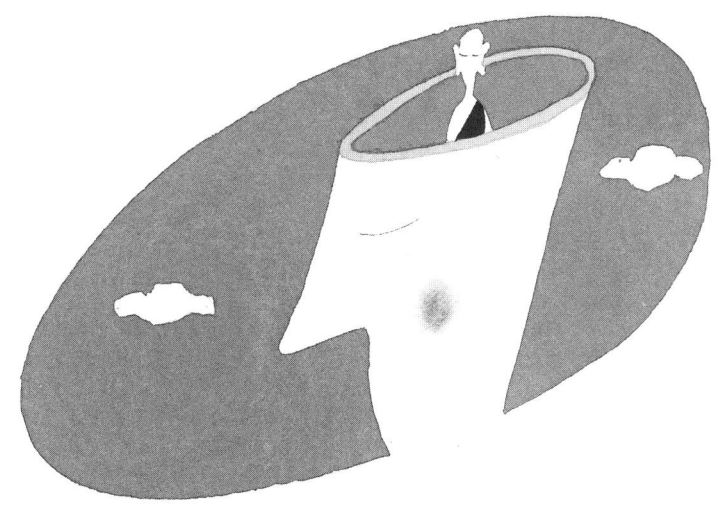

 욕구, 그것이 좌절됐다고 생각하면 불행이요, 성취됐다고 생각하면 행복이요, 그것을 놓으면 해탈이다.
 중생이 중생인 이유는 욕구 때문이다. 세상에는 많은 가치들이 있고 사람은 취향에 따라 가치들을 선택하여 욕구한다. 그 결과 욕구가 성취되기도 하고 성취되지 않기도 하면서 행·불행을 느낀다. 그것이 평범한 사람들의 일상적인 삶이다.
 이 일상적인 삶 속에 눈 있는 자라면 발견할 수 있는 지혜의 길이 있다. 그 지혜의 길 하나는 성취 행위를 하면서도 욕구를 놓는 일이다. 대승의 길이 그것이다. 또 하나의 지혜의 길은 성취와 좌절이 현실로서 실재하는 것이 아니고 성취 혹은 좌절되었다라는 '생각'이 존재한다는 점을 아는 것(悟)이다. 즉 성취 여하 때문에 행·불행해지는 것이 아니고 오직 '성취했다' 하는 **생각**, '좌절됐다' 라는 그 **생각** 때문에 행·불행해진다는 점이다. '생각'이란 얼마든지 달리 가질 수 있다. 예컨대, 한 단계가 실패한 상황이라면 다음 단계의 성취를 위한 시련이라고 생각함으로써 모든 역경을 희망을 품고 수용할 수 있다.

사고의 틀을 고쳐라

"정서는 사고에서 나온다. 사고는 선택할 수 있다. 고로 정서는 마음대로 조율할 수 있다." 심리학자 베크(Beck)의 말이다. 사성제(四聖諦)의 현대판을 보는 기분이 든다. 저차원의 정서권에서 살고자 하지 않는다면 정서를 유발시키는 사고의 틀을 고차원적인 것으로 교정해야 할 것이다. "나는 존재한다"라는 사고 방식으로만 살면서 지옥 놀음을 할 필요가 없다. "나는 공(空)하다"라는 사고 방식으로 사고의 틀을 고쳐 봄으로써 니르바나를 살 수 있는 것이다. 천당·지옥이 한 생각 차이라는 말이 그것이다.

정견(正見), 합리 사고가 행복을 여는 열쇠다.

정견의 필요성이 진부하게 느껴지는 사람은 관념적으로만 "정견, 정견"하는 사람이다. 정견을 삶으로 사는 사람은 "과연 그렇도다"하면서 정견의 필요성을 항상 신선하게 느낄 것이다.

모든 정서는 자기가 만든다.

무슨 일로 속이 상했을 때 속상함의 책임을 밖으로 전가하는 사람을 많이 본다. 동물과 다를 바 없는 노릇이다. 돌부리에 넘어진 자가 이 쌍놈의 돌멩이! 하면서 망치를 들고 돌멩이를 향한다. 어리석음의 모형이다. 속이 상한 순간 자신 속으로 들어가 보라. 필히 어떤 욕구가 있고 그 욕구 밑에는 어리석은 사고의 틀이 들어 있다. 그것이 탐·진·치의 연쇄 구조이다. 속이 상한 순간 자신의 탐·진·치 삼독을 직면하는 재미를 느끼면서 사는 사람은 벌써 마음 공부인(人)이다.

제 눈에 안경이다.

자기 눈에 맞는 안경(관점)일 뿐인 것인데 자기 안경을 써야만 세상을 바로 보는 법이라고 외쳐대는 독선가가 세상에는 많다. 그런데 "아! 이 관점으로는 이렇게 보이는데, 당신의 그 관점으로는 그렇게 보이겠군요" 해 보라. 그것은 지상 천국의 초기 과정쯤에서 볼 수 있는 정경이다.

흑백 사고, 이분법(二分法) 사고, 절대 사고가 원수다.

존재론적인 유무(有無) 상황은 편의상 이분법(二分法)으로 표현하는 것이 좋다. 책상 위에 공책이 '있냐 없냐' 식의 경우다. 그러나 가치론적인 상황은 그렇지 않다. 빈부, 귀천, 미추, 성속 등의 가치론적 개념은 표현인즉 이분법이지만 뜻은 무한분법(無限分法)이다. 나는 부자인가 가난한가. 만큼 가난이요, 만큼 부자이다. 나는 수학을 잘하는가 못하는가. 만큼 한다. 점층 사고에 눈뜨고 만큼 철학에 눈떠야 한다.

된다 안 된다 말고, 한 만큼 된다 하라.

흑백 사고(黑白思考)에 길들여진 사람은 많은 목표 지향의 길에서 아직 이루지 않았을 때, "나는 '만큼' 이루어 왔다" 하지 않고 "나는 아직 이루지 못했다"라고 한다. "물구나무서기 해 보세요" 하면 "못합니다"가 답이다. 정답은 '노력한 만큼' 되는 것이다.

명상 잡기 2

양중(兩中)의 원리

　세상에는 많은 당위론이 있다. "이웃을 내 몸 같이 사랑해야 한다"식에서부터 "글씨는 오른손으로 써야 한다" 등(等)까지 그 바람직성의 객관도가 높든 낮든 참으로 무수한 당위론(가치관)이 촘촘한 그물같이 이 세상을 덮고 있다. 무수한 당위론들은 사람들의 삶을 편리하게 이끌기 위해 탄생한다. 그러나 그 가치관들은 활용의 묘(妙)를 얻지 못할 때 사람들의 혼을 이리 묶고 저리 묶어 그물에 감긴 멧돼지를 만들어 버릴 수 있다. 많은 수의 당위론 중 적당량의 것은 취해야 할 것이요, 취하되 집착함이 없이 활용해야 한다. 특히 상황에 맞게 활용의 묘를 얻어야 한다.
　양중의 원리란 바로 활용의 묘를 극대화 시키는 원리다. 서로 모순되는 듯한 두 신념(당위론, 가치관)이 상황적으로 묘하게 잘 어우러짐으로써 모순성을 뛰어넘어 상황을 풀어내는 방편적 기능을 다하게 하는 것이 양중의 원리다. 나의 잘못에는 엄격하되 타인(他人)의 잘못에는 관용

해야 함. 나의 욕구는 다스려야 하나 타인의 욕구는
이해함. 신념은 스스로 살자는 도구이지 타인에게 요
구하는 무기가 아님. 베풂을 받았을 때 감
사하되 베풂을 주었을 때는 감사를 기
대하지 않음. 남을 인정하는 것은 좋으나
내가 인정받지 못한 것은 서운해하지 않음.
나의 불행에 대해서는 인과를 관하면서 참회해
야 하지만 타인의 불행에 대해서는 그 불행
을 공감하며 같이 아파함. 비유(非有)
이나 또한 비무(非無)임. 공(空)이
나 또한 불공(不空)임 등등 양
중의 원리로 받아들여야 할 상
황은 무수하다.

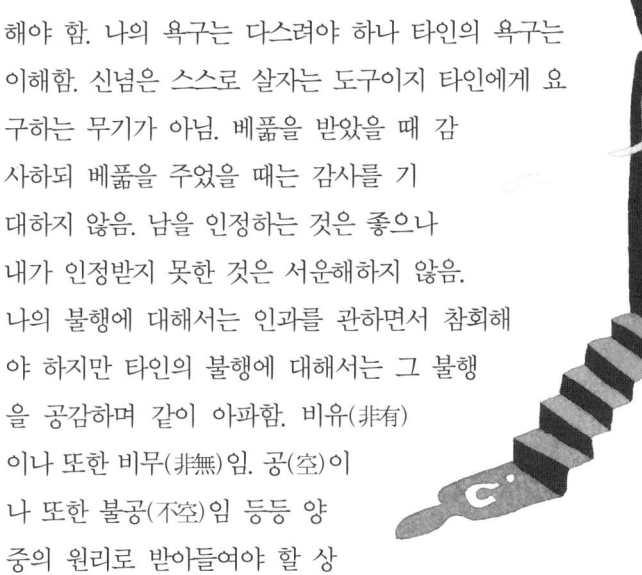

　내 불행은 공감받고자 하면서 타인의 불행은 "너의 인과이니 참회하라"한다면 이 얼마나 뒤틀린 태도인가. 불공(不空)으로 묘유(妙有)를 드러내야 할 자리에 단공(但空)만 집착하고 있다면 얼마나 옹색한가.
　그 어떤 신념이든, 그 어떤 당위론이든 그것은 상황에 따른 묘(妙)를 얻을 때 제 구실을 다하는 법이다. 그 묘의 하나가 양중의 원리에 눈뜸이다. 양중의 원리에 눈뜰 때 불교의 일의제(一義諦)인 공리(空理)는 활불교로 드러날 것이다.

내가 변해야 세상이 변한다

　"내가 변해야 세상이 변한다." 이 말을 누구나 백 번쯤은 들었고 열 번

쯤은 외쳤을 것이다. 그러나 정작 자신은 얼마나 변했는가? 변해야 할 청사진은 선명한가? 그 좋은 말씀을 애매하게 듣고 있고 모호하게 외치고 있지는 않은가? 내가 변해야 할 것 한두 개를 제시해 본다. 세상을 보는 눈이 변해야 한다. 자신을 보는 눈, 사람을 보는 눈, 사물을 보는 눈이 변해야 한다는 말이다. 그리고 다른 사람에게 보여지는 내 모습이 변해야 한다. 내 눈의 변화로 나는 지족(知足)과 초월(超越)을 살 수 있고, 내 모습의 변화로 주변 사람이 평안을 얻는다.

앞서도 말한 바 있지만 우리의 눈은 세상을 크게 두 가지 측면으로 바라다본다. 존재론적인 측면과 가치론적인 측면이다. 책상 위에 연필이 놓여 있다. '그것'이라는 존재와 '몇 원짜리'라는 가치가 인식된다. 눈이 변화됨에 따라 가치의 세계는 점점 만족스럽게 인지되어, 왈 범사에 감사하는 경지, 지족의 경지에 이르게 된다.

지족의 충만감으로 욕구 좌절의 한을 씻고 비상(飛翔)하기에 이른다. 가치 세계를 바라보는 눈의 변화에 이어, 존재 세계를 바라보는 눈의 변화에 따라 애매하게 보이던 존재자(存在者)들은 그 존재의 법칙을 드러내게 된다. 존재자들의 존재 법칙은 단적으로 연기(緣起)이다. 일체가 연기로 관조되는 것에 비례해서 해탈심과 동체 대비심이 현전한다. 지족과 초월[해탈·자비], 이것이 눈 변화의 공덕이다.

변해야 할 것을 하나 더 들어보자. 모습의 변화다. 주변 사람에게 보여질 내 모습, 이것이 변해야 이웃을 편케 하고 이웃과 화평해진다. 눈의 변화, 모습의 변화, 이것이면 거의 전부다.

내 눈과 내 모습이 변하는 정도만큼 세상이 변한다는 상식적인 원리를 어떻게 현실성 있게 구현할까? 그에 따른 구체적 프로그램을 설계하며 그것을 실습하는 수련장을 여는 것, 이것이 좋은 대안이 될 것이다. 5박 6일의 집단 학습인 동사섭 법회가 그 한 성공 사례이다.

성취의 지반 없이 구현의 길은 안 열린다

동물적인 역사는 성취의 역사요, 사람의 역사는 구현의 역사다. 대체로 사람은 성취의 과정과 구현의 과정을 밟게 되어 있다. 성취의 과정에는 무수한 좌절과 긴장의 상흔(傷痕)이 따른다. 상흔이 많이 점철(點綴)되는 정도만큼 구현의 길은 열리지 않는다. 열린다 해도 능률이 안 오르고 이룬다 해도 맑은 이룸이 되지 못한다.

성취의 지반 없이 구현이 안 된다면 구현을 위해서 성취의 지반을 구축해야 할 것이다. 대체로 성취의 길에는 좌절이 따르기 십상일진대 어찌해야 할 것인가? 이곳에 기상천외의 묘수(妙手)가 있으니 그것은 적극적 성취(?)와 소극적 성취(?) 중에서 소극적 성취에 눈뜨는 것이다.

적극적 성취란, 아직 없고 아직 이루지 못한 것을 있게 하고 이루게 하려는 미래적인 성취의 길이요, 소극적 성취란 이미 있고 이미 이룬 것을 확인하는 것이다. 곧 지족(知足)이 그것이요 범사(凡事)에 감사함이 그것이다.

좌절의 한이 축적되어 구현의 통로가 막혀 있는 사람의 마음속에는 아직 이루지 못한 것에 대한 집착 심리(執着心理)가 한결같이 도사리고 있다. 이런 사람의 행복은 항상 미래에 있다. 미래에 노리는 목표가 달성되어야 행복이 올 것이라고 믿는 것이다. 이런 사람은 행복할 수 없다. 그것이 이루어졌다 해도, 행복을 누릴 겨를도 없이 또 그 미래의 무엇을 설정하면서 긴장과 도전의 행진을 그치지 못한다.

그 혼은 행복을 누리지도 못할 뿐 아니라 갖은 긴장과 갈등과 불안으로 뒤범벅이 된 채 죽어간다. 그렇게 죽은 혼이 갈 곳은……?

이미 있는 것, 이미 이룬 것(既存既成)에 눈뜬 사람은 드디어 휴식을 취하고 바로 현재에 행복을 누리게 된다. 그에게 미래는 집착의 대상이 아니고 지향해야 할 행동의 목표일 뿐이니, 누리며 나아가는 삶을 살게 된다.

이미 있는 것(既存), 이미 이룬 것(既成)을 확인하는 소극적 성취의 길은 그 자체가 바로 현재의 행복이 되며, 또한 과거의 성취 좌절로 얼룩져 있는 상처를 씻어낸다. 아울러 아직 이루지 못한 미래의 구현 목표를 효과적으로 달성하는 기초가 된다.

이처럼 과거·현재·미래를 기묘하게 살려내는 것이 소극적 성취, 곧 이미 있는 것, 이미 이룬 것을 확인하는 것이라면, 이 지족의 덕성은 온 문화 행위의 공통 분모로 기초되어야 할 것이요, 이를 위한 운동이 다각도로 일어나야 할 것이다.

내게 있어서, 긍정 바탕 위에 초월, 지족의 지반 위에 구현, 이완과 긴장의 조화, 누리며 나아감, 수용과 지향의 조화 등은 모두 같은 의미로 쓰여지고 있다.

명상 잡기 3

마음이라는 것

인생이란 마음이 어떤 것에 몰입하는 과정이다. 삶의 주격은 마음이다. 주격인 마음이 배제되면 무의미가 남는다.

곧 마음의 배제는 우주의 소멸과 같다. 마음이 기뻐하고, 마음이 슬퍼하고, 마음이 욕심을 내고, 마음이 무언가를 하고자 하며, 마음이 보고, 듣고, 냄새맡고, 맛보고, 느끼고 생각한다. 또한 마음이 일체를 놓고 해탈한다. '마음', 그것은 인생과 우주의 핵심 소재(素材)이다. 도대체 이 마음이란 무엇인가?

나는 살다가 문득 자신을 바라다보니 맨날 마음에 매달려 무언가를 하고 있었다. 생선 묶은 새끼줄에서는 생선 냄새가 나고, 향 싼 종이에서는 향 냄새가 난다 하였는데, 마음을 다루는 불교에 몸 담고 있으니 맨날 마음을 가지고 놀게 된 셈이다.

불교를 만난 것이 행운이다.

확실히 믿거니와, 나는 수도승이 되어 마음을 다루는 예술가가 된 것이 하염없이 다행스럽다.

　마음 놀이를 좋아하는 나는, 만나는 사람에게 마음이라는 것에 관심 갖도록 촉구한다. 많은 마음공부 수련회들이 지구촌 곳곳에서 인기를 모으고 있음은 다행스런 일이다.

　세상 많은 사람들이 마음에 관심 기울이고, 마음을 주제로 하여 명상하고·연구하고·대화한다면 지상 천국은 멀지 않을 것이다.

　마음이란 무엇인가? 마음과 육체의 관계는 어떠한 것인가? 육체가 사라지면 마음은 어떻게 되는 것인가? 마음은 왜 명상 소재가 되어야 하는가? 마음은 어떻게 다루어야 하는 것인가? 거듭 깊게 명상해 봄직하다.

개념 이전(槪念以前)

　사람의 문화·문명은 개념화로부터 시작되고, 사람의 타락 또한 개념화로부터 시작된다. 개념은 생활의 편의상 피할 수 없지만 바로 욕구와 집착을 촉발시킴으로써 지옥으로 끌고 들어간다.

　개념의 불가피성과 개념의 해독성 사이의 모순을 지양하는 길이 있어야 한다. 그 길이 바로 색즉시공(色卽是空), 공즉시색(空卽是色)이다. 곧 개념(色)을 대하되 개념 이전(空)을 관조할 줄 알아야 개념의 피해를 입지 않을 수 있다.

인격은 다발이요 행동은 일회적이다

　갑돌이가 거짓말을 했다. 거짓말을 한 번 했다고 해서 "갑돌이는 거짓

말쟁이다"라고 해 버린다면 심한 평가이다. 부분을 전체로 혼동한 것이다. 갑돌이는 많은 말 중 한 번 거짓말을 한 것이다. 갑돌이가 백 번 정도 거짓말하는 것을 봤다. 그랬다고 해서 "갑돌이 인격은 틀려 먹었다"라고 한다면 역시 심한 평가이다. 역시 부분을 전체로 혼동함이다. 갑돌이가 거짓말을 그토록 많이 하고 있다면 역시 언어 인격에 문제는 있다고 봐야겠다. 그러나, 언어 인격에 문제가 있다고 해서 다른 모든 측면의 인격에 문제가 있는 것은 아니다.

 항상, 전체와 부분을 혼동해서는 안 된다. 부분을 전체로 혼동하지 않음으로 해서 얻는 이익은 크다. 바다가 청탁을 가리지 않고 천하의 잡수(雜水)를 다 포용하듯 자비의 가슴으로 많은 사람을 포용하려면 위의 격언(格言)적인 말씀에 귀 기울여야 한다. 참으로 그렇다. 행동은 일회적이요 인격은 다발적이다.

정서가 왕이다

정서는 감정이요, 느낌이요, 기분이요, 마음의 핵심 부위이다.
학동(學童)에게 묻는다.
"너 왜 학교 다니지?"
"공부 배우려고요."
"공부는 왜 배우려 하지?"
"훌륭한 사람 되려고요."
"왜 훌륭한 사람이 되려고 하지?"
"?"

이렇게 끝까지 물어 들어가면 마지막 답은 '기분 좋음(기쁨)'에 도달하여 끝난다. 이 문답은 모든 경우에 해당한다.

왜 진리를 깨달으려 하는가? 진리를 깨치면 기분이 좋기 때문이다. 왜 그림을 그리며 그림을 감상하는가? 기분이 좋기 때문이다. 왜 착한 일을 해야 하는가? 기분이 좋기 때문이요 기분을 좋게 하기 때문이다. 왜 부처님을 믿고 하나님을 믿는가? 역시 기분이 좋기 때문이다. 행복이라 하는 것이 바로 기분 좋음이요, 구원이니 해탈이니 하는 것도 결국 기분 좋음 이상의 것이 아니다.

역사상 크고 작은 무수한 사건들이 기분에 의해 좌우되었다. 그래서 석존께서는 단적으로 이고득락(離苦得樂)을 삶의 목적으로 삼으셨던 것이다.

십이연기(十二緣起)를 떠올려 봐도 좋다. 무명(無明)과 행(行)을 과거 이인(二因)이라 하고 식(識)·명색(名色)·육입(六入)·촉(觸)·수(受)를 현재 오과(五果)라 한다. 수(受, 느낌)는 바로 인과의 마지막 결론인 것이다. 인과의 결론에 유념하지 않는 가치관 체계를 많이 본다. 어쩐지 공허하다.

해탈의 정의를 아무리 찬란하게 내린다 해도 그 핵심은 이고득락, 곧 '좋은 느낌(기분)'이다.

해탈의 이고득락과 십이연기의 수(受)를 막연히 모순 개념으로 정리하고 사는 것이 불교인의 현실이지 않을까 생각한다. 해탈은 느낌(受)이 사라진 자리에 현전하는 심리 현상이 아니고 느낌의 연장선상에 놓인, 그 극점(極点) 부위의 심리 현상을 의미한다.

중생의 마음이 사라진 자리에 부처의 마음이 드러나는 것이 아니고 중생 마음의 순화 정도만큼 부처 마음이다.

중생의 감정이 사라진 자리에 부처의 니르바나가 드러나는 것이 아니고 중생의 감정이 얼마나 순화되느냐 하는 정도만큼 니르바나이다.

마음·부처·중생이 차별 없고(心佛及衆生 是三無差別), 마음이 바로 부처요, 그대가 바로 부처(卽心卽佛 汝卽是佛)라는 도리를 가장 활불교(活佛敎)적으로 살려내는 돌파구를 찾아내야 한다면 그 관문은 어디 있겠는가? 불교를 형이상학의 관념 놀이에서 벗어나게 하여 직접적이고 경험적이며 체험적이게 하려면, 온 생명의 센터에 영구히 흐르고 있는 기분(느낌·受·감정·정서)에 교육학적·심리학적·철학적·신학적·교학적·도학적 관심을 기울여야 할 것이다.

명상 잡기 4

마지막 실험

인류 역사는 끝없는 실험의 장(場)이다. 행복을 위한 실험, 실험, 실험, 실험을 반복한다.

지상에 나타난 99.9999…9%의 실험은 욕구를 성취하는 방향으로 시도되었고, 0.0000…1%의 실험은 욕구를 버리는 방향의 시도였다. 마지막 실험이란 이 후자를 의미한다. 많은 사람이 이 마지막 실험에 눈뜨는 것이 이 우주를 살려내는 길이다.

이 마지막 실험은 일체의 실험을 놓아보는 실험이자, 실험 자체는 허용된다 해도 집착을 극소화하는 실험이다. 십이연기에서 알 수 있듯이 인간은 객체(客體, 對象)를 대하자(觸)마자 느끼고, 욕구하고, 달려간다(受, 愛, 取). 이것을 왈, 중생 놀음이니 윤회니 하면서 안쓰러워 하는 수식을 붙이는 것이다.

이 윤회를 끊고 자유로와지는 길을 뭇 성자는 가르치셨다. 곧 욕구에 부응함으로써 재미를 보고자 하는 중생적인 흐름을 꺾고 그 흐름을 역류하는 실험을 요구하는 것이다.

철두철미하게 놓아보는 실험, 일체의 에너지를 개념 이전으로, 내지는 감각 이전으로 회수해 보는 실험, 이것이 인류가 해내야 할 마지막 실험이다.

놓음의 첫 시작은 북적대는 망상과 몰려오는 혼침일 수 있고 무미건조한 머-ㅇ한 심리 과정일 수 있다. 그러나 반복이 천재를 만들 듯, 공든 곳에 튼튼한 탑이 오르듯, 놓는 실험의 반복은 정녕 커다란 지복(至福)을 일구어낸다는 것을 역사적인 많은 현자들, 이 시대의 많은 경험자들은 말하고 있다.

이 마지막 실험은 도리어 역사의 고전기에 많이 이루어졌고, 이 실험의 증인들은 끊임없이 역사의 영성적 물줄기를 지키어 오면서 뭇 생명들이 회귀해야 할 귀향의 이정표가 되었다.

역사가 '놓음'의 반대편에서 집착과 도착의 활개를 크게 치면 칠수록 '놓음'의 사도들은 보다 그윽한 염원으로 이 물줄기를 관리하고 있다. 어느날 이 가느다란 물줄기가 보다 깊어지고 넓어져 강을 이루고 바다가 되어 수증기로 하늘에 올라 온 천지에 감로수로 하강할 것임을 확신하면서…….

나는 언제 이 실험을 할 것인가? 언제 이 성스러운 놓음의 작업을 거행할 것인가? 답은 오직 하나, 바로 지금이다. 바로 지금 놓는 것이다. 바로 지금 일체를 놓고 허심해지는 것이다. 분주한 일손으로 눈코 뜰새없이 동분서주 하더라도 그 치열한 일손의 배경에 은밀한 놓음의 휴식 공간을 일구어 내는 것이다. 바로 지금!

앎과 느낌(교훈과 체험)

21세기를 내다 보고 있는 이 시대, 이 세상 사람들은 좋은 의미든 아니든 거개가 향략 지향의 삶을 살고 있고, 살고자 한다. 중생의 속성이 탐심(貪心)인지라 이해가 되고도 남는다.

향락 지향적으로 만연되어 있는 이 세상을 종교적·도학적으로 이끌어 올릴 수 있는, 유일하다시피한 길은, 종교적·도학적 기쁨을 체험시키는 것이다. 체험이 따르지 않는 가르침은 단순한 관념 체계요, 진부한 이데올로기에 불과하다. 온 종교계, 온 도학계가 화급히 서둘러 창출·개척해야 할 것은 가르침을 체험(느낌)이 따르도록 프로그램화 하는 일이다.

우직(愚直)한 천재(天才)

한 신도님으로부터 숨통이 크게 열리는 얘기를 하나 들었다. 그의 옛 선배 한 분이 모 영세 기업체인 회사 과장인데 회사가 극도의 불경기로 몸살을 앓고 있음을 아파하면서 석달째 월급을 회사에 헌납했고, 가정에서는 가정 불경기는 어떻게 할 것이냐는 주제로 가정 싸움을 겪고 있다는 것이다. 그런 일이 우직한 짓인지는 모르지만 일단 나는 감동했다. 개인이 전체 때문에 희생되어서도 안 되겠지만 전체는 개인들로 인하여 살아나야 한다. 연기(緣起)가 그것이요, 중중연기(重重緣起)가 그것이다.

개인과 전체는 서로 살고 살리는 조화로운 어우러짐이어야 하는 법, 개인이 전체와의 조화 개념인 개인주의를 넘어서서 이기주의적 향락의 늪으로 치달아 가고 있는 듯한 이 시대의 이 땅에 차라리 예시된 이야기 속의 주인공 같은 돈키호테적인 우직한 천재(?)들이 그리워진다.

악(惡)단순

단순(單純)이란 일단 좋다. 사람의 영혼이 스트레스로 시달리는 중대한 이유 하나가 단순하지 않음에 있기 때문이다.

그러나 얼마나 단순해져야 할 것인가. 주변에서 단순한 사람들을 많이 본다. "복잡한 것 싫어" "머리 쓰는 것 나는 싫어" "골치 아프게 시리" "당신이나 생각해, 나는 그냥 행동만 할거야" 등등은 단순한 사람들의 입에서 자주 나오는 말들이다. 그러나 많은 경우가 단순과 악(惡)단순의 혼동을 피하지 못한다.

단순이란 필요한 순간에 머리를 쓰고 쉴 때는 단박하게 쉬는 것을 의미하며, 악단순이란 단순이라는 명분으로 필요한 두뇌 회전까지 하지 않는 것을 뜻한다.

구조를 전혀 몰라도 순서대로 단추만 누르면 기계는 잘 돌아간다. 편리해져 가기만 하는 세상, 단순해질 수밖에 없다. 전구 하나 갈아 끼는 데에도 어려움을 느끼고, 기둥에 못 하나 박는 데에도 누군가를 기다린다. 책 한 권 제대로 읽지 않고 한 해를 넘기는 사람이 적지 않고, '왜'와 '어떻게'를 사색해 본다는 것은 끔찍하게 번거롭다. 잘못된 단순 능사로 살고 있지는 않은지 살펴 볼 일이다.

20세기는 사색을 포기한 시대라고 진단한 슈바이처님의 말씀은 사실과 부합된다. 사색을 포기한 인과를 크게 받을 것이라고 경고한 말씀까지를 유념해야 할 것이다.

검 – 판사 하나만 될라 해도 키 높이의 책을 정독, 이해 내지 암기해야 한다는데 큰 행복, 큰 해탈을 노리는 마당에 사성제, 삼법인, 십이연기, 육바라밀 정도를 명상하지 않을 만큼 단순 병에 걸려서야 되겠는가 해진다. 막존지해(莫存知解)이니 불립문자(不立文字)이니 하는 것은 문자와 지혜의 무익성을 말함이 아니고 그것들을 능사로 여기지 말라는 뜻이다.
 단순과 악단순을 구별하는 것이 한 도위(道位)이다. 단순한 삶이야말로 강력한 중도적 지혜가 요청되고 있음을 새삼 깊게 명상해 본다.

명상 잡기 5

수도(修道)

수도란 마음을 깨끗하게 하는 것이다. 마음이 깨끗함이란 마음에 먼지 (三毒)가 끼지 않는 상태를 의미한다. 과거의 삶이 바람직하지 않아 그 결과로 현재의 삼독(三毒)이 형성되어 있고, 현재의 삶이 바람직하지 않아 미래의 삼독을 쌓는다.

때(삼독)가 끼어 있는 정도만큼 괴로움이 따르고, 때가 끼어 있는 정도만큼 이웃을 괴롭힌다.

수도란 바로 지금, 과거의 삼독을 닦아냄이요 미래에 삼독이 더해지지 않도록 현재 관리를 잘하는 것이다.

수도 갈등

갈등이란 두 가지 이상의 가치를 동시에 선택하고자 할 때 선택을 부분적으로 할 수밖에 없는 상황에서 겪는 불편한 마음 상태를 의미한다. 세상 사람은 무수한 갈등 상황을 겪기 마련이다. 그 무수한 경우 중에 한 예가 수도 갈등이다. 불교 신도 중에 신심이 깊은 사람일수록 수도 갈등이 클 수 있다.

이 수도 갈등은 세상을 등지고 산으로 들어가 은거해야 제대로 수도 할 수 있다는 식의 신념에서 비롯되는 경우가 많다. 경전 곳곳에서, 존경받는 스님들께서 그렇게 안내하기(?) 때문에 신도 입장에서는 당연히 세간(世間)을 떠나야 수도가 된다는 사고 방식이 만들어지기 쉽다. "산중수도라야…"라는 신념과 "내 가정은 내가 책임져야…"라는 두 신념 사이의 상충 현상이 일어날 수밖에 없다. 곧 갈등 현상이다.

가사(家事)를 잘 돌보지 않고 방석에 앉아 눈을 감고 좌선(坐禪)만 하는 처사님들이 심심치 않게 있을 줄 안다. 그 아내나 자녀들은 답답함을 넘어서서 안타까움을 느낄지도 모른다.

어찌해야 할 것인가? 결국 각자가 선택할 일이다. 가정을 버리고 산으로 가든, 가정에 충실하든, 또 어떻게 하든…, 여기에 양자를 살리는 길이 얼마든지 있을 수 있다. 생활 자체가 바로 수도가 되게 하는 것이다. 왈(曰), 무시선 무처선(無時禪 無處禪)이다. 삶이 그대로 수도일 수 있는 길은 무엇이겠는가? 사람이면 누구나 궁구해야 할 중대한 주제이다.

삼매(三昧) 갈등

내 스승의 기본 가르침 하나는 해인삼매(海印三昧)이다. 근본선(根本禪: 初禪, 二禪, 三禪, 四禪)은 삼세(三世: 과거세, 현재세, 미래세)의 모든 성자

들이 필수적으로 닦으시는 길이니 수도승은 모름지기 근본선을 돌파해야 한다. 멸진정(滅盡定)을 증득하기 전에는 도인 행세를 해서는 안 된다. 오직 삼매에서만이 무량 공덕(無量功德)이 나온다. 새들이 날아와 머리 정수리에 둥지를 틀고, 둥지의 새끼들이 부화해서 새끼들이 자라나 둥지를 떠날 때까지 고목처럼 좌선을 해야 한다. 입정(入定)! 입정! 입정! 입정하라. 이러함이 스승님의 한결같은 가르치심이어서 삼매는 내 가치관의 초석이 되어 버렸다.

스승께서 어느날, 경상남도 함양에 있는 용추사로 부르시더니 절 주지(住持)를 맡으라고 하셨다. "삼매해야 할 사람이 어떻게 주지를 합니까?"라는 나의 의아해 하는 질문에, "주지하면서 하면 될 것이 아닌가?" 스승의 대답은 즉각적이고 간단했다. 이삼 년 용추사 주지를 하다가 다시 대중 선방과 토굴을 전전하며 결제 정진을 하고 있었다. 그러던 어느날 스승께서 다시 백장암(百丈庵) 주지를 하라고 분부하셨다. 양가적(兩價的)이긴 했으나 다시 갈등은 시작되었다. 주지직과 공부, 특히 주지직과 삼매(입정)는 양립하기 어려운 모순 상황이라고 여겨질 뿐만 아니라, 사실 경험적으로 그러하기 때문이었다.

나의 스승은 꾸준히 해인삼매(入定의 길)를 주창하시면서 동시에 꾸준히 불사를 하시어 제자들에게 사판 소임을 맡기셨다. 또 요즈음은 한국을 떠나셔서 미국에 절을 개척하시고, 많은 제자들을 이민시키시면서 개척 대열에 나서게 하신다. 여전히 해인삼매라야 한다고 주장하시면서…. 역시 제자들은 갈등을 앓을 수밖에.

내 개인의 경험 일부분을 회고했지만, 우리 스승(청화 큰스님)의 제자들 중 많은 스님들이나 재가자들은 바로 그 갈등으로 시달리고(?) 있을지 모른다. 넓게는 한국 승가 전반에 깔려 있는 중대한 갈등 구조의 하나일 수 있다. 같은 절에 살면서도 선방 스님은 무언가 제대로 나아가고 있는 것 같지만, 주지를 위시한 소임 스님들, 강원 스님들, 교화하시는 스님들, 포교사님들 등 선방 밖에 있는 분들은 묘한 갈등으로 시달리고 있을지 모른다. 불교 문화 내부에 있는 중대한 문제점의 하나일 수 있다.

나는 스승님의 표현 배경에 있는 밀의(密意:속뜻)를 간파함으로써, 그리고 역사를 격물치지(格物致知)적으로 들여다 봄으로써 삼매 갈등에서 해방됐다. 갈등에서 벗어나는 열쇠는 '해인과 화엄의 조화'이다.

스승의 삶을 관찰해 보면 바로 해인과 화엄의 조화를 엿볼 수 있다. 평생을 해인주의로 사시면서도, 곳곳에 불사를 해내신다. 산더미 같은 불사중에도 하안거 · 동안거만은 절대적으로 두문불출하신다. 스승께서 사시는 모습은 내게 살아 있는 부적이요, 지극한 귀감이다. 해인의 길은 일체 경계를 마음에 두지 않고 무념 무상으로 있는 심리 과정이요, 화엄의 길은 경계와 더불되 시비를 두지 않는 심리 과정이다. 해인삼매 없이는 미세 번뇌를 녹이기 어렵다. 고로 해인의 길은 인간 진화의 마지막 돌파구이다. 그러나, 화엄의 길로 조화되지 않는 해인만이라면 어찌하랴.

꾸준히 방석 위의 해인을 주장하시면서 모순일 법한 사판을 하명하시는 스승님의 밑 마음에는 "이 사람아, 해인은 깊디깊은 궁극의 과정이니 세세생생 해갈 일이되, 중생들을 저버릴 수 없으니 중생과 더불면서도 오염되지 않는 화엄의 길을 닦아야 하지 않겠나. 그리하여 해인은 화엄으로 이어지고, 화엄은 해인으로 이어지는, 곧 해인즉 화엄이요 화엄즉 해인인 보살도를 살아야 하는 법이네…"라는 커다란 자비심의 밀의(密意)가 있으신 것이다.

나는 스승님의 분부에 따라, 다시 캘리포니아 주 카멜 시에 있는 삼보사 주지직에 임해 있다. 이젠 갈등이나 부담이 없다. 세세생생 시간 나는 대로 해인에 자적하고, 경계를 대하면 무심히 경계와 더불면 된다. 요즈음은 도량 곳곳을 청소하는 시간이 많다. 무심히 그냥 한다. 재미 있다. 곧 어린이들을 위한 놀이방을 만들어야 하고, 요사채 지붕 불사와, 종각 불사, 또 200평이 넘는 법당 불사 등이 나를 압박해 오고 있다. 역시 무심히 하면 된다. 화엄의 길이 안 열렸다면 보살도는 없었으리라.

안으로 사무치는 해인삼매의 길과, 밖으로 나아가되 걸림이 없는 화엄삼매의 길을 개척해 주신 제불 보살님과, 그것을 삶의 모습으로 확연히 증명해 주시는 이 시대의 큰 의지처, 청화 대선사께 충정어린 감사의 귀명을 올린다.

명상 잡기 6

무한관점(無限觀點)

하루살이의 삶도 찰나 관점에서 보면 긴 세월이지만 사람의 한생도 무한 관점에서 보면 찰나 같은 삶이다. 이 지상의 큰 사건, 큰 업적들이 아무리 크다 해도 인류의 전 역사 차원에서 바라다보면 물거품 같은 일이다.

  헤아릴 수 없이 광활한 듯한 우주의 전 은하계 공간도 무한관점 위에서 보면 제로(Zero)이다.

  나는 무한관점이 좋다. 언제부터인가 나는 관념 속에서 한 놀이를 즐기게 됐는데 그것이 무한 관점에 서는 놀이였다. 무한분의 일($1/\infty$)은 제로이지만 무한분의 골백만(골백만$/\infty$)도 한갓 제로일 뿐이다. 어찌 생각하면 허무주의(虛無主義) 사고 방식으로 보일지 모르나 밖에서 피상적으로 볼 때의 일일 뿐, 실제로 무한 관점에 서 보는 자의 내면에서는 허무가 아니라 너무도 탁 트인 자유감이요, 회심의 미소로 일체를 관조해 보는 여유 있는 삶이다.

　무한관점에 서 보는 버릇이 학습되다 보면 많은 공덕이 따른다. 집착이 사라진다. 심각성이 사라진다. 심리 공간에 여백이 많아진다. 긴장이 사라지고 환희로움이 따른다. 일체를 즐기되 마음을 두지 않는다.

　그렇다고 세상에 대해 무관심해지지 않는다. 세상 많은 중생이 괴로워하고 있음을 알고 그 괴로움은 무한관점에서 제로화할 수 없음을 알기 때문에, 괴로움이란 도리어 그 자체 실존적 무한임을 알기 때문에 같이 아파하면서 대응코자 하는 자비심이 나온다.

　무한관점에 서므로 일체에 집착함이 없고, 중생의 괴로움을 알기 때문에 보살행을 하지 않을 수 없으니 왈, 응무소주 이생기심(應無所住 而生其心)으로 회귀된다.

　무한관점! 노는 입에 염불한다는 말이 있듯이 망상피울 시간에 무한관점에 서 보는 오락을 즐길 필요가 있다.

　시간적 무한관점에는 삼천갑자도 자리할 곳 없고, 공간적 무한 관점에는 삼천대천 세계가 증발되어 버린다. 그래서 관자재 보살은 삼천대천 세계(오온:五蘊)의 공(空)함을 점두(点頭:照見)하고 일체의 고뇌에서 해방되었던 것일 터다.

　원시고공(遠視故空)이라, 무한관점에 서 보기로 적격인 방편은 일체를 멀리 떼어놓고 바라다봄이다. 멀리 멀리, 가능하면 더 멀리 놓고 바라다본다. 온 우주도 '멀리' 앞에서는 먼지요, 제로임을 알알이 체험할 수 있다.

　무한관점을 허무의식과 혼동할 분을 위해 사족 한 마디 다시 붙인다면 진공(眞空)에는 묘유(妙有)가 절로 따른다는 점이다. 진공과 묘유는 동전의 양면과 같은 것…

중중연기(重重緣起)

　세상에는 아름다운 말이 많다. 아름다운 단어 역시 많다. 문득 흥미로운 기분이 인다. 많은 사람들에게 "세상에서 가장 아름다운 단어 하나만 말해 보시오"하고 설문해 보는 것이다. 지금 바로 이 글을 읽고 계신 분은 무슨 단어가 가장 아름다운 단어로 떠오르는가요?'

　돈, 사랑, 명예, 권력, 꽃, 여자, 남자, 진리, 혹은 어머니, 아내, 아들, 하늘, 바람, 음악, 해탈, 평등, 여행…….

　나 역시 이 질문 앞에 선다면 좀 당혹스러울 것 같다. 아름다운 단어가 한두 개가 아니기 때문이다. 그러나 이 순간 '**중중연기(重重緣起)**' 라는 단어를 그 영예로운 권좌 위에 올려놓고 싶다. 너무 진부한 듯한가. 아무튼 좋다. 중중연기라! 모든 것은 모든 것과 관계 맺음을 통해서만 존재한다는 뜻이다. 아름답지 아니한가. 일중일체(一中一切)요, 일즉일체(一卽一切)라, 하나 속에 다른 모든 것(우주)이 들어 있다. 하나는 곧 일체다.

　어느날 큰스님께 한 신도님 아들이 일류 대학에 합격했다고 인사드리러 왔다. 큰스님 가라사대 "축하하네. 일류대 합격했으면 감사할 곳이 많지? 자신이 똑똑하고 공부 잘해서만 대학 합격했다고 생각하면 짧은 생각이지. 가까이는 부모님, 가족, 선생님들에게 그 공을 돌릴 줄 알고 나아가서는 이 세상에 감사함을 느낄 줄 알아야 하네"라고 간단한 훈도 말씀을 주셨다. 인연법의 살아 있는 가르침이요, 중중연기의 철리를 생활 불교적으로 안내하심이었다.

　요즈음 나는 요통이 없다. 가끔 피곤이 쌓이는 듯하면 요통이 오고 심할 경우는 한 이십 일 드러누워 있는 경우도 있었다. 세상 병 중에서 가장 큰 병은 몸을 못 움직이게 하는 병일 것이다. 요통이 바로 그 병이다. 누워 있다가 일어나려면 5분, 10분을 요모조모로 시도해야 하는 난처한

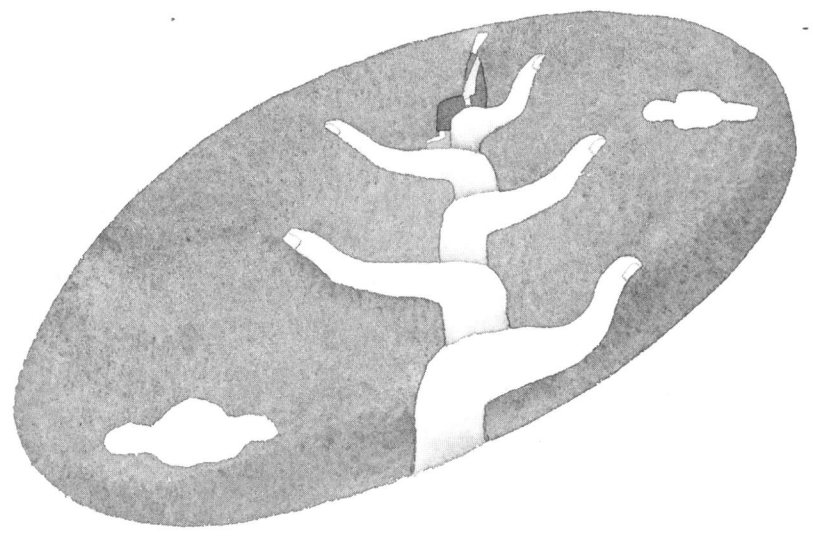

병이 요통이다. 그 요통이 사라지게 되었다. 내 요통을 해결해 준 인연에 감사하지 않을 수 없다.

  요통을 낫게 해 주신 김 보살님께만 감사하려 했더니 김보살님을 만나게 된 달라스 보현사와 법문 요청을 해 주신 보현사 신도님들, 그리고 내가 미국에 왕래하게 된, 동기들과 그에 연관된 사람들, 그리고 교통편들……

  '요통 쾌차'라는 경사에 기여하고 있는 존재들이 가히 무수함이로다 해진다. 요통 쾌차에 감사할 존재가 무수한 우주 자체이니 감사 감사 절만 할래도 항하사 모래 수만한 해를 거듭해야 할지니…. 이처럼 중중연기라는 무심한 철리(哲理)는 우주 전체 안에 은밀히 스미어 흐르고 있다.

  내 아비, 내 어미를 죽인 김모(某)가 내 앞에 있다. 내 아비, 내 어미를 죽인 자가 진실로 누구냐고 물을 때 중중한 연기의 이치에 어느 정도 눈뜬 자라면 내 앞에 있는 그 김모(某)를 향해 총칼을 들이대지 않을 것이다. 모든 것은 모든 것으로 인해 일어나고 존재하는 법, 중중연기라는 이치를 통해 우리는 실체시(實體視)를 벗어나는 해탈을 얻을 수 있고, 책임을 추궁하기에 앞서 바다 같은 자비의 덕을 얻을 수 있으니 연기라는, 중중연기라는 이름을 사랑하지 않을 수 없다.

한 철리(哲理, 原理)가 내 몸에 스미어 인격화되기로는 세월이 필요하다. 어느날엔가는 연기라는 관념은 증발해 버리고 그것이 육화된 자유·자비·자재의 오분향(五分香)이 피어나도록 오수(悟修)의 길을 거듭 닦아야 하리라.

명상 잡기 7

행복병(病)

불행할 때는 행복해지고자 노력해야 하고 행복할 때는 해탈하고자 노력해야 하는 것이 생명 순리다.

그런데 요즘 내 눈에 비친 많은 사람들이 행복한 삶을 적당히 즐기고 있을 뿐, 해탈을 향한 도약의 기미가 보이지 않는다. 적당한 병명일지는 모르나 행복병 환자들을 어떻게 치유할 것이냐 하는 것이 이 시대 영성 문화의 중대한 과제이지 싶다.

나는 항상 당위 문제가 다루어지는 순간에는 내 자신은 어떠한가 하고 묻는다.

나는 행복병 환자 영역에서 확실히 벗어나 있는가? 양심적으로 고백하지만 나도 다소는 행복병 환자이다. 물론 흑백적인 이야기는 아니지만 지금도 바둑에 빠져 있는 시간이 짬짬이 있고, 하루 하루, 한 주 한 주를 돌아보면서 게으름을 아프게 점검해야 한다.

천상인은 기쁨이 너무 많아 해탈에의 동기 부여가 약하여 해탈을 기대하기 어렵고, 반고 반락(半苦半樂)의 인토(忍土: 참아야 살아버틸 수 있는 세상)인 이 사바 세계가 해탈하기에 적합하다고 경전은 말한다. 아무튼 사바 세계의 천사님들은 정신을 차려야 할 일이다. 아무리 행복타 해도 구경각 차원에서 보면 불행일 수밖에 없고 행복이라는 것, 좀 누리다 보면 진력나는 법이다.

더 나아갈 길이 있는데 제자리 걸음을 걷고 있는 것은 소중한 생명에 대한 책임 유기이다. 제법 닦았다 해도 삼악도에 안 떨어진다는 보장이 없고 법계에 무량 중생이 고뇌의 늪에서 아우성치는데 보살이 어찌 행복병에 자적할 수 있겠는가 하고 스스로를 달래어 본다.

덕담 시비(德談是非)

"용타 스님은 좋은 말만 한다"는 말을 가끔 듣는다. 그 말은 좋게만 평하는 소리가 아닌 줄 안다. 좋은 소리도 세 번 이상 듣노라면 식상하다는 뜻일지 모른다.(표현에 담긴 내용이 아무리 알차고 진실하다 하더라도 그 표현을 전해 받는 분이 좋게 느끼지 못한다면, 적절하게 중도적인 묘를 얻어 표현해야 할 것이다.)

이러한 전제 하에 덕담 시비(德談是非)를 명상해 보고자 한다. 그렇게 말하는 사람을 나는 이해 한다. 인간 속에는 대체로 변화를 바라는 심리가 있고, 공격 심리가 있어서 같은 것의 반복이나, 좋은 것 일색에 진부함을 느끼게 되어 있는 법이다.

그러나 그것은 어떤 수준, 어떤 관점에서의 일일 뿐, 다른 수준, 다른 관점에서는 다른 체험이 되어지는 법이다. 나는 세상을 바라봄에 그 공

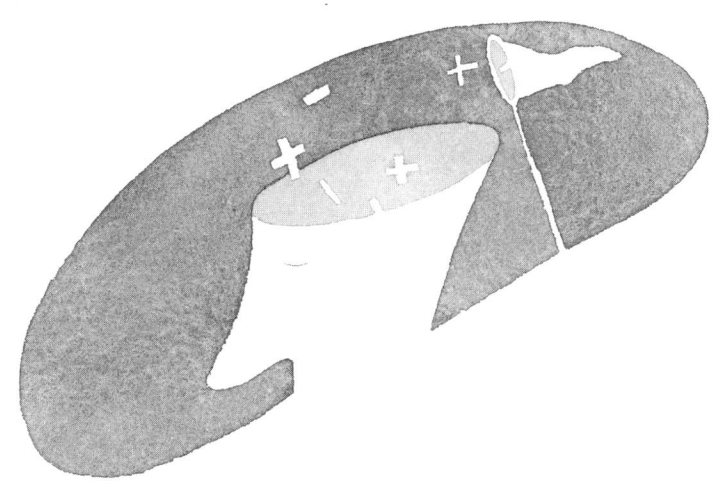

성(空性)을 앎으로 대체로 시비(是非) 저편의 여여(如如)를 느끼는 환희로움으로 산다.

　인간적 가치 판단 측면으로 보더라도 ⊕영역이 절대적으로 많다는 것을 안다. 혹여 ⊖로 느껴진 경우가 있더라도 그것은 잠시 나의 미성숙한 주관적 렌즈에 의해 투영(投影)된 심리 현상일 뿐, 다시 정신차리고 보면 그 ⊖란 그럴 만한 이유가 중중(重重)하게 있는 법이며 또한 그 ⊖라는 것 속에 긍정적 의미가 얼마든지 깃들어 있는 법인데 어디에 ⊖가 존재하겠는가?(알고 보면 ⊕니 ⊖니 하는 것은 오직 주관적 심리과정일 뿐, 객관적 실체가 아닌 법이다.)

　언젠가는 온전히 ⊕의 초월 과정 속에 자적할 날이 오겠지만, 우선 ⊖는 이해하고 ⊕는 누리면서 ⊕에로 나가는 나의 철학, 나의 삶이 나는 좋다.

이와 같이 마음이 경계에 대해 해탈한 상태로 경계에 대한 역할을 최선으로 이끌 때 불교적 삶이 될 것이다.

모름지기 문제 중심 가치관에서 벗어나 문제에 임하는 마음을 문제삼는 가치관에 눈뜰 때 세상은 구원의 실마리를 찾을 수 있다.

대상(세상·일·문제)을 문제삼음은 결국 우리의 마음에 평화로움을 얻게 함이 목적인데, 그 대상을 문제삼는 이 마음이 그 대상으로 인해 구겨진다는 것은 중대한 모순이다.

결국 결론적인 길은, 일은 최선을 다할 것이요 일을 대하는 마음은 긍정화·초월화를 걸을 수밖에 없고, 세상을 운위(云謂)한다면 덕담이 나오는 것이 순리이다.

인과(因果)

요즈음 나는 신도님으로부터 휴대용 컴퓨터를 선물받아 컴퓨터 연습을 하고 있다.

그런데 연습 도중에 컴퓨터 작동 과정에 하자가 생겨 반품을 시켰다. 다른 컴퓨터가 왔지만 다시 문제를 일으켰다. 컴퓨터 기술자에게 보였더니 미국 컴퓨터에 한글 프로그램을 작동시킬 경우 그럴 수 있다고 하면서 기존 프로그램을 제거하고 한글 프로그램만을 집어 넣었다. 이제 화면도 더 깨끗해 보이고 잘 작동되었다. 그런데 며칠 지난 지금 다시 문제를 일으킨다. 하는 수 없이 또 반품시켜야 하는가 생각 중이다.

지금 나는 컴퓨터 이야기를 하고자 함이 아니고, 이 컴퓨터에 관련되어 있는 나의 인과를 명상하고 있다.

내 마음의 무엇이 투영되어 늘 문제되는 컴퓨터를 만나야 하는가이다. 이 정도는 우연한 일이라 여겨버릴 수도 있다. 그러나 우연이 아니고 마음에 있는 어떤 심소(心所)로 인해 일어난 일이라면 중대한 명상 소재가 된다.

내 마음에 없는 것이 현실로 일어난 경우란 일단 없다고 보는 것이 삶의 좋은 태도라고 본다.

일체유심조이지 않은가.

나는 일단 내 앞에 전개되는 세상은 내 마음의 투영이라 보고, 내 마음을 문제삼을지언정 세상을 탓하지 않고자 하는 것이 기본 자세이다. 물론 극단론은 아니지만…….

명상 잡기 8

수희(隨喜)

　세정(世情)을 갈파하는 말로 "사촌이 논을 사면 배가 아프다"는 속담이 있다. 사람이 미성숙하다 보면 남이 잘 되는 것을 좋아하지 않는 심리가 일어난다는 뜻이요, 그런 속담이 만들어질 만큼 그런 심리를 지닌 사람이 많다는 뜻이다. 따라서 이웃의 경사에 박수치는 마음, 곧 수희(隨喜)는 어찌 보면 당연한 마음이지만, 하나의 덕성(德性)으로 친다.
　회고하건대, 이웃의 기쁨을 함께 기뻐하는 모습은 참으로 좋아 보인다. 아들이 상장 받고 기뻐하는 것을 어머니가 기뻐하는 것은 당연하다. 그러나 사이가 조금 멀어지면 수희해야 할 자리에 배앓이가 있곤 하는 것이 인지상정(人之常情)인 양 하는 것이 사바 세계인 것 같다.
　형제 자매 사이, 친구·친지 사이, 직장 동료 사이, 공부 도반 사이, 정치판의 여야 사이, 게임과 경쟁의 라이벌 사이 등등… 수희가 있으면 좋을 자리에 그것이 부재하여 서글퍼지는 경우가 세상 도처에 너무 많다.

사람이란 그 기초가 동물인지라 영성적 작업 같은 것을 하지 않다 보면 많은 상황에서 동물적으로(이기적으로) 반응하기가 쉬울 것이다. 모든 영성 교육을 관찰해 보면 한결같이 이기심에서 벗어나게 함을 그 기초로 하고 있다. 그래서 경전에서도 수희 공덕(다른 사람이 행한 선(善)에 수순하여 기뻐하는 것)을 심도 있게 다루는 듯하다. 『법화경』에 「수희공덕품(隨喜功德品)」이 있고, 『지도론(智度論)』에서는 수희하는 공덕이 그 착한 일을 한 사람보다 훌륭하다고 말씀하시고, 천태종(天台宗)에서도 수희를 오회(五悔 : 죄를 없애기 위해 행하는 다섯 가지 참회 의식)의 하나로 시설하고 있다.

큰 스승들의 가르침을 거론하지 않더라도, 수희의 모습은 아름답다. 수희의 반대 심리는 시기(猜忌)니, 질투(嫉妬)니 하는 것들이다. 경우에 따라 다르겠지만 시기 질투하는 모습은 대체로 추하게 보인다.

수희가 되고 안 되고는 가치관 문제일 것이다. 자기 위주의 가치관에 평화를 기대할 수는 없다. 평화는 범 중생 위주의 가치관으로부터 나온다. 불보살은 법계(우주)를 자기 몸으로 삼는다. 당장 불보살은 아닐지라도 불보살의 가치관을 자기 가치관으로 삼을 수는 있다. 사촌이 논을 샀다. 순간 배가 아플 수도 있다. 하염없이 이런 식의 배앓이를 허용할 수는 없다. 얼른 정신을 차리고 이 배앓이 상황을 정견(正見 : 바람직한 가치관)의 렌즈로 바라봐야 한다.

"나는 우주가 극락 정토가 되기를 바란다. 그런데 사촌이 논을 샀으니 그 가족이 얼마나 기쁘겠는가! 우주의 한 모퉁이가 그만큼 기뻐졌으니 나의 소망이 그만큼 이루어졌다. 기뻐해야 할 일이다. 기쁘다." 이런 식의 명상이 그 배앓이를 지양하고 기쁨을 유발한다면 수희 인격이 닦여져 가고 있는 것이다.

처음에는 이런 작업이 억지 같고, 부자연스럽게 느껴질 수도 있다. 그

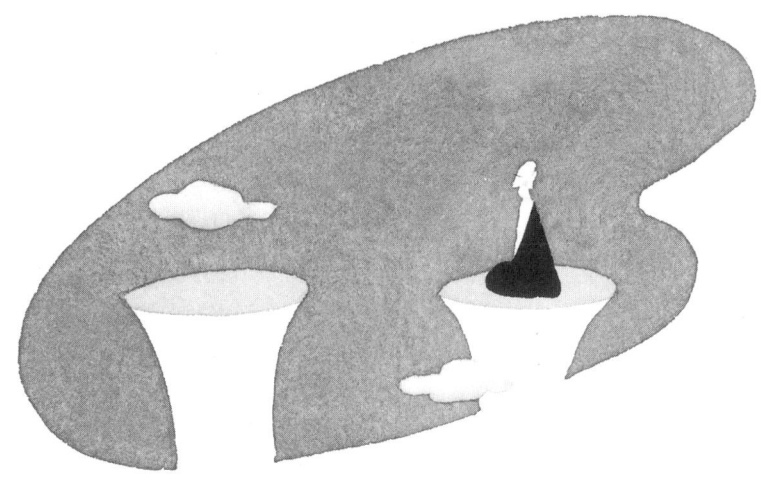

러나 조금만 노력하여 한 고비를 넘기면 도리어 자연스럽고 당연한 것으로 느껴지게 된다. 연기(緣起), 고(苦), 공(空), 무상(無常), 무아(無我), 일진법계(一眞法界), 동체대비(同體大悲) 등의 불교 기본 개념들이 다소 명상(正思惟) 되어진다면 수희의 마음은 우러나올 것이다. 스스로를 살리고 세상을 살리는 수희 운동이 일어났으면 한다.

개념 이전(槪念以前)

  왕의 사자가 왕의 심부름으로 나선 비구께 왔다.
  "나선 스님을 뵙고자 합니다."
  나선 스님 왈,
  "나선 스님이란 분은 없습니다"라고 대답했다. 왜 그랬을까? 간단한 일이다. 세상에 존재하는 것은 무엇이나 개념 이전의 존재이다. 개념 이전에서 살고 있는 나선 스님은 그 개념에 끄달리는 사자의 일상과는 질적으로 차원을 달리하는 아득한 곳에 있었다.

색성향미촉법(色聲香味觸法 : 六境)은 안이비설신의(眼耳鼻舌身意 : 六根)에 의해 비쳐진 상(相)일 뿐, 그 상(相)은 실체(實體 : 실다운 존재)가 아니다. 실체를 굳이 찾자면, 육근에 비쳐져 나오기 이전의 '그 무엇'일 터다. 우리가 붙들어야 할 것이 있다면 바로 그 '그 무엇'일 터인데, 그 '그 무엇'은 칸트(Kant)가 말하는 영원한 불가지(不可知 : 알 수 없음)인 물자체(物自體)일 뿐이다. 그것은 공(空)이요, 무한 부정(無限否定)이요, 개념 이전이다.

이때, 중대한 자각이 요청된다. '그 무엇'이라는 실체를 찾아 헤매는 철학자가 되지 않고, 이 세상에 존재하는 모든 것이 개념 이전이라는 사실에 확연히 깨어 있는 삶을 살아감으로써 육근에 비쳐진 모든 육경이 실체인 양 착각하여 개념화(概念化)하던 습관(업장)을 정화하여 해탈해야 한다는 점이다.

촉(觸)하는 순간에 개념 이전으로 깨어 있기! 그것은 공리(空理)를 깨달은 자가 살아야할 가장 핵심적인 삶이다.

명상 잡기 9

마음 공부 점검

 마음공부 점검 어떻게 할 것인가?
 요즈음, 세상에는 많은 영성 프로그램들이 있어서 많은 사람들을 미성숙으로부터 일깨워내고 있음을 본다. 참으로 반갑고 감사한 일이다. 얼마 전 스님 한 분이 일주일 코스인 모 프로그램을 마치고 나를 방문했다. 그 스님이 내게 한 말을 요약한다면 출가한 지 12년이 됐다는 것, 대중선방도 열 철 이상 났다는 것, 모 수련 1주일의 수도가 출가 수도 10년보다 나았다는 것, 일주일 수련 동안에 어떤 큰 체험을 하였는데, 우리 불교의 견성(見性)과 다를 바 없다고 생각한다는 것 등이었다. 승속(僧俗)을 떠나서 많은 공부인이 마음공부를 해가다가 보면 공부 재미를 볼 것이요, 재미를 좀 크게 느끼다 보면 견성과 같은 지극(至極)한 경지에 이르렀다고 과신할 수도 있다.
 그 스님은 견성을 했을지도 모르고, 또한 천만의 말씀일지도 모른다.

오죽 큰 체험이었으면 견성과 견줄 것인가 하고 축하하는 마음도 있다. 그러나 자신을 심히 비하하는 것도 좋지 않지만 과대 평가하는 것도 문제다. 역대 불조(佛祖)들의 엄격한 경책 말씀에 미오(迷悟)를 오(悟)라 말하면 혀를 뽑힘당하는 발설지옥(拔舌地獄)에 떨어진다 할 만큼 마음공부의 과신을 증상만(增上慢)이라 하여 금하고 있지를 않는가?

사람의 탐심(貪心) 중에 인정받고 싶은 심리, 높은 사람 되고 싶은 심리 등이 뿌리 깊게 있어서 마음공부를 해 가는 분상에 있어서도 '견성한 도인'이라는 말을 듣고 싶은 욕심들이 있을지 모르겠다. 마음공부 목적이 바로 욕심(相)이 사라지는 것을 의미할 진대, 얼마나 아이러니컬한 일인가 해진다.

수년 전 어느 나라 수도처에서 한 수도승이 조실 방에 들어가 협박으로 견성 도인(見性道人)인가증을 받고자 했다는 이야기, 오조(五祖)의 인가를 받고 도망(?)치는 육조(六祖)와 의발(衣鉢)을 빼앗고자 뒤를 쫓는 신수의 무리들 이야기 등이 의미 있게 떠오른다.

사람들이 자신의 공부 정도를 스스로 점검할 수 있으면 좋을 것이다. 마음공부인이 스스로의 공부 정도를 알 수 있는 척도는 관점에 따라 다양하게 있겠지만, 상식적이리만큼 보편 타당한 척도가 있다. 곧 삼독(三毒)과 오매일여(寤寐一如)이다.

인생이란 육근(六根)이 육경(六境)과 마주침(觸)으로부터 시작한다. 마주침과 동시에 바로 좋은 느낌 혹은 안 좋은 느낌 등(三受 : 苦·樂·捨)이 따르는데 이 느낌 수위를 결정하는 것은 내재되어 있는 삼독이요, 이미 일어난 이 느낌에 이어 미성숙한 삼독 심리 현상이 거듭 이어짐으로써 마음속의 삼독 층은 더 두터워진다. 마음공부인은 바로 자신의 내면에서 난동을 피우고 있는 이 탐·진·치 삼독을 관찰함으로써 자신의 공부 수준을 알 수 있고 앞으로 나아가야 할 공부 길을 알 수 있다. 어리

석은 마음(痴) 때문에 순경계(順境界)에는 욕심 내고(貪), 역경계(逆境界)에는 화 낸다(瞋)는 석가모니의 삼독 갈파는 미성숙한 중생을 이해함에 있어서 가히 천재적 통찰임을 거듭거듭 느낀다.

겸허하게 꾸준히

남편이 나의 생일 선물을 사들고 들어오니 기쁨이 일어나고, 남편의 에너지 담긴 말 한마디에 슬픔이 일어난다. 넥타이를 매어주는 아내의 배려에 기쁨이 일어나고, 퇴근하면 바로 귀가하라는 아내의 잔소리에 속이 상한다. 자녀가 상장을 들고 들어옴에 행복감을 느끼고, D 학점을 받아온 자녀의 성적표를 보고 안타까움을 느낀다. 남에게 있는 것 내게 없다고 비감을 갖는다. 남이 하지 않는 것 내가 한다고 우월감을 갖는다. 이러한 감정들을 느끼는 것은 인지상정(人之常情)이다. 사람이란 대체로 그래지는 법이다.

그러나 알아야 한다. 이러한 감정이 일어나는 한, 배경에는 욕심내는 마음, 화내는 마음, 어리석은 마음(三毒)이 놓여 있다는 사실을. 그리고 삼독이 있는 한, 견성하지 못했음을 의미한다는 것을. 곧, 자신의 마음에 감지(感知)되는 삼독의 정도를 느껴보고 자신의 공부 정도를 알 수 있다.

더 나아가서 염불, 화두, 주력 등 어떤 주제 하나에 온전히 몰입하여 먹고, 자고, 입는 일까지 잊고 7일 이상을 지속할 수 있는, 마치 온갖 광석을 온전히 용해해 버리는 1천5백여 도의 용광로와 같은 오매일여의 무간정(無間定)을 통과하여, 일체가 공(空)한 이치를 확연히 깨치고 숙겁에 쌓아온 미세한 삼독을 녹여버림으로써 우주적 자유로움을 느낄 수 있고, 우주적 대자대비(大慈大悲)가 흘러나와야 왈(曰), 견성(見性)이니, 보살지(菩薩地)니, 초범 입성(超凡入聖)이니 하는 것이다.

불조(佛祖)의 말씀에 의거해서 공부 점검 기준 하나를 거론하여 보았거니와, 겸허하게 꾸준히 정진해 갈지언정 함부로 증상만을 보여 마음공부인의 모습을 초라하게 만들 일이 아니다. 문득, "법과 스스로를 등불로 삼고 꾸준이 정진하라" 하신 부처님의 임종 법문이 떠오른다.

대담
생활 불교, 어떻게 할 것인가

활불교 운동

김희균 : 저희 「대중불교」는 창간 이후 지속적으로 신행 운동을 펼쳐왔습니다. 그런데 마음자리 살피는 구체적인 수행이 전제되지 않아 늘 공허함을 면치 못해왔던 게 사실입니다. 해서 재가 불자 수행운동을 펼쳐볼 계획입니다.

스님께서는 그 동안 재가들에 대한 남다른 관심으로 수련회도 개최해 오셨고, 그 수행 지도가 각별한 것으로 알고 있습니다. 독자들을 위해서 스님께 수행에 대한 지도를 부탁드리며, 그 동안 해오신 수행 운동에 관해 들려주셨으면 합니다. 우선 스님에 대한 이해를 돕기 위해 스님께서 해오신 동사섭 법회에 관해 여쭤보겠는데요, 어떤 계기로 재가자 수련회를 개최하게 되셨는지요?

용타 스님 : 재가 불자 수행 운동, 듣기만 해도 반갑습니다. 할 말은 많

으나 취사 선택하여 간략하게 말씀드리겠습니다. 내가 수행자가 되어 승가와 한국불교의 현실을 바라다보면서 현재의 우리 불교에 활불교 운동(活佛敎運動)이 일어나야겠다는 생각을 하게 되었습니다. 새로운 불교 운동이 필요하다 여긴 것이죠.

활불교의 기준은 근본불교입니다. 부처님의 육성이 확연히 드러나는 근본불교 말입니다. 이 시대 불교가 근본불교에 충실하지 않다는 것은 참으로 안타까운 일이라 생각되었습니다. 불교가 석가모니의 가르침이라면 당연히 석가모니에 충실해야 한다고 생각합니다.

물론 훗날 발전된 대승불교는 대승불교대로, 그 시대, 그 상황에 맞는 방편을 발전시켜 온 것이기 때문에 그것은 그것대로 발전되어야겠지요. 하지만 끝내 그 뿌리는 근본불교, 원시불교에 두어야 합니다. 그렇다면 원시불교는 뭐냐? 단적으로 말하면 고・집・멸・도 사성제(苦・集・滅・道 : 四聖諦) 법문입니다. 하여, 내가 수년간 운영해 온 수련 법회 방법은 사성제를 어떻게 이해시키고, 체득하게 할 것인가? 그것에 접근하고 있다고 보면 될 것입니다.

김 : 수련 법회 기간은 얼마나 되시는지요?

스님 : 5박6일입니다. 이 기간 동안 기본적인 몇 가지 개념들을 심도 있게 이해하고 몸에 체득하는 훈련을 하지요.

김 : 현재까지 5박6일을 1회로 했을 경우 몇 회나 수련 법회를 하셨고, 수련생은 얼마나 배출하셨습니까?

스님 : 80년도부터 현재(94년도)까지 117회를 했습니다. 거쳐간 수련생들은 2천 명이 아마 넘을 겁니다.(대담 당시에는 1994년 이어서 117회였으나 현재는(1997. 10) 148회를 개최했음 – 편집자 주.)

김 : 대개 재가자들이겠지요? 그리고 스님께서는 미국에 계실 때도 수련회를 가지셨다고 들었습니다만.

스님 : 그렇습니다. 그런데 무종교인들과 기독교인들이 많이 참여합니다. 수련회에서는 불교 교리적인 표현을 거의 하지 않지요. 다만 수련생이 모두 불교인인 경우는 불교 교리 중심으로 운영합니다. 순수하게 스님 집단만으로 운영되었던 경우가 세 번이고, 일반 법회 때도 가끔 스님들이 동참하지요. 미국에서는 거의 불교인들만의 수련회가 되고 있습니다.

김 : 동사섭(同事攝) 법회라고 이름하신 데는 특별한 이유가 있습니까?

스님 : 처음에는 서양 이름으로 '티그룹 워크샵'이라 했습니다. 그러나 점차 본래의 티그룹 워크샵과는 그 성격이 달라지고, 불교적인 성향이 강해졌기 때문에 새로운 명칭이 필요했지요. 내가 존경하는 스님 한 분이 몇 차례 수련회를 참여하신 후 '동사섭'이라는 이름이 적당하다 하여 그렇게 정해졌습니다.

지족(知足)하라, 행복해지리라

김 : 좀 광범위하긴 합니다만 현대 사회에서 불교의 역할은 어떠해야 한다고 생각하십니까?

스님 : 진부한 답일지 모르나 자리 이타(自利利他), 상구보리 하화중생(上求菩提 下化衆生) 뿐이지 않을까요? 부처님의 가르침대로 마음을 평화롭게 관리하고, 그런 세상을 만드는 것이 불교가 할 일이라고 봅니다.

어느 소외된 계층 집단에 들어가 그들과 같이 느끼고 생각하는 일 역시 마찬가지입니다. 부처님의 가르침을 세상 모든 사람들의 가슴속에 살아 숨쉬게 하는 일, 그 일을 위해 다양한 방편을 펴야겠지요.

김 : 불교가 타종교와 다른 한두 가지 특징을 든다면 무엇일까요?

스님 : "정법도 뗏목에 불과한데 하물며 사법일까 보냐"하는 경전 말씀이 있지요? 불교는 모든 중생의 마음을 평화롭게 하는 도구일 뿐이라는 점, 이것이 불교가 다른 종교와 판이하게 다른 점입니다.

또 하나, 불교의 가장 큰 특징을 든다면 일체 상(相)을 버리게 한다는 점입니다. '무엇이다'라고 하여 잡는 것, 이것은 끝내는 마지막 해탈을 방해하는 사슬로 작용하게 되니까 그것을 놓게 하는 것입니다. 심지어 살불살조(殺佛殺祖)라는 말까지 생기게 되었으니까요. 초기엔 마음에 별별 개념의 진리가 자리잡지만 종국엔 허심(虛心)만이 남게되는 것입니다. 곧, 불교의 특징은 여러 가지로 논의될 수 있겠습니다만, 저는 방편성(方便性)과 공성(空性)을 많이 생각해 봅니다.

김 : 두 가지 측면에서 사람의 변화를 본다면 첫째는 악인이 선인이 되는 것이고, 두 번째는 선과 악의 개념을 초월하는 것이라고 보는데요. 다시 말해서 일체의 상을 버림으로써 자유로워질 수 있고, 모든 것을 수용할 수 있게 된다고 봅니다. 그런 의미에서 스님의 동사섭 법회는 그러한 경지에 이르도록 돕는 프로그램이 아닐는지요.

스님 : 기자가 말하는 첫번째는 유위적인 변화이고, 두 번째 것은 무위적인 변화라 말할 수 있겠습니다. 우리는 외형적으로는 유위적이되, 내면적으로는 무위적인 삶을 살 수 있어야 할 것입니다. 내가 하는 수련법은 처음에는 유위적인 측면만 다루었습니다. 유위적인 것 중에서도 관계의 문제를 다루었습니다. 우리 승가를 보더라도 '승(僧)'이란 '화합하는 무리'를 뜻하는데, 화합이 잘 되지 않는 감이 있거든요. 물론 상당히 화합이 잘되는 승단도 개중엔 있겠지만 말입니다.

아무튼 우리 승단이나 세상이나 인간 관계 문제가 극히 중요하다고 생각하면서, 이 문제를 해결하기 위한 도구로 나는 서양에서 들어온 티그룹 워크샵 하나를 선택하였습니다. 그런데 해가 거듭되면서, 수도승으로서 관계 문제만 다루고 있기로는 무언가 좀 허전해졌습니다. 그래서 마음관리 영역을 프로그램에 첨가하여 발전시키게 되었습니다.

방금 기자의 질문을, "무위적인 세계로 나아감에 있어 내가 하는 수련회의 마음관리 장에서는 어떤 도구를 사용하는가?"로 이해해도 되겠는데요, 화두·염불·간경·주력·관·의식 등등 다양한 길이 있겠는데, 이 수련 법회에서는 마음관리를 크게 '긍정 명상'과 '초월 명상'의 두 단계로 나누어 운영합니다.

사람이란 대체로 마음에 각종 욕구와 그 좌절로 인한 한(恨)의 기운이 서려 있는데, 그들에게 아무리 모든 것이 무상이요 무아이니 다 "놓아버려라, 버려라" 해 봐도 공염불이 되기 쉽지요. 그들은 그 초월 철학을 수용하기 어렵습니다. 그래서 그 단계적 방편을 택한 것이 지족(知足) 철학, 즉 긍정 명상입니다.

지족하면, 즉 범사에 감사하면 그 자체가 행복이요, 과거의 욕구와 좌절로 인해 축적된 한이 씻어지며, 미래로는 초월을 위시한 제반 구현의 토대가 마련됩니다. "평생 이 운동 하나만 해도 될거야"할 만큼 지족 철학을 크게 여깁니다.

다음 단계로 '지족 철학' 위에 '놓음(放下) 철학'입니다. 지족 철학을 '긍정 명상'이라 한다면, 놓음 철학은 '초월 명상'입니다. 놓으려면 어떻게 해야 하느냐. 우리 마음이 무엇을 잡고 있는가. 그것을 보게 합니다. 그래서 그 잡고 있던 것을 놓을 수 있게 돕는 것이죠. 놀랍게도 수련회에 오신 많은 분들이 그 자리에서 이 놓음을 통해 초월 체험을 제법 하게 됩니다.

마지막으로 "나는 무엇인가?" 하는 문제에 들어서게 합니다. 이때는 '나'의 실체가 얼마나 허구인가를 알게 하죠. 오온개공(五蘊皆空)을 체험하게 하는 것입니다.

김 : 극단적인 질문 같습니다만, 현재 자신이 암에 걸려 고생하거나, 부부간의 불화로 마음이 다치고, 자식 문제로 번민하고 있다면, 그래도 감사를 느끼고 초월의 문턱에 들어설 수 있을까요?

스님 : 정상인도 쉽지 않을 일인데 극단적인 그런 상황에 있는 사람에게 그것을 기대할 수 있겠습니까? 그러나 어떤 사람이 중병에 걸려 있다면 자신의 병을 낫게 하기 위해서라도 지족의 마음과 초월의 마음을 가질 수만 있다면 좋겠지요. 그렇지 않고 안달복달 자신을 다그친다면 병이 더욱 악화될 것은 뻔한 일입니다.

수행의 생명력은 치열함에 있다

김 : 좋으신 말씀, 충분히 이해가 됩니다. 그러면 또 다른 질문을 올리고 싶습니다. 이상적인 불교를 구현하는데 있어 현재 한국불교가 비판받아야 할 것이 있다면 어떤 점들일까요?

스님 : 우선 좋다 나쁘다 양분해 말할 수는 없을 것입니다. 나는 세상을 '안 좋으니까 좋게하자' 하는 식이 아니고, '좋으나 더 좋게 하자' 식으로 바라봅니다. 좋으니까 향유하고 더 좋게 하기 위해 지향하는 것입니다. 즉 30은 100에 비해 70만큼 나쁜 것이 아니라 0에 비해 30만큼 좋은 것이라고 인지하는 것입니다. 물론 상황에 따라 인지의 각도를 달리하기도 하겠지만요.

우리의 한국불교를 이러한 태도로 바라볼 때, 상당히 만족하면서 굳이 '더좋게'를 논해 본다면 다양한 측면으로 검토될 수 있을 것이지만, 「대중불교」지의 운동방향이 '수행 불교'인 듯하니 그 측면에서만 한두 마디 덧붙여 봅니다.

우리 한국불교는 수행 방편에 있어 화두 방편만을, 심지어는 화두가 아니면 길이 아니라고까지 강하게 주장하는 편인데, 이런 독선적인 태도를 벗어나 통불교적으로 개방되어야 한다고 봅니다.

그리고 어느 방편이든 치열하게 매달려야 하는데 얼마나 치열하게 정진하고 있는가 노크해 봅니다. 방편의 개방과 치열한 정진, 이것을 한국불교의 구경 활로라 할만큼 크게 여기고 있습니다. 독선 앞에서 공존이 어렵고, 게으름 앞에서 결실이 어려운 것은 만고의 순리일 것이니까요.

또 갓 승려가 되면 대체로 강원엘 가는 것이니, 강원 교육 측면을 바라다보면, 강원 교육 4년 정도를 마친 승려들의 상당수가 사성제·십이연기·팔정도 식의 기본 교리조차도 선명하게 이해하지 못하는 감이 있습니다. 즉 불교적 가치관 정립이 허술하다는 것이지요. 물론 강원생만을 말하는 것이 아닙니다.

교회 나들이 몇 주일만 되어도 선교의 길에 나서고 있는 기독교와 비교해 볼 때 우리 불교인의 가치관 정립과 기초 교리 정립 측면을 짚어보지 않을 수 없습니다. 사성제를 중심으로 하는 불교적 가치관 정립 운동의 필요성을 거듭 강조해 봅니다.

끝으로 재가자들은 어떨까요? 재가자들은 기복 불교나 법설 불교, 의식 불교 등에서 벗어나지 못한 감이 있습니다. 기복 불교나 법설 불교 등이 나쁘다는 것은 아니지만 거기에 머물러서는 안 됩니다. 10년, 20년 이상 불교인 생활을 해오신 분들이 아직도 자신이나 자신 가족의 안녕만을 기원하고 있다면 안쓰러운 일이요, 내적 체험 없이 법설 열람에만 심취해 있는 것도 안타까운 일입니다.

단적으로 말할 수는 없지만 '기복에서 법설, 법설에서 수행'으로 불교의 본원에 회귀돼야 합니다. 수행을 통해 계속 재미가 깊어지면서 교리이든 기복이든 포교든 불사이든 해야 생동하는 불교가 될 것입니다.

이러한 여러 측면을 조명해 볼 때 이 사회, 이 문화를 영도하기로는 한국불교의 힘이 미약합니다. 한국불교의 위상을 우뚝 세우고 세상에 명실상부한 기여를 해내는 한국불교가 되어야 합니다.

'존중'하며 근원으로 가자

김 : 잘 알겠습니다. 스님께서 오늘날 한국불교가 안고 있는 중대한 문제점을 잘 조명해 주신 듯합니다. 저도 스님 말씀과 같이 대부분의 불교인들이 불교적 가치관이 불투명하지 않나 하고 종종 생각해 보곤 했습니다.

다음은 수행의 정의에 대해서 말씀해 주셨으면 합니다.

스님 : 수행은 팔정도대로 행하는 것이 수행입니다. 계·정·혜 삼학과 육바라밀 대로 사는 것이 수행입니다. 아는 것은 법설 불교, 즉 머리 불교입니다. 수행은, 이 아는 것을 행으로 옮기는 것입니다. 다시 말해 팔정도를, 삼학을, 육바라밀을 지금 이 시간에 바로 실행에 옮겨 사는 것입니다. 삶 따로, 수행의 방편 따로 있는 삶이 아닌, 이것이 하나로 일원화된 삶이어야 합니다.

그러기 위해서는 팔정도·육바라밀·삼학 등 불교의 기본 실천 덕목을 깊게 명상하여 그 뜻을 가슴으로 느끼면서 실생활에 어떻게 구현할 것인가를 모색해야 합니다. 그리고 제일 중요한 것은 바로 지금, 이 마음가짐을 수행 소재로 삼아야 합니다. 수행의 기초는 내 마음, 내 흐름을 관찰하는 것입니다. 예컨대 "이놈아!"하니까 내가 불쾌해졌다, 불쾌한 그 마음[苦諦]을 관찰하는 것입니다.

그리고 이 불쾌[苦諦]는 존중받고 싶은 욕구[貪]에서 왔고, 이 욕구는

"나는 존재한다" "세상은 존재한다"는 잘못된 실체 의식에서 왔구나[집제:集諦]하면서, '나'의 공성(空性)을 관하면서, '나'를 실체시하는 관념을 떨쳐버림으로써 불쾌라는 고(苦)를 증발시켜 버리는 것, 이런 식이 활불교, 생활 불교의 좋은 예가 됩니다. 이러한 등등 조금만 더 활불교에 관심을 기울이면 사성제·팔정도·육바라밀 등의 덕목들이 우리 생활 중에 살아 움직일 것입니다.

김 : 스님께서 이렇게 '면밀한 살핌'으로 이끄시면서 많은 사람들을 교화할 때, 저마다의 근기에 맞게 설법하려면 무엇인가 통일된 방법이 있으시리라고 보는데요.

스님 : 그 바탕은 사성제, 팔정도에 있지 다른데 있지 않습니다. 활불교적으로 이해하시려면 한 번 수련회에 오시지요.

김 : 예, 그러겠습니다. 그런데 다양한 수행법이 행해지는 오늘의 현실에서 화쟁적 수행 풍토를 조성하려면 어떻게 해야 할까요?

스님 : 행법을 진리로 보지 않고 방편으로 볼 일, 타 방편을 존중할 일, 허심탄회하게 대화할 일, 이것이 화쟁의 원리이리라 봅니다. 모든 수행인이 자신의 수행법을, 석존께서 수천 번을 설하셨을 사성제 속에 뿌리를 두려고 한다면, 한 나무의 여러 가지처럼 평화롭게 공존할 것입니다. 고·집·멸·도 사성제, 코끼리의 네 발자국 안에 함께 들어가 보자는 것입니다.

김 : 불교의 원점으로 가보라는 말씀이시지요?

스님 : 그렇습니다.

김 : 그렇다면 사성제에 맞지 않는 방편들은 행하지 말아야 하는 것일까요?

스님 : 더러는 "사성제를 벗어난 것은 불교가 아니다, 연기(緣起) 밖의 불교는 없다"라고 말하는 분들도 있으나 나는 불교가 경전 속에만 있다

고 생각하지 않습니다. 경전은 불교의 핵심일 뿐 전부는 아닙니다. 불교란 중생의 괴로움을 해소시키는 모든 것입니다. 내 경우 불교가 좋은 이유는 "이것은 이것이다"라고 규정짓지 않기 때문입니다. 열려 있는 것이죠.

김 : 그러면 사성제를 어디까지 확대 해석 해야 할까요?

스님 : 나는 되도록이면 좁은 의미로의 사성제·팔정도를 삶의 표준으로 삼고, 기타 일체의 것을 이해하고 포용하려는 자세를 취합니다. '경우에 따른(case by case) 방편'이라는 말을 좋아하고, '수용과 지향의 조화'라는 말을 좋아합니다.

예컨대 부적을 원하는 사람이 있다면 일단 수용하여, 경우에 따라서는 부적을 써주면서 차차 정법으로의 계도에 나서는 식입니다. 이것 또한 넓은 의미로 사성제입니다. 막무가내로 그것을 법이 아니다라고 내친다면 그 사람은 의지처를 잃고 떠나게 됩니다. 그리고 사성제를 보다 선명하게 이해해간다면 세상의 모든 문화, 모든 종교를 보듬을 수 있다고 봅니다.

김 : 스님께서는 경전을 중시하지만 경전이 전부가 아니고 타 종교 역시 배척할 대상이 아닌 존중할 대상으로 보시는군요.

스님 : 그렇습니다. 그것이 바로 사성제이며 그러한 입장 때문에 불교 전파에 피를 보지 않을 수 있었다고 생각합니다.

마음을 열며 각(覺)의 세계가 보인다

김 : 그렇다면 끝으로 수행이 얼마나 좋고, 얼마나 유익한 것인가를 좀 말씀해 주시겠습니까?

스님 : 수행의 바람직성은 우선 내적 체험으로 드러날 것입니다. 체험이란 삼명 육통(三明六通)과 같은 큰 표현은 안 쓰더라도 탐욕이나 분노, 아집 등이 사라져 가면서 마음이 개운해지고, 가벼워지고, 트인 맛이 더해지고, 이웃을 대하는 마음이나 언행이 부드러워지는 것 등이겠지요.

김희균 편집장은 현재 「대중불교」 일을 꽤 여러해 해오셨다고 들었습니다. 그 기간 동안 무언가 내적 체험을 해오셨으리라 믿습니다. 불교지 편집을 하면서 체험이 적다면 삭막하고도 재미없는 일일 것입니다. 결국 재미(기쁨)있자고 이 일을 하는 것 아니겠습니까?

나는 세상에 태어나 해 봄직한 일이 무수히 많으나 그 중에서도 가장 가까운, 이 마음을 관리하는 일이야말로 가장 해 봄직한 일이 아니겠느냐 여깁니다. 마음을 잘 다스려 마음의 평화를 얻는 것, 이것은 누구나가 반드시 해야만 하는 일입니다.

수행 생활이 어떠하냐고 묻는 이가 더러 있습니다. 내 삶을 내가 결재하는 이 수행 생활이 행복하기만 합니다. 허공 같은 마음을 관하면서 아미타불을 염(念)하고, 순경계(順境界)를 만나면 기뻐하며 역경계(逆境界)를 만나면 "그러는구나, 그럴 만한 사정이 있겠지, 그만하니 감사하다" 하면서 다시 허공심계(虛空心界)로 돌아가는 삶, 세상 일이 있을 때면 인연 따라 무심히 일을 따르며 사는 삶, 이 무슨 복인가 합니다.

끝내 나는 수행 불교가 되기를 진정으로 바랍니다. 불교 운동이 달리 없는 것이죠.